ここがポイント！

| 幼稚園 |
| 保育所 |
| 幼保連携型 認定こども園 |

3法令 ガイドブック

平成29年
告示
対応

─ 新しい『幼稚園教育要領』『保育所保育指針』
『幼保連携型認定こども園教育・保育要領』
の理解のために ─

著／無藤 隆　汐見稔幸　砂上史子

目次

この本の読み方	5

『幼稚園教育要領』『保育所保育指針』
『幼保連携型認定こども園教育・保育要領』のあゆみ ... 6

幼稚園教育要領

『幼稚園教育要領』改訂の趣旨	8
新旧 章立て 比較表	9

条文のポイント解説

ポイント①	前文が加わる	11
ポイント②	幼稚園教育を通じて育みたい資質・能力と初等中等教育 （幼・小・中・高）を通じて育成を目指す資質・能力との関係	14
ポイント③	育みたい資質・能力と各領域、幼児期の終わりまでに育ってほしい姿との関係	14
ポイント④	健康な心と体	16
ポイント⑤	自立心	17
ポイント⑥	協同性	18
ポイント⑦	道徳性・規範意識の芽生え	19
ポイント⑧	社会生活との関わり	20
ポイント⑨	思考力の芽生え	21
ポイント⑩	自然との関わり・生命尊重	22
ポイント⑪	数量や図形、標識や文字などへの関心・感覚	23
ポイント⑫	言葉による伝え合い	24
ポイント⑬	豊かな感性と表現	25
ポイント⑭	資質・能力を育成するためのカリキュラム・マネジメントの実現	27
ポイント⑮	満3歳児への指導	29
ポイント⑯	小学校教育との接続に当たっての留意事項	30
ポイント⑰	全体的な計画の作成と指導計画の作成	31
ポイント⑱	指導計画の作成・実施と評価、個から集団へ学びの過程を捉える	33
ポイント⑲	「何ができるようになるか」「何を学ぶか」「どのように学ぶか」 「個々の子どもの発達をどのように援助するか」「何が身に付いたか」 「実施するために何が必要か」という視点に基づき教育を改善・充実していく	33
ポイント⑳	資質・能力を育むための主体的・対話的で深い学びの必要性	35
ポイント㉑	評価の充実	37
ポイント㉒	障害のある子ども、海外から帰国した子ども	39

ポイント㉓	幼稚園における指導体制の充実	41
ポイント㉔	領域 「健康」	45
ポイント㉕	領域 「人間関係」	47
ポイント㉖	領域 「環境」	51
ポイント㉗	領域 「言葉」	53
ポイント㉘	領域 「表現」	55
ポイント㉙	家庭・地域との連携・協働	57

新旧　幼稚園教育要領　比較表　　58

保育所保育指針

『保育所保育指針』改定の趣旨　　76

新旧　章立て　比較表　　77

条文のポイント解説

ポイント①	乳児・1歳以上3歳未満児の保育に関する記載の充実	79
ポイント②	非認知的能力の意味＆愛着行動、基本的信頼感、自己肯定感	80
ポイント③	非認知的能力、社会情動的スキルの伸ばし方	83
ポイント④	環境を通じた教育・保育	85
ポイント⑤	養護と教育の一体的展開	87
ポイント⑥	全体的な計画	91
ポイント⑦	保育所保育における幼児教育の積極的な位置付け	94
ポイント⑧	学びの芽生え、学びの支援（指導計画の作成の際の考え方）	95
ポイント⑨	育みたい資質・能力の三つの柱	97
ポイント⑩	幼児期の終わりまでに育ちが期待される10の姿	99
ポイント⑪	「乳児保育に関わるねらい及び内容」	104
ポイント⑫	領域という考え方と乳児の保育の領域の記述	106
ポイント⑬	「内容の取扱い」の記述	107
ポイント⑭	「1歳以上3歳未満児の保育に関わるねらい及び内容」	109
ポイント⑮	「3歳以上児の保育に関するねらい及び内容」	117
ポイント⑯	幼保小連携の強化	127
ポイント⑰	「子どもの健康支援」	129
ポイント⑱	「食育」の重視	131
ポイント⑲	「災害への備え」の項の新設	133
ポイント⑳	地域の育児支援の重視	135
ポイント㉑	キャリアパスの明確化と研修の重視	139

新旧　保育所保育指針　比較表　　142

幼保連携型認定こども園教育・保育要領

『幼保連携型認定こども園教育・保育要領』改訂の趣旨 ········ 176

新旧 章立て 比較表 ··· 177

条文のポイント解説

ポイント①	発達の連続性とそれに応じた学びの連続性	179
ポイント②	教材研究	181
ポイント③	「幼保連携型認定こども園の教育及び保育の目標」	183
ポイント④	幼児期の終わりまでに育ってほしい 10 の姿	185
ポイント⑤	全体的な計画の作成 (指導計画の作成を含む)	189
ポイント⑥	指導計画の作成における保育教諭等の協力	195
ポイント⑦	新入園児や他の保育施設等から移行してくる子どもに対する配慮	197
ポイント⑧	異年齢の子どもによる活動	199
ポイント⑨	在園時間が異なる子どもがいることへの配慮 (子ども一人一人の園生活の流れを含む)	200
ポイント⑩	登園する子どもと登園しない子どもがいる期間中の配慮	201
ポイント⑪	2 歳児の学級から移行する子どもと 3 歳児から入園する子ども同士のつながり	203
ポイント⑫	「乳児期の園児の保育に関するねらい及び内容」	210
ポイント⑬	「満 1 歳以上満 3 歳未満の園児の保育に関するねらい及び内容」	217
ポイント⑭	「満 3 歳以上の園児の教育及び保育に関するねらい及び内容」	225
ポイント⑮	保護者に対する子育ての支援	233

新旧 幼保連携型認定こども園教育・保育要領 比較表 ······ 236

資料・関係法令 ··· 272

条文見出し索引 ·· 284

4

この本の読み方

本書の特徴をまとめました。

改訂（定）の趣旨、新旧章立て比較表

改訂（定）の趣旨

各法令の改訂（定）の趣旨をわかりやすく紹介します。

新旧章立て比較表

旧条文と改訂（定）された新条文の見出しを併記しました。変更点が概観できます。

条文のポイント解説

新しい条文

新しい条文の背景に色を付けています。

ここがポイント

条文理解のためのポイントです。

それぞれの法令で関連性のあるポイントを示してあります。

例）　保③
　↓
『保育所保育指針』
ポイント③

法令名、条文は太字、解説の着目点には、マーカーを付しています。

新旧条文比較表

左側が新条文、右側が旧条文です。

旧条文の右側には、旧条文での掲載位置を示しています。

●資料・関係法令
　条文見出し索引
もあわせてご活用ください。

5

『幼稚園教育要領』『保育所保育指針』『幼保連携型認定こども園教育・保育要領』のあゆみ

それぞれの法令の、今回の同時改訂（定）までのあゆみを年表にしました。

	【教育や保育に関係する法令など】	【幼稚園教育要領】	【幼保連携型認定こども園教育・保育要領】	【保育所保育指針】
			1935（昭和10）年 系統的保育案の実際	
1940				
	1947（昭和22）年　教育基本法公布			
	1947（昭和22）年 学校教育法公布　児童福祉法公布			
	1947（昭和22）年　学習指導要領			
	1948（昭和23）年 児童福祉施設最低基準公布		1948（昭和23）年 保育要領（刊行）	
1950		【幼稚園教育要領】		【保育所保育指針】
	1950（昭和25）年 保育所運営要領			1952（昭和27）年 保育指針（刊行）
		1956（昭和31）年 幼稚園教育要領（刊行）		
	1958（昭和33）年 〜1960（昭和35）年 学習指導要領改訂			
1960		1964（昭和39）年 （第1次改訂） 幼稚園教育要領（告示）		1965（昭和40）年 保育所保育指針（通知）
	1968（昭和43）年 〜1970（昭和45）年 学習指導要領改訂			
1970	1977（昭和52）年 〜1978（昭和53年）年 学習指導要領改訂			
1980	1989（平成元）年 学習指導要領改訂	1989（平成元）年 （第2次改訂） 幼稚園教育要領（告示）		
1990	1994（平成6）年 児童の権利条約批准			1990（平成2）年 （第1次改訂） 保育所保育指針（通知）
	1997（平成9）年 児童福祉法改正			
	1998（平成10）年 〜1999（平成11）年 学習指導要領改訂	1998（平成10）年 （第3次改訂） 幼稚園教育要領（告示）		1999（平成11）年 （第2次改訂） 保育所保育指針（通知）
2000	2001（平成13）年 児童福祉法改正			
	2006（平成18）年 教育基本法改正			
	2006（平成18）年 認定こども園法施行			
	2007（平成19）年 学校教育法改正			
	2008（平成20）年 〜2009（平成21）年 学習指導要領改訂	2008（平成20）年 （第4次改訂） 幼稚園教育要領（告示）	【幼保連携型 認定こども園教育・保育要領】	2008（平成20）年 （第3次改定） 保育所保育指針（告示）
2010	2012（平成24）年 子ども・子育て支援関連3法成立			
	2015（平成27）年 子ども・子育て支援法施行規則改定		2014（平成26）年 幼保連携型認定こども園 教育・保育要領（告示）	
	2017（平成29）年 学習指導要領改訂	2017（平成29）年 （第5次改訂） 幼稚園教育要領（告示）	2017（平成29）年 （第1次改訂） 幼保連携型認定こども園 教育・保育要領（告示）	2017（平成29）年 （第4次改定） 保育所保育指針（告示）
2020				

6

『幼稚園教育要領』

解説：無藤 隆

『幼稚園教育要領』改訂の趣旨

　『幼稚園教育要領』は教育課程の作成のための基本資料です。幼稚園は、学校教育の始まりとして子どもの成長を助けるとともに、その後の学校教育の基礎を培う教育の場です。その教育の在り方の基本が教育課程であり、それに基づき、指導計画を立て、それに基づき、日々の保育を進めます。その際、環境を通しての教育の在り方を基本とし、子どもによる主体的な活動とさらに自発的な活動としての遊びを中心として教育を行います。

　しかし、この近年の子どもの生活状況は著しく変化しつつあり、また子どもが成長し生きていくであろう未来の社会ではおそらく多く未知の課題が生まれ、それに対処していくだけの力を備える必要があります。便利な社会の中で子どもの必要な生活体験が不足しており、それを補う幼児教育の役割が広がっています。さらに、将来の社会を考えた時、幼児期にこそ育てるべき力とは何かを改めて問う必要があります。また、幼稚園教育と小学校教育の接続が進んでいながらも、それは子ども同士や教員同士の交流にとどまり、教育課程の接続が十分ではないところも多いようです。

　近年、社会情動的スキルや非認知的能力と呼ばれる、忍耐力や自己制御、自尊心といった特性を幼児期にこそ身に付けることが期待され、そこでの違いが大人になってからの生活に大きな差を生じさせるという研究なども出てきています。

　なお、平成 27 年度から「子ども・子育て支援新制度」が実施され、幼児教育の質の向上が一層求められています。

　以上より、幼稚園のみならず、保育所、認定こども園を含めた幼児教育施設全体の質の向上を図っていくことが必要となって、改訂に至ったのです。

新旧　章立て　比較表

幼稚園教育要領

平成29年告示

前文

第1章　総則
- 第1　幼稚園教育の基本
- 第2　幼稚園教育において育みたい資質・能力及び「幼児期の終わりまでに育ってほしい姿」
- 第3　教育課程の役割と編成等
- 第4　指導計画の作成と幼児理解に基づいた評価
- 第5　特別な配慮を必要とする幼児への指導
- 第6　幼稚園運営上の留意事項
- 第7　教育課程に係る教育時間終了後等に行う教育活動など

第2章　ねらい及び内容
健康　人間関係　環境　言葉　表現

第3章　教育課程に係る教育時間の終了後等に行う教育活動などの留意事項

平成20年告示

第1章　総則
- 第1　幼稚園教育の基本
- 第2　教育課程の編成
- 第3　教育課程に係る教育時間の終了後等に行う教育活動など

第2章　ねらい及び内容
健康　人間関係　環境　言葉　表現

第3章　指導計画及び教育課程に係る教育時間の終了後等に行う教育活動などの留意事項
- 第1　指導計画の作成に当たっての留意事項
- 第2　教育課程に係る教育時間の終了後等に行う教育活動などの留意事項

前文

幼稚園教育要領

　教育は、教育基本法第1条に定めるとおり、人格の完成を目指し、平和で民主的な国家及び社会の形成者として必要な資質を備えた心身ともに健康な国民の育成を期すという目的のもと、同法第2条に掲げる次の目標を達成するよう行われなければならない。
 1　幅広い知識と教養を身に付け、真理を求める態度を養い、豊かな情操と道徳心を培うとともに、健やかな身体を養うこと。
 2　個人の価値を尊重して、その能力を伸ばし、創造性を培い、自主及び自律の精神を養うとともに、職業及び生活との関連を重視し、勤労を重んずる態度を養うこと。
 3　正義と責任、男女の平等、自他の敬愛と協力を重んずるとともに、公共の精神に基づき、主体的に社会の形成に参画し、その発展に寄与する態度を養うこと。
 4　生命を尊び、自然を大切にし、環境の保全に寄与する態度を養うこと。
 5　伝統と文化を尊重し、それらをはぐくんできた我が国と郷土を愛するとともに、他国を尊重し、国際社会の平和と発展に寄与する態度を養うこと。
　また、幼児期の教育については、同法第11条に掲げるとおり、生涯にわたる人格形成の基礎を培う重要なものであることにかんがみ、国及び地方公共団体は、幼児の健やかな成長に資する良好な環境の整備その他適当な方法によって、その振興に努めなければならないこととされている。
　これからの幼稚園には、学校教育の始まりとして、こうした教育の目的及び目標の達成を目指しつつ、一人一人の幼児が、将来、自分のよさや可能性を認識するとともに、あらゆる他者を価値のある存在として尊重し、多様な人々と協働しながら様々な社会的変化を乗り越え、豊かな人生を切り拓（ひら）き、持続可能な社会の創り手となることができるようにするための基礎を培うことが求められる。このために必要な教育の在り方を具体化するのが、各幼稚園において教育の内容等を組織的かつ計画的に組み立てた教育課程である。
　教育課程を通して、これからの時代に求められる教育を実現していくためには、よりよい学校教育を通してよりよい社会を創るという理念を学校と社会とが共有し、それぞれの幼稚園において、幼児期にふさわしい生活をどのように展開し、どのような資質・能力を育むようにするのかを教育課程において明確にしながら、社会との連携及び協働によりその実現を図っていくという、社会に開かれた教育課程の実現が重要となる。
　幼稚園教育要領とは、こうした理念の実現に向けて必要となる教育課程の基準を大綱的に定めるものである。幼稚園教育要領が果たす役割の一つは、公の性質を有する幼稚園における教育水準を全国的に確保することである。また、各幼稚園がその特色

幼稚園教育要領

を生かして創意工夫を重ね、長年にわたり積み重ねられてきた教育実践や学術研究の蓄積を生かしながら、幼児や地域の現状や課題を捉え、家庭や地域社会と協力して、幼稚園教育要領を踏まえた教育活動の更なる充実を図っていくことも重要である。

幼児の自発的な活動としての遊びを生み出すために必要な環境を整え、一人一人の資質・能力を育んでいくことは、教職員をはじめとする幼稚園関係者はもとより、家庭や地域の人々も含め、様々な立場から幼児や幼稚園に関わる全ての大人に期待される役割である。家庭との緊密な連携の下、小学校以降の教育や生涯にわたる学習とのつながりを見通しながら、幼児の自発的な活動としての遊びを通しての総合的な指導をする際に広く活用されるものとなることを期待して、ここに幼稚園教育要領を定める。

ここがポイント！

① 前文が加わる

学校教育の基礎を培う

『**幼稚園教育要領**』は法律上、『**教育基本法**』第1条に定める「**人格の完成を目指し、平和で民主的な国家及び社会の形成者として必要な資質を備えた心身ともに健康な国民の育成を期**」すところから、その幼児期の教育を受けもつものです。

その下で、5つの目標の達成が求められています。それはすべての教育がそれぞれの場で達成を目指すものであり、その分担の中で幼児期の教育が成り立ちます。それは、知育・徳育・体育、個人の力・自主自律の精神・勤労の態度など、道徳性や社会への参画の態度、生命・自然・環境保全に寄与する態度、伝統と文化と他国の尊重や平和などに寄与する態度等を養うことです。

幼児期の教育の規定は『**教育基本法**』第11条にあります。それは、家庭や地域や幼児教育施設（幼稚園や保育所・認定こども園）などが連携して乳幼児の人格形成の基礎を培うことと、国及び自治体がそのための環境整備に努めることが規定されています。

その上で、幼稚園教育は『**学校教育法**』の学校として、その目的と目標が定義されるのです。そこでは、上記のような広い意味での教育の目的と目標の達成を目指し、さらに学校教育の基礎を培うことを行います（なお、幼保連携型認定こども園も同様の学校です。保育所の規定には上記の広義の教育の規定が当てはまり、学校教育の基礎を培うという規定は適用されていません）。

具体的に幼稚園において必要な教育の内容等を組織的かつ計画的に組み立てたものが教育課程です。教育課程はどういう教育を行うかという理念と、その下で、幼稚園で幼児期に相応しい教育を展開し、どのような資質・能力を育むかを明確にするものです。

第1章　総則

第1　幼稚園教育の基本

　幼児期の教育は、生涯にわたる人格形成の基礎を培う重要なものであり、幼稚園教育は、学校教育法に規定する目的及び目標を達成するため、幼児期の特性を踏まえ、環境を通して行うものであることを基本とする。

　このため教師は、幼児との信頼関係を十分に築き、幼児が身近な環境に主体的に関わり、環境との関わり方や意味に気付き、これらを取り込もうとして、試行錯誤したり、考えたりするようになる幼児期の教育における見方・考え方を生かし、幼児と共によりよい教育環境を創造するように努めるものとする。これらを踏まえ、次に示す事項を重視して教育を行わなければならない。

1　　幼児は安定した情緒の下で自己を十分に発揮することにより発達に必要な体験を得ていくものであることを考慮して、幼児の主体的な活動を促し、幼児期にふさわしい生活が展開されるようにすること。

2　　幼児の自発的な活動としての遊びは、心身の調和のとれた発達の基礎を培う重要な学習であることを考慮して、遊びを通しての指導を中心として第2章に示すねらいが総合的に達成されるようにすること。

3　　幼児の発達は、心身の諸側面が相互に関連し合い、多様な経過をたどって成し遂げられていくものであること、また、幼児の生活経験がそれぞれ異なることなどを考慮して、幼児一人一人の特性に応じ、発達の課題に即した指導を行うようにすること。

　その際、教師は、幼児の主体的な活動が確保されるよう幼児一人一人の行動の理解と予想に基づき、計画的に環境を構成しなければならない。この場合において、教師は、幼児と人やものとの関わりが重要であることを踏まえ、教材を工夫し、物的・空間的環境を構成しなければならない。また、幼児一人一人の活動の場面に応じて、様々な役割を果たし、その活動を豊かにしなければならない。

第2 幼稚園教育において育みたい資質・能力及び「幼児期の終わりまでに育ってほしい姿」

1 幼稚園においては、生きる力の基礎を育むため、この章の第1に示す幼稚園教育の基本を踏まえ、次に掲げる資質・能力を一体的に育むよう努めるものとする。
  (1) 豊かな体験を通じて、感じたり、気付いたり、分かったり、できるようになったりする「知識及び技能の基礎」
  (2) 気付いたことや、できるようになったことなどを使い、考えたり、試したり、工夫したり、表現したりする「思考力、判断力、表現力等の基礎」
  (3) 心情、意欲、態度が育つ中で、よりよい生活を営もうとする「学びに向かう力、人間性等」
2 1に示す資質・能力は、第2章に示すねらい及び内容に基づく活動全体によって育むものである。

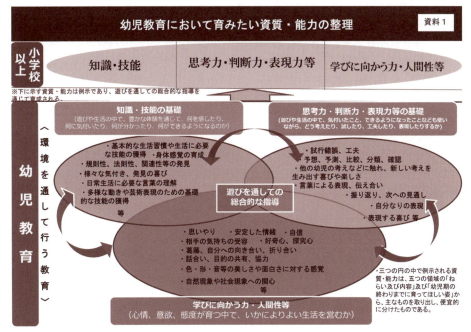

文部科学省 幼児教育部会における審議のとりまとめ（平成28年8月26日）より

ここがポイント！

② 幼稚園教育を通じて育みたい資質・能力と初等中等教育（幼・小・中・高）を通じて育成を目指す資質・能力との関係

解説　「三つの柱」の成長を促す

保⑨
認③

資質・能力の三つの柱は幼・小・中・高を通して伸びていくものです。それは幼児期においては、子どもの自発的な活動である遊びや生活の中で、感性を働かせてよさや美しさを感じ取ったり、不思議さに気付いたり、できるようになったことなどを使いながら、試したり、いろいろな方法を工夫したりすることなどを通じて育まれていきます。

小学校以降になると、資質・能力は、「知識・技能」「思考力・判断力・表現力等」「学びに向かう力・人間性等」として発展していきます。教科等の学習において知識・技能はその多くを占めるものであり、それが互いにつながり合い、構造化されていきます。それを活用して考え、また表すことにより思考力等が伸びていきます。それらは互いに密接につながり合う知的な力です。学びに向かう力等は情意的な力としての意欲や意志であり、また、人と協同する力です。

幼児教育でそれらの基礎が培われ、小学校以上では教科等の指導により成長していきます。直接的に子どもが行うことは幼児教育では身近な環境に関わる活動であり、その充実から子どもはその活動や対象に関連して、いろいろなことに気付き、考えたり工夫したりし、さらにやってみたいことが生まれ、それを追究し、やり遂げようとします。気付きは互いに結び付き、少しずつ様々な対象についての関わり方の知識となっていきます。工夫することは、どうしたらよいか迷う場面や、なぜそうなるか不思議に感じる場面で広く深く考える力となって発展していきます。興味や意志の力は身の周りのたくさんの事柄や活動へと活かされていきます。それが資質・能力の三つの柱の成長なのです。

ここがポイント！

③ 育みたい資質・能力と各領域、幼児期の終わりまでに育ってほしい姿との関係

解説　5領域の内容を10に整理

保⑩
認④

幼児教育（幼稚園教育）を通して子どもが身に付けようとする事柄の中核を資質・能力と呼びます。「知識及び技能の基礎」（遊びや生活の中で、豊かな体験を通じて、何を感じたり、何に気付いたり、何がわかったり、何ができるようになるのか）、「思考力・判断力・表現力等の基礎」（遊びや生活の中で、気付いたこと、できるようになったことなども使いながら、どう考えたり、試したり、工夫したり、表現したりするか）、「学びに向かう力・人間性等」（心情、意欲、態度が育つ中で、いかによりよい生活を営むか）です。

「幼児期の終わりまでに育ってほしい姿」とは、3歳（あるいは0歳・1歳からの長い育ちを通して）から5歳児後半に特に伸びていく5領域の内容を10に整理したものです。資質・能力は具体的には5領域の「ねらい」に反映され、「内容」に示された活動の中で育ち、幼児教育の修了からさらに小学校へと伸びていきます。

その年長児から小学校にかけて（さらにその後の）子どもの成長していく様子が、この10の姿を通して示されています。特に、「自立心」「協同性」は学びに向かう力の中心であり、「思考力の芽生え」もその姿に含まれています。

資質・能力は幼児期から始まって小・中・高と伸びていく中心的な子どもの力の在り方であり、3つの縦に貫く柱を構成します。内容領域はその資質・能力が具体的に様々な活動に現れるところを示します。10の姿はその内容が資質・能力と結び付きつつ、幼児期の終わりからその先へと発展していく様子を表します。

幼児教育は環境を通しての教育とそこでの指導からなり、その教育内容として、幼児期に育ってほしい領域の総合的な在り方を構成するものです。その中核として育つものが資質・能力なのです。

文部科学省 幼児教育部会における審議のとりまとめ（平成28年8月26日）より

3 次に示す「幼児期の終わりまでに育ってほしい姿」は、第2章に示すねらい及び内容に基づく活動全体を通して資質・能力が育まれている幼児の幼稚園修了時の具体的な姿であり、教師が指導を行う際に考慮するものである。
(1) 健康な心と体
　幼稚園生活の中で、充実感をもって自分のやりたいことに向かって心と体を十分に働かせ、見通しをもって行動し、自ら健康で安全な生活をつくり出すようになる。

ここがポイント！

④ 健康な心と体

解説　心と体の密接なつながりに配慮

保⑩
認④

　これは**領域「健康」**の内容を要約しています。心身の関わりとは充実感と満足感を感じることにより十分なものとなっていきます。健康に必要なことができるようになることは大切ですが、それは何より自分がやりたいことに向けて心身を働かせることにより育っていきます。心も体もともに充実させることは、幼児は遊びに没頭する中でこそ生じていきます。

　見通しを持つことは簡単ではありません。何のためにするか、次に何をしようとするかを日頃から生活の折々で繰り返し経験する中で理解するようにしていきます。生活を作り出すとは、保育者の指示をいつまでも待つのではなく、子ども自らが判断して、健康で安全な生活を営めるようになることです。例えば、暑くなったら上着を脱ぐとか、庭の遊びから部屋に戻る時には手を洗うといったことでもよいのです。

　心と体の密接な関連があることに配慮しましょう。心が落ち着くことが体の動きを活発化させ、十分に運動し、体を動かすことが楽しいと、心が躍動するようになります。落ち着いて、集中して遊んでいると、自ずと心も穏やかになり、それがさらに集中や工夫や気付きにつながります。そのような心と体の結び付きが、遊びや生活を豊かにする在り方を「しなやかさ」と呼んでいます。

　やりたいと思うことが始まりであり、始める中で、活動の楽しさや充実感を味わい、もっとやりたくなり、多様な動きを工夫し、見通しを持って自分たちの遊びを作り出していきます。また、その遊びやそこで学んだ動きが生活の他の場面に広がっていきます。

> (2) 自立心
> 　身近な環境に主体的に関わり様々な活動を楽しむ中で、しなければならないことを自覚し、自分の力で行うために考えたり、工夫したりしながら、諦めずにやり遂げることで達成感を味わい、自信をもって行動するようになる。

ここがポイント！

⑤ 自立心

解説　「学びに向かう力」に直結した部分

保⑩
認④

　これは主には**領域「人間関係」**に属する内容ですが、むしろ幼児教育の中核的な部分を表しています。時に**「非認知的能力・スキル」**と呼ばれることもあります。**「学びに向かう力」に直結した部分です。環境を通しての教育と主体的な活動としての遊びを通して、自分でやりたいことが生まれます。**それは単に興味があるということを超えて、自分の力を使ってやり遂げたいことです。そのために、どうしたらやれるのかをあれこれと考えます。ただ見ていれば実現できるのではなく、自分が何をしなければならないかをはっきりとさせて、それを進めます。それを自覚するために、先に向けてのイメージを描き、言葉のやりとりをします。最後までやり遂げるように努力して、それを通して満足感を感じ、自信を深めるのです。

　そういった自覚をもってやり遂げるというのは、年長児にとっても簡単なことではありません。小学校に入り、さらに伸びていくところでもあります。最後までやり遂げようとする時にも、それが、本当に自分がやりたいことであっても、途中で上手くいかないとか、単調な作業が入ってくるとかすると、いやになったり、飽きたりします。そこを、自分を励まし、工夫を模索し、何とかイメージを実現しようとします。その達成感は当初思い描いたものを完成することより、工夫を重ねたところから生まれます。さらに、それが自分のやりたいことであり、試みているうちにそのやりたいことが手の届く具体的でおもしろい姿に変わっていきます。粘り強く取り組むとは、手間をかけてこそおもしろくなることがわかることなのです。

(3) 協同性
　　友達と関わる中で、互いの思いや考えなどを共有し、共通の目的の実現に向けて、考えたり、工夫したり、協力したりし、充実感をもってやり遂げるようになる。

ここがポイント！
⑥ 協同性

解説　完成度ではなく、先の目的の具体化から

保⑩
認④

　領域「人間関係」の「内容の取扱い」には、「**幼児が互いに関わりを深め、協同して遊ぶようになるため、自ら行動する力を育てるようにするとともに、他の幼児と試行錯誤しながら活動を展開する楽しさや共通の目的が実現する喜びを味わうことができるようにすること。**」とあります。子ども同士が関わる中で、一緒に何かをやりたいとか作りたいとかいう願いが生まれます。その何かが具体的になってきて、一緒にそれに向けて協力するのですが、すぐには難しく、試行錯誤が必要です。遊びが少し進んでいくにつれて、やってみたいことが多少とも形をなし、どうやればよいかの作業の手順が見えてくるでしょう。それを繰り返す中で共通の目的へと発展し、具体的なものを共に作り出していくのです。
　つまり、共同の目的を実現していきます。そこから、人と協力する楽しさやおもしろさや、自分も相手も満足できるように工夫して協力するやり方が身に付いていきます。

　この共通の目的は日頃からの子どもたちの遊びや生活から生まれるものです。「こういうことをやってみたい」、「もっとおもしろくしたい」、「友達の力も借りてやってみよう」。そういう思いが生まれてきて、何人かで遊びを始めます。先にどうするかのイメージが見えてきます。「年上の子どもがやっていた」、「絵本で見た」、「遠足で楽しかった」、「遊びでちょっとやったことをもっと本格的にやりたい」ということをイメージとして描き、時にねらいとなる図に表したり、子ども同士で何を作るか話し合ったりします。園の祭りでの出し物なども大きなきっかけとなるでしょう。
　完成度ではなく、互いに協力して、先の目的のイメージを具体化し、そこに向けて工夫する過程が大切です。

幼稚園教育要領

(4) 道徳性・規範意識の芽生え
　友達と様々な体験を重ねる中で、してよいことや悪いことが分かり、自分の行動を振り返ったり、友達の気持ちに共感したりし、相手の立場に立って行動するようになる。また、きまりを守る必要性が分かり、自分の気持ちを調整し、友達と折り合いを付けながら、きまりをつくったり、守ったりするようになる。

👆ここがポイント！
⑦ 道徳性・規範意識の芽生え

解説　思いやりとルールの理解が核に

保⑩
認④

　領域「人間関係」の「内容の取扱い」には、道徳性の芽生えと規範意識の芽生えの2つが挙げられており、互いに関連するので、まとめてあります。

　子どもが他の子どもとの関わりの中で他人の存在に気付き、相手を尊重する気持ちをもって行動できるようにします。人に対する信頼感や思いやりの気持ちは、葛藤やつまずきをも体験し、それらを乗り越えることにより次第に芽生えてきます。その思いやりから、他の人に対してしてよいこといけないことの区別が実感としてわかっていくのです。

　また、集団の生活を通して、子どもは人との関わりを深め、規範意識の芽生えが培われます。子どもが互いに思いを主張し、そこに衝突が生まれます。でも、一緒に遊びたいと思います。そこで、折り合いを付ける体験をするでしょう。その際、決まりの必要性などに気付き、自分の気持ちを調整する力が育つようにします。

　思いやりとルールの理解が核となります。1つは、人と仲良くやっていこうとします。思いやりを育てます。相手の立場になったらどうかと相手の気持ちを思いやれるような指導を行います。その一方で、ルールをわきまえ、そのルールを守りながら、自分たちのやってみたいことを追求できるようにしていきます。ルールの始まりは、互いの思いがぶつかった時の折り合いと決まりごとを守ろうとすることにあります。

(5) 社会生活との関わり

　家族を大切にしようとする気持ちをもつとともに、地域の身近な人と触れ合う中で、人との様々な関わり方に気付き、相手の気持ちを考えて関わり、自分が役に立つ喜びを感じ、地域に親しみをもつようになる。また、幼稚園内外の様々な環境に関わる中で、遊びや生活に必要な情報を取り入れ、情報に基づき判断したり、情報を伝え合ったり、活用したりするなど、情報を役立てながら活動するようになるとともに、公共の施設を大切に利用するなどして、社会とのつながりなどを意識するようになる。

🖐 ここがポイント！

⑧ 社会生活との関わり

 解説　生活に関係の深い情報や施設などに興味や関心を持つことも

保⑩
認④

　高齢者をはじめ地域には、様々な人が暮らしています。そういった人々と散歩や行事などの折に触れ合うこともあるでしょう。自分の生活で繰り返し出会うような関係の深いいろいろな人と触れ合う機会を増やします。そこでは、自分の思いや考えを表現しながら共に楽しみ、共感し合う体験をしましょう。一緒に何かをすることを繰り返すうちに、これらの人々に親しみをもち、相手の名前や顔もわかって親しみのある関係になっていきます。人と関わることの楽しさや人の役に立つ喜びを味わうことができるようになるのです。地域とはそういった様々な人々が暮らす場なのだとわかることを目指します。

　また、生活のいろいろな行事、その他の機会を通じて、親や祖父母などの家族の愛情に気付き、家族を大切にしようとする気持ちが育つようにしていきます。そういった人たちに自分が大事にしてもらっていることに気付く機会を設け、今度は自分たちが感謝できるようにしていきます。

　さらに、生活に関係の深い情報や施設などに興味や関心を広げます。情報とは生活に役立つ様々な内容を持ったものであり、タブレットやデジタルカメラを使って、子どもが記録することも、コンピュータなどで調べ物をしたり、絵を描いたりすることもあってよいでしょう。

　とはいえ、必ずそういった機器を使うことだけではありません。クラスの出席者の人数調べも情報を使うという経験です。そのように情報を使って役立てる経験をします。また、地域にある公共的な施設を実際に使うと、多くの人が集う場で、勝手な使い方をしてはいけないとわかります。

(6) 思考力の芽生え

　身近な事象に積極的に関わる中で、物の性質や仕組みなどを感じ取ったり、気付いたりし、考えたり、予想したり、工夫したりするなど、多様な関わりを楽しむようになる。また、友達の様々な考えに触れる中で、自分と異なる考えがあることに気付き、自ら判断したり、考え直したりするなど、新しい考えを生み出す喜びを味わいながら、自分の考えをよりよいものにするようになる。

ここがポイント！
⑨ 思考力の芽生え

解説　新しい考えを生み出す喜びや楽しさを味わわせるように

保⑩
認④

　幼児なりに考える力を伸ばしていくことができます。それは、身の周りの様々な出来事に好奇心を感じ、探究していくことで生まれます。幼児が、遊びの中で周囲の環境と関わり、次第にどうしてそうなるのだろうかと不思議に感じたり、疑問を持ったりします。なぜそうなのかということや、どうすればそうできるかということなど、意味や操作の仕方に関心を持つようになります。そこから何度も出合い、工夫し、思い付いたことを出したり、実際に試したりするなかで、物事の法則性に気付き、自分なりに考えることができるようになるでしょう。

　とはいえ、幼児としては科学的に正しい理解をすぐにできるわけでありません。そういった考える過程が大事なのです。特に、他の幼児の考えなどに触れ、保育者との対話を交えながら、新しい考えを生み出す喜びや楽しさを味わいます。そこから、自ら考えようとする気持ちが育ちます。それは「なぜだろう、こうなのかな、こうしてみよう、きっとこうだ」という過程なのです。

　その時、科学の芽生えとは、そのものに即して、そこでの動きを詳細に捉え、その中での部品に相当するものの間の関連を捉えることです。それが仕組みということです。子どもにとって、ボタンを押すとコンピュータや電気を介して結果が起こるといったことは仕組みの法則性の理解に至りません。規則性という意味ではボタンを押せば灯りがつく関係は把握しますが、その間の経路をたどれても、子どもなりの理解となります。水が樋を滑り落ちて砂場に至るが、途中に隙間があれば、漏れてしまうなど、子どもにも仕組みのわかりやすい機械や道具を園の環境に置くとよいでしょう。

(7) 自然との関わり・生命尊重
　　自然に触れて感動する体験を通して、自然の変化などを感じ取り、好奇心や探究心をもって考え言葉などで表現しながら、身近な事象への関心が高まるとともに、自然への愛情や畏敬の念をもつようになる。また、身近な動植物に心を動かされる中で、生命の不思議さや尊さに気付き、身近な動植物への接し方を考え、命あるものとしていたわり、大切にする気持ちをもって関わるようになる。

ここがポイント！

⑩ 自然との関わり・生命尊重

解説　子どもの心が安らぎ、豊かな感情、好奇心、思考力、表現力の基礎が培われる

保⑩
認④

　自然は子どもにとって好奇心や探究心をかき立てる不思議さに満ちています。季節などに応じて自然は変化します。その変貌に気付き、それを使ったいろいろな遊びができるでしょう。そこから、自然の中にある様々なものの微細な特徴に気付き、それを活かした工夫ある活動を進めたり、なぜそうなるのかと考えたりするようになります。

　さらに、幼児期において自然の持つ意味は大きく、大きな自然、つまり、多種多様な動植物や土や砂や水がある生態系は、その大きさ、美しさ、不思議さなどに直接触れる体験をする場となります。そこから、子どもの心が安らぎ、豊かな感情、好奇心、思考力、表現力の基礎が培われます。子どもが自然との関わりを深めることができるよう、安全に配慮しながら、保育の指導を工夫します。

　また、身近な事象や飼育・栽培したりする動植物に対する感動を伝え合い、共感し合うことなどを通して自分から関わろうとする意欲を育てます。様々な関わり方を通してそれらに対する親しみや畏敬の念、生命を大切にする気持ち、公共心、探究心などを養うようにするのです。

　生命あるものは大切に丁寧に応対し、世話しないと、死ぬこともあります。上手くすれば、種から芽が出て大きくなっていきますし、動物が子どもを産むかもしれません。木々は季節により葉の色を変えたりします。木の実が少しずつ成熟し、食べられるようになります。去年の秋に植えたチューリップの球根が春になり花として開きます。時間をかけた関わりが慈しみの気持ちを生みだし、命あるものへの感動を可能にし、さらに、その命を支える水や餌や、生態系の大切さに気付く始まりとなるでしょう。

(8) 数量や図形、標識や文字などへの関心・感覚

　遊びや生活の中で、数量や図形、標識や文字などに親しむ体験を重ねたり、標識や文字の役割に気付いたりし、自らの必要感に基づきこれらを活用し、興味や関心、感覚をもつようになる。

👉 ここがポイント!

⑪ 数量や図形、標識や文字などへの関心・感覚

解説 日常の園環境で接しながら、次第になじんでいく　　保⑩ 認④

　数量や文字などに関しては、従来から環境や言葉の領域でその関心や感覚を育てるものとされてきました。日常生活の中で子ども自身の必要感に基づく体験を大切にし、数量や文字などに関する興味や関心、感覚が養われるようにします。

　生活の中では、園にあっても、様々な記号が使われており、日常の環境の一部としてそれらの記号に接することでしょう。それに何度も接しているうちに、次第になじんで、文字や数字の読み方を覚えたりもします。自分や友達の名前、絵本などに接して、文字が言葉としての意味を伝えることもわかっていきます。数について、関心が深まり、特に子どもが興味のあるものだとそれを数えたり、数の大小、多少を比較したりすることもあります。子どもが日常の遊びなどで文字などを使いながら思ったことや考えたことを伝えることもあるでしょう。その喜びや楽しさから、文字に対する興味や関心を持つようになります。何より、文字や数量・図形の感覚を育てます。

　小学校以上では、自覚的に記号として扱い、その操作の仕方を、例えば、筆算とか書き取りや作文や書き順練習などで正確に、そして、自分の表現としてできるようにしていきます。

　幼児期は、それ以前の、それらに向かう芽生えの時期です。だからこそ、関心・意欲、感覚、またそれと一体の気付きと呼んでいるのです。数を数えることは小さな数の範囲なら子どもでもするわけです。ただ、それは指を使った身体動作に依存しているでしょうし、視覚イメージを伴います。トランプの勝ち負けも取った枚数を数えたり厚みを比べたりするのです。

(9) 言葉による伝え合い
　先生や友達と心を通わせる中で、絵本や物語などに親しみながら、豊かな言葉や表現を身に付け、経験したことや考えたことなどを言葉で伝えたり、相手の話を注意して聞いたりし、言葉による伝え合いを楽しむようになる。

👆 ここがポイント！
⑫ 言葉による伝え合い

解説 　保育者の仲介や子どもと保育者の対話が大切

保⑩
認④

　これは、**領域「言葉」**の大事な点を、年長をイメージして表しています。言葉は、身近な人に親しみを持って接し、自分の感情や意志などを伝え、それに相手が応答し、その言葉を聞くことを通して次第に獲得されていくものです。子どもが保育者や他の子どもと関わることにより心を動かすような体験をし、言葉を交わす喜びを味わえるようにすることで、言葉を育てます。

　さらに、子どもが自分の思いを言葉で伝えると共に、保育者や他の子どもなどの話を、興味を持って注意して聞くことを通して次第に理解するようになっていき、言葉による伝え合いができるようにしていきます。そこでは特に、保育者の仲介や子どもと保育者の対話が大切になります。

　絵本や物語などの言葉を使った文化財も大事な意味があります。その内容と自分の経験とを結び付けたり、想像を巡らせたりするなど、楽しみを十分に味わうことによって次第に豊かなイメージを持ち、言葉に対する感覚が養われるようになります。絵本などには、ほぼ必ず、子どもの現在の語彙のレベルを超えた言葉がいくつも含まれており、それが絵によって筋を追う中で意味が了解されつつ、耳から発音として入り、頭の中で語彙として理解されます。子どもは意味が多少ともわかっている言葉だと自分の生活や遊びの中で使えそうな文脈で積極的に使っていき、その言葉を自分のものにしていきます。

　言葉は常に場面の中で生まれ、やりとりをされて、意味あるものとして理解され、使われるのです。その際、何より大人の果たす役割には大きなものがあります。

(10) 豊かな感性と表現

　心を動かす出来事などに触れ感性を働かせる中で、様々な素材の特徴や表現の仕方などに気付き、感じたことや考えたことを自分で表現したり、友達同士で表現する過程を楽しんだりし、表現する喜びを味わい、意欲をもつようになる。

ここがポイント！
⑬ 豊かな感性と表現

解説　子ども自身の表現しようとする意欲を受け止めて　保⑩　認④

　豊かな感性は、自然や文化などの身近な環境と十分に関わる中で、美しいもの、優れたもの、心を動かす出来事などに出合い、感動するところから育ちます。さらに、他の子どもや保育者とその感動を共有し、様々に表現することなどを通して養われていきます。造形や音楽や身体表現などの手立てがそこで活かされます。

　表現することは、心の中の感動がいわばあふれ出し、身体動作や声としてまず現れます。言葉を獲得していけば、言葉の表現となり、さらに造形や音楽の手段を手に入れ始めると、それをも使って表そうとします。特に造形や音による表現は自分に戻ってくるものでもあり、自分で見直し、聞き直して、自分が言い表したいことにぴったりか、もっと表現を加えるかなど、次の動きを誘発します。

　なお、子どもの自己表現は素朴な形で行われることが多いので、保育者はそのような表現を受容し、子ども自身の表現しようとする意欲を受け止めるようにします。そうして、子どもが生活の中で子どもらしい様々な表現を楽しむことができるようにします。各種の表現を生活で生きたものとするのです。子どもが生活経験や発達に応じ、自ら様々な表現を楽しみ、表現する意欲を十分に発揮させることを目指すのです。

　そこでは、遊具や用具などを整えたり、他の子どもの表現に触れられるよう配慮したりして、表現する途中の過程を尊重し、認めるようにします。いかなる場合も、それを表現として感受することはそれを表す主体としての表現する人の思いを感じつつ、その表現を鑑賞することなのです。

第3　教育課程の役割と編成等

1　教育課程の役割

　　各幼稚園においては、教育基本法及び学校教育法その他の法令並びにこの幼稚園教育要領の示すところに従い、創意工夫を生かし、幼児の心身の発達と幼稚園及び地域の実態に即応した適切な教育課程を編成するものとする。

　　また、各幼稚園においては、6に示す全体的な計画にも留意しながら、「幼児期の終わりまでに育ってほしい姿」を踏まえ教育課程を編成すること、教育課程の実施状況を評価してその改善を図っていくこと、教育課程の実施に必要な人的又は物的な体制を確保するとともにその改善を図っていくことなどを通して、教育課程に基づき組織的かつ計画的に各幼稚園の教育活動の質の向上を図っていくこと（以下「カリキュラム・マネジメント」という。）に努めるものとする。

2　各幼稚園の教育目標と教育課程の編成

　　教育課程の編成に当たっては、幼稚園教育において育みたい資質・能力を踏まえつつ、各幼稚園の教育目標を明確にするとともに、教育課程の編成についての基本的な方針が家庭や地域とも共有されるよう努めるものとする。

3　教育課程の編成上の基本的事項

(1)　幼稚園生活の全体を通して第2章に示すねらいが総合的に達成されるよう、教育課程に係る教育期間や幼児の生活経験や発達の過程などを考慮して具体的なねらいと内容を組織するものとする。この場合においては、特に、自我が芽生え、他者の存在を意識し、自己を抑制しようとする気持ちが生まれる幼児期の発達の特性を踏まえ、入園から修了に至るまでの長期的な視野をもって充実した生活が展開できるように配慮するものとする。

(2)　幼稚園の毎学年の教育課程に係る教育週数は、特別の事情のある場合を除き、39週を下ってはならない。

(3)　幼稚園の1日の教育課程に係る教育時間は、4時間を標準とする。ただし、幼児の心身の発達の程度や季節などに適切に配慮するものとする。

幼稚園教育要領

ここがポイント！
⑭ 資質・能力を育成するための
　カリキュラム・マネジメントの実現

解説　園長の方針の下、全教職員が分担、連携して

認②

　幼稚園では、環境を通して行う教育を基本としていること、家庭との関係において親密度が高いこと、預かり保育や子育ての支援などの教育課程以外の活動が多くの園で実施されていることなどを踏まえ、どのような教育課程等を編成し、実施・評価し改善していくのかという**「カリキュラム・マネジメント」**を進めます。

　その時のポイントとしては３つあります。

① 　各領域のねらいを相互に関連させ、**「幼児期の終わりまでに育ってほしい姿」**や小学校の学びを念頭に置きながら、子どもの調和の取れた発達を目指し、幼稚園等の教育目標等を踏まえた総合的な視点で、その目標の達成のために必要な具体的なねらいや内容を組織すること。

② 　教育内容の質の向上に向けて、子どもの姿や就学後の状況、家庭や地域の現状等に基づき、教育課程を編成し、実施し、評価して改善を図る一連のＰＤＣＡサイクルを確立すること。

③ 　教育内容と、教育活動に必要な人的・物的資源等を、家庭や地域の外部の資源も含めて活用しながら効果的に組み合わせること。

　これらを通して、教育課程に基づいた組織的で計画的な教育活動の質の向上を図るのです。そこでは、園長の方針の下に、全教職員が分担し、連携しつつ、教育課程や指導の改善を進めます。学校評価も教育課程の編成、実施、改善を中心とすることを踏まえ、**「カリキュラム・マネジメント」**と関連付けながら実施します。

　このように**「カリキュラム・マネジメント」**は、園の教育を実現するために、園としての裁量の範囲を最大限に活用し、時に保護者・地域などの支援を経て工夫していくことなのです。

4 教育課程の編成上の留意事項
　教育課程の編成に当たっては、次の事項に留意するものとする。
(1)　幼児の生活は、入園当初の一人一人の遊びや教師との触れ合いを通して幼稚園生活に親しみ、安定していく時期から、他の幼児との関わりの中で幼児の主体的な活動が深まり、幼児が互いに必要な存在であることを認識するようになり、やがて幼児同士や学級全体で目的をもって協同して幼稚園生活を展開し、深めていく時期などに至るまでの過程を様々に経ながら広げられていくものであることを考慮し、活動がそれぞれの時期にふさわしく展開されるようにすること。

(2) 入園当初、特に、３歳児の入園については、家庭との連携を緊密にし、生活のリズムや安全面に十分配慮すること。また、満３歳児については、学年の途中から入園することを考慮し、幼児が安心して幼稚園生活を過ごすことができるよう配慮すること。

(3) 幼稚園生活が幼児にとって安全なものとなるよう、教職員による協力体制の下、幼児の主体的な活動を大切にしつつ、園庭や園舎などの環境の配慮や指導の工夫を行うこと。

ここがポイント！
⑮ 満３歳児への指導

基本は少人数のグループや個別の活動を行うこと

『学校教育法』では、「幼稚園に入園することのできる者は、満３歳から、小学校就学の始期に達するまでの幼児とする。」とあり、満３歳の誕生日から幼稚園に入園が可能です。現状では、大部分の幼稚園は３歳の４月から、あるいは４歳の４月からの入園としていることでしょうが、園によって、また自治体によっては、満３歳の誕生日なり、その後の区切りのよい時期に入園を認めています。

それは年度の途中となり、しかも、子どもによって入園時期が異なることにもなります。そこで必ずしも満３歳児クラスを独自に構成する必要はなく、３歳児クラスの中に入れることも可能ですし、逆に４月から２歳児クラスを編制し、誕生日が来たら、正規の幼稚園の園児とするというやり方を採用する場合もあります。

その保育の基本は、少人数のグループや個別の活動を行うことです。『幼保連携型認定こども園教育・保育要領』なども参照しつつ、２歳児から満３歳児への移行を助けていくことが大事になります。

入園当初においては、とりわけ家庭との連携を緊密にして生活のリズムや安全面に配慮し、疲れすぎないようにすることや家庭と園の環境の違いによる不都合や事故が起こらないようにする配慮が必要です。

学年の途中から入園する場合は、多くの子どもが既に園に慣れているところに入っていくことにもなります。上の年齢の子どもの活動は既に活発でしょう。そこに一緒になることは難しいので、保育者による支えや誘導や説明が欠かせません。個別やごく少数のグループでの活動を進める中で、個別の配慮を可能にしていきます。

5 　小学校教育との接続に当たっての留意事項
(1) 　幼稚園においては、幼稚園教育が、小学校以降の生活や学習の基盤の育成につながることに配慮し、幼児期にふさわしい生活を通して、創造的な思考や主体的な生活態度などの基礎を培うようにするものとする。
(2) 　幼稚園教育において育まれた資質・能力を踏まえ、小学校教育が円滑に行われるよう、小学校の教師との意見交換や合同の研究の機会などを設け、「幼児期の終わりまでに育ってほしい姿」を共有するなど連携を図り、幼稚園教育と小学校教育との円滑な接続を図るよう努めるものとする。
6 　全体的な計画の作成
　各幼稚園においては、教育課程を中心に、第3章に示す教育課程に係る教育時間の終了後等に行う教育活動の計画、学校保健計画、学校安全計画などとを関連させ、一体的に教育活動が展開されるよう全体的な計画を作成するものとする。

ここがポイント！
⑯ 小学校教育との接続に当たっての留意事項　　保⑯

解説　小学校以降の生活や学習の基礎を培う

　幼稚園教育（幼児教育）では、小学校以降の生活や学習の基礎を培うのですが、しかし、そこでは、幼児期にふさわしい生活と教育の在り方を通して進めるのです。さらに、小学校教育をやりやすくするため、細かいマナーやスキルをしつけるということより、もっと資質・能力に関わる創造的な思考や主体的な態度を養うのです。

　幼稚園などと小学校の結び付きは2つの面を経て進められます。

　1つは、子ども同士の交流である保育・授業、幼稚園教師と小学校教師の経験交換や、研修・研究を合同することです。それを通して、教師側は互いの教育の在り方について理解を深め、また、子ども同士は、特に幼児は、先を見通してあこがれを持って学ぶことになり、小学生は、それまでを振り返って自己をさらに高めていくことになるでしょう。

　もう1つは接続です。これは、カリキュラムとして教育課程や指導計画を連続的なものとすることです。もとより、2つの教育は仕組みに違いがあるので、その違いは大事にしつつ、特に**「幼児期の終わりまでに育ってほしい姿」**が育つ様子を一人一人の子どもに即して共有し、小学校の初めのスタート・カリキュラムやその先の低学年の教育へと発展させながら、教科等の教育へと進めるのです。

> ここがポイント！
> ⑰ 全体的な計画の作成と指導計画の作成

解説　「幼児期の終わりまでに育ってほしい姿」を踏まえ教育課程を編成

保⑥
認⑤

　幼稚園は幼児期の学校として『**教育基本法**』及び『**学校教育法**』その他の法令と『**幼稚園教育要領**』の示すところに従い、創意工夫を活かし、子どもの心身の発達と幼稚園及び地域の実態に即応した適切な教育課程を編成するものとしています。これは義務としての規定です。その際、各幼稚園においては、**「全体的な計画」**にも留意しながら、**「幼児期の終わりまでに育ってほしい姿」**を踏まえ教育課程を編成することとしています。

　そこでは、幼稚園教育において育みたい資質・能力を踏まえつつ、各幼稚園の教育目標を明確にすると共に、教育課程の編成についての基本的な方針が家庭や地域とも共有されるよう努めるようにしていきます。幼稚園生活の全体を通して第2章に示す**「ねらい」**が総合的に達成されるよう、教育課程に係る教育時間や子どもの生活経験や発達の過程などを考慮して具体的な**「ねらい」**と**「内容」**を組織するものが教育課程です。

　その下で、幼児期にふさわしい生活が展開され、適切な指導が行われるよう、それぞれの幼稚園の教育課程に基づき、調和のとれた組織的、発展的な指導計画を作成し、子どもの活動に沿った柔軟な指導を行うために、指導計画を作成して保育を進めます。

　「全体的な計画」とは、教育課程と教育課程に係る教育時間の終了後等に行う教育活動（預かり保育・一時預かり）の計画、学校保健計画、学校安全計画などが含まれ、相互につながりがあるように計画します。

第4 指導計画の作成と幼児理解に基づいた評価

1 指導計画の考え方

　幼稚園教育は、幼児が自ら意欲をもって環境と関わることによりつくり出される具体的な活動を通して、その目標の達成を図るものである。

　幼稚園においてはこのことを踏まえ、幼児期にふさわしい生活が展開され、適切な指導が行われるよう、それぞれの幼稚園の教育課程に基づき、調和のとれた組織的、発展的な指導計画を作成し、幼児の活動に沿った柔軟な指導を行わなければならない。

ここがポイント！

⑱ 指導計画の作成・実施と評価、個から集団へ学びの過程を捉える

解説　資質・能力を育む上で学びの過程を意識した指導を

子どもの自発的な活動としての遊びは、心身の調和のとれた発達の基礎を培う重要な学習です。小学校以上においては特に、習得・活用・探究という学びの過程の重要性が提言されています。幼児教育においても、資質・能力を育む上で学びの過程を意識した指導を進めます。その過程は、発達の段階によって異なり、一律に示されるものではないことを前提にして、例えば、5歳児の後半では、遊具・素材・用具や場の選択等から遊びが創出され、やがて楽しさやおもしろさの追求、試行錯誤等を行う中で、遊びへ没頭し、遊びが終わる段階でそれまでの遊びを振り返るといった過程をたどることでしょう。

このような学びの過程が実現するには、保育者は、幼児教育において育みたい資質・能力を念頭に置いて環境を構成し、このような学びの過程の中で、クラスとしての在り方と一人一人の在り方、そして個人ごとの違いにも着目しながら、総合的に指導していくことが必要です。

子どもの行う活動は、個人のこともあり、グループのこともあり、学級全体や異年齢集団のこともあるでしょう。集団は様々な子どもの組み合わせを可能にしていきます。しかし同時に、日頃からなじんでいる仲間同士だからこそ、子どもも安心でき、協力する関係が成り立ちやすくもなるので、それを保障すべく配慮します。子どもがいろいろなものに関わる時、個として関わり、その独自の個性を発揮したい時もあり、グループとして多くの個性がつながり合って、もっと大きな活動へと発展することもあります。そのつなぎを、集まる場面などで保育者は促していきます。

ここがポイント！

⑲ 「何ができるようになるか」「何を学ぶか」「どのように学ぶか」「個々の子どもの発達をどのように援助するか」「何が身に付いたか」「実施するために何が必要か」という視点に基づき教育を改善・充実していく

解説　具体的な学びの姿を考えながら構成

(p35 へ)

2　指導計画の作成上の基本的事項
 (1)　指導計画は、幼児の発達に即して一人一人の幼児が幼児期にふさわしい
　　生活を展開し、必要な体験を得られるようにするために、具体的に作成す
　　るものとする。
 (2)　指導計画の作成に当たっては、次に示すところにより、具体的なねらい
　　及び内容を明確に設定し、適切な環境を構成することなどにより活動が選
　　択・展開されるようにするものとする。
　　ア　具体的なねらい及び内容は、幼稚園生活における幼児の発達の過程を
　　　見通し、幼児の生活の連続性、季節の変化などを考慮して、幼児の興味
　　　や関心、発達の実情などに応じて設定すること。
　　イ　環境は、具体的なねらいを達成するために適切なものとなるように構
　　　成し、幼児が自らその環境に関わることにより様々な活動を展開しつつ
　　　必要な体験を得られるようにすること。その際、幼児の生活する姿や発
　　　想を大切にし、常にその環境が適切なものとなるようにすること。
　　ウ　幼児の行う具体的な活動は、生活の流れの中で様々に変化するもので
　　　あることに留意し、幼児が望ましい方向に向かって自ら活動を展開して
　　　いくことができるよう必要な援助をすること。

　　　その際、幼児の実態及び幼児を取り巻く状況の変化などに即して指導の
　　過程についての評価を適切に行い、常に指導計画の改善を図るものとする。
3　指導計画の作成上の留意事項
　　指導計画の作成に当たっては、次の事項に留意するものとする。
 (1)　長期的に発達を見通した年、学期、月などにわたる長期の指導計画やこ
　　れとの関連を保ちながらより具体的な幼児の生活に即した週、日などの短
　　期の指導計画を作成し、適切な指導が行われるようにすること。特に、週、
　　日などの短期の指導計画については、幼児の生活のリズムに配慮し、幼児
　　の意識や興味の連続性のある活動が相互に関連して幼稚園生活の自然な
　　流れの中に組み込まれるようにすること。
 (2)　幼児が様々な人やものとの関わりを通して、多様な体験をし、心身の調
　　和のとれた発達を促すようにしていくこと。その際、幼児の発達に即して
　　主体的・対話的で深い学びが実現するようにするとともに、心を動かされ
　　る体験が次の活動を生み出すことを考慮し、一つ一つの体験が相互に結び
　　付き、幼稚園生活が充実するようにすること。

学習する子どもの視点に立ち、教育課程全体や各教科等の学びを通じて「何ができるようになるか」という観点から、育成を目指す資質・能力を整理します。その上で、資質・能力を育成するために「何を学ぶか」という、必要な指導内容等を検討し、その内容を「どのように学ぶか」という、子どもの具体的な学びの姿を考えながら構成します。これは、資質・能力の育成に向けて、子ども一人一人の興味や関心、発達や学習の課題等を踏まえ、それぞれの個性に応じた学びを引き出していくためです。

　さらに、「個々の子どもの発達をどのように援助するか」という視点と、学習評価等を通じて「何が身に付いたか」を見取ることや、「実施するために何が必要か」を、教育課程の在り方と併せて考えていきます。

　このように、学校教育が何を行うかを構造的に示しています。根本には子どもの資質・能力の成長を援助していく営みがあります。

　次に、具体的な内容を通して、資質・能力を伸ばすので、それを明示します。では、それはどのようにしていけば身に付くのか。その学び方は資質・能力の成長を可能にしていくものでもあり、学び方を学ぶことも含めているのです。その上で、その学びの様子を評価し、必要な手立てを改善するとともに、一人一人に必要な対応を図り、必要な資源を手配します。

👆 ここがポイント！
⑳ 資質・能力を育むための主体的・対話的で深い学びの必要性

解説　アクティブ・ラーニングの視点から指導の改善を

保⑧

　幼児教育における重要な学習としての遊びはアクティブ・ラーニングの視点から指導の改善を図っていきます。子どもが様々な人やものに関わり、多様な体験をし、体験が次の体験へと発展していく中で、調和的な発達が促されていきます。その際、特に次の視点を重視します。
① 周囲の環境に興味や関心をもって積極的に働きかけ、見通しをもって粘り強く取り組み、自らの遊びを振り返って、期待を持ちながら、次につなげる「主体的な学び」が実現できているか。
② 他者との関わりを深める中で、自分の思いや考えを表現し、伝え合ったり、考えを出し合ったり、協力したりして自らの考えを広げ深める「対話的な学び」が実現できているか。
③ 直接的・具体的な体験の中で、「見方・考え方」を働かせて対象と関わって心を動かし、幼児なりのやり方やペースで試行錯誤を繰り返し、生活を意味あるものとして捉える「深い学び」が実現できているか。

(p37 へ)

(3) 言語に関する能力の発達と思考力等の発達が関連していることを踏まえ、幼稚園生活全体を通して、幼児の発達を踏まえた言語環境を整え、言語活動の充実を図ること。

(4) 幼児が次の活動への期待や意欲をもつことができるよう、幼児の実態を踏まえながら、教師や他の幼児と共に遊びや生活の中で見通しをもったり、振り返ったりするよう工夫すること。

(5) 行事の指導に当たっては、幼稚園生活の自然の流れの中で生活に変化や潤いを与え、幼児が主体的に楽しく活動できるようにすること。なお、それぞれの行事についてはその教育的価値を十分検討し、適切なものを精選し、幼児の負担にならないようにすること。

(6) 幼児期は直接的な体験が重要であることを踏まえ、視聴覚教材やコンピュータなど情報機器を活用する際には、幼稚園生活では得難い体験を補完するなど、幼児の体験との関連を考慮すること。

(7) 幼児の主体的な活動を促すためには、教師が多様な関わりをもつことが重要であることを踏まえ、教師は、理解者、共同作業者など様々な役割を果たし、幼児の発達に必要な豊かな体験が得られるよう、活動の場面に応じて、適切な指導を行うようにすること。

(8) 幼児の行う活動は、個人、グループ、学級全体などで多様に展開されるものであることを踏まえ、幼稚園全体の教師による協力体制を作りながら、一人一人の幼児が興味や欲求を十分に満足させるよう適切な援助を行うようにすること。

4 幼児理解に基づいた評価の実施

　幼児一人一人の発達の理解に基づいた評価の実施に当たっては、次の事項に配慮するものとする。

(1) 指導の過程を振り返りながら幼児の理解を進め、幼児一人一人のよさや可能性などを把握し、指導の改善に生かすようにすること。その際、他の幼児との比較や一定の基準に対する達成度についての評定によって捉えるものではないことに留意すること。

(2) 評価の妥当性や信頼性が高められるよう創意工夫を行い、組織的かつ計画的な取組を推進するとともに、次年度又は小学校等にその内容が適切に引き継がれるようにすること。

すなわち、==振り返りや見通しをもって意欲と意志を働かせるようにします。他の子ども・保育者と言葉などで思いや考えを伝え合い協力します。気付きや工夫を通して、関わりを深めていきます。==
それにより、子どもの内面の変容や体験が活動に連なり、さらに次の関連する体験が呼び起こされ……とつながっていく中で体験同士が結び付き、そこで子どもの種々の学びが成り立ちます。それらが積み上がり、相互に関連が作られることで、子どもの資質・能力の成長へと発展していきます。

ここがポイント！
㉑ 評価の充実

 簡便で、改善につながりやすい手法、用い方が重要

==子ども一人一人のよさや可能性を評価するこれまでの幼児教育における評価の考え方を維持します。==その上で、各領域の**「ねらい」**のほか、5歳児については、**「幼児期の終わりまでに育ってほしい姿」**を踏まえた視点を新たに加えることとします。

その際、==他の子どもとの比較や一定の基準に対する達成度についての評定によって捉えるものではないことに留意するようにします。==また、子どもの発達の状況を小学校の教員が指導上参考にできるよう、幼稚園幼児指導要録の示し方の見直しを図るとともに、幼稚園幼児指導要録以外のものを含め、園内でまた小学校と情報の共有化の工夫を図ります。

なお、日々の記録や、実践を写真や動画などに残し可視化した、いわゆるドキュメンテーション（写真と文で保育の活動を記録し、子ども・保育者・保護者などで共有する）、ポートフォリオ（保育の活動の記録や写真、作品の写真などをファイルにまとめ、評価の参考にする）などにより子どもの評価の参考となる情報を日頃から蓄積します。さらに、このような子どもの発達の状況を保護者と共有することを通じて、幼稚園等と家庭が一体となって子どもと関わる取り組みを進めていきます。

このように、==記録はそれで終わらず、評価につながり、評価はそれに止まらず、指導の改善へと発展していきます。==PDCA（計画、実行、評価、改善）のサイクルはぐるぐると循環するものです。しかも、その過程において、子どもの様子の多様な捉え方が生まれ、子ども理解が広がり、それに応じて指導も新たなものとなっていくでしょう。

その記録と評価・改善の過程をいかにして実際の保育の中に入れ込むかに取り組む必要があります。膨大で精密な手間のかかる手法は実際の現場では使いようがありません。==簡便ながら、改善につながる手法や用い方が重要です。==

第5 特別な配慮を必要とする幼児への指導

1 障害のある幼児などへの指導

　障害のある幼児などへの指導に当たっては、集団の中で生活することを通して全体的な発達を促していくことに配慮し、特別支援学校などの助言又は援助を活用しつつ、個々の幼児の障害の状態などに応じた指導内容や指導方法の工夫を組織的かつ計画的に行うものとする。また、家庭、地域及び医療や福祉、保健等の業務を行う関係機関との連携を図り、長期的な視点で幼児への教育的支援を行うために、個別の教育支援計画を作成し活用することに努めるとともに、個々の幼児の実態を的確に把握し、個別の指導計画を作成し活用することに努めるものとする。

2 海外から帰国した幼児や生活に必要な日本語の習得に困難のある幼児の幼稚園生活への適応

　海外から帰国した幼児や生活に必要な日本語の習得に困難のある幼児については、安心して自己を発揮できるよう配慮するなど個々の幼児の実態に応じ、指導内容や指導方法の工夫を組織的かつ計画的に行うものとする。

ここがポイント！
㉒ 障害のある子ども、海外から帰国した子ども

 解説　実態を把握し、個別の指導計画の作成、活用を

1 障害のある子どもなどへの指導

　障害のある子どもなどへの指導に当たっては、集団の中で生活することを通して全体的な発達を促していくことに配慮し、特別支援学校などの助言または援助を活用しつつ、個々の幼児の障害の状態などに応じた指導内容や指導方法の工夫を組織的かつ計画的に行うものとします。

　また、家庭、地域および医療や福祉、保健等の業務を行う関係機関との連携を図り、長期的な視点で子どもへの教育的支援を行うために、「個別の教育支援計画」を作成し活用することに努めるとともに、個々の子どもの実態を的確に把握し、「個別の指導計画」を作成し活用することに努めます。

　障害のある、またそれに準じた、様々な発達上、また家庭での困難を抱えた子どもに対しての個別的な配慮を進めます。発達障害などの診断や疑いがあるとしても、その症状や行動は様々です。一律の応対ではなく、その子どもの状態や状況に応じて丁寧に個別的な計画を立てるようにします。支援計画や指導計画は努力義務規定ですが、できる限り、専門家の助言を受け、必要に応じて保護者とも相談しながら、個別的な指導を進めると同時に、クラスなど集団での生活の貴重さを活かして、その子どもなりの参加を誘い、支えていきます。

2 海外から帰国した子どもや生活に必要な日本語の習得に困難のある子どもの幼稚園生活への適応

　海外から帰国した子どもや生活に必要な日本語の習得に困難のある子どもについては、安心して自己を発揮できるよう配慮するなど個々の子どもの実態に応じ、指導内容や指導方法の工夫を組織的かつ計画的に行います。

　海外から帰国した子どもなど、日本語や日本の文化になじんでいない子どもは増えてきています。単に日本語が上手く話せない、理解できないだけで、今まで使っていた言語では十分言語力を備えているかもしれません。先方の言語や文化習慣を心得た通訳も可能な人がいるなら、その助力を受けることなどで、子どもの元々の言葉も時に使いつつ、コミュニケーションを可能にし、子どもの心の安定を図り、また他の子どもにその子の感じていることや考えていることを伝えてあげましょう。

　子どもの言葉の程度や状況、さらに保護者・家庭の在り方も様々ですから、それらの様子を見取りつつ、個別の指導や計画を立て徐々に集団へと組み入れていきます。

第6 幼稚園運営上の留意事項

1 各幼稚園においては、園長の方針の下に、園務分掌に基づき教職員が適切に役割を分担しつつ、相互に連携しながら、教育課程や指導の改善を図るものとする。また、各幼稚園が行う学校評価については、教育課程の編成、実施、改善が教育活動や幼稚園運営の中核となることを踏まえ、カリキュラム・マネジメントと関連付けながら実施するよう留意するものとする。

2 幼児の生活は、家庭を基盤として地域社会を通じて次第に広がりをもつものであることに留意し、家庭との連携を十分に図るなど、幼稚園における生活が家庭や地域社会と連続性を保ちつつ展開されるようにするものとする。その際、地域の自然、高齢者や異年齢の子供などを含む人材、行事や公共施設などの地域の資源を積極的に活用し、幼児が豊かな生活体験を得られるように工夫するものとする。また、家庭との連携に当たっては、保護者との情報交換の機会を設けたり、保護者と幼児との活動の機会を設けたりなどすることを通じて、保護者の幼児期の教育に関する理解が深まるよう配慮するものとする。

3 地域や幼稚園の実態等により、幼稚園間に加え、保育所、幼保連携型認定こども園、小学校、中学校、高等学校及び特別支援学校などとの間の連携や交流を図るものとする。特に、幼稚園教育と小学校教育の円滑な接続のため、幼稚園の幼児と小学校の児童との交流の機会を積極的に設けるようにするものとする。また、障害のある幼児児童生徒との交流及び共同学習の機会を設け、共に尊重し合いながら協働して生活していく態度を育むよう努めるものとする。

第7 教育課程に係る教育時間終了後等に行う教育活動など

幼稚園は、第3章に示す教育課程に係る教育時間の終了後等に行う教育活動について、学校教育法に規定する目的及び目標並びにこの章の第1に示す幼稚園教育の基本を踏まえ実施するものとする。また、幼稚園の目的の達成に資するため、幼児の生活全体が豊かなものとなるよう家庭や地域における幼児期の教育の支援に努めるものとする。

> ここがポイント！
> ㉓ 幼稚園における指導体制の充実

園内の教職員の協働体制作りから

　教育の成果は、その担い手である教員の資質・能力に負うところが大きく、特に幼児教育において、保育者は子どものモデルとして様々な役割を果たしており、与える影響も極めて大きいものがあります。さらに、幼稚園等は若い世代の入れ替わりが多く、経験に基づく知見が蓄積されにくく、また、預かり保育や子育ての支援など教育課程以外の活動へのニーズの高まりから研修時間の確保が難しくなっている現状があります。

　各園においては、園長の指揮により、全教職員がその役割を分担し、相互に連携しながら指導体制を確立し、充実・改善を図ります。これは「カリキュラム・マネジメント」とも関連付けて進めます。

　そのため、日々の保育の記録を取り、活動や指導を見直し、その後の指導の改善を図るため、園内の教職員の協働体制を作ります。共に、園の保育をよくするために、一人一人の保育者の働きかけや指導の計画を検討する場を設けるのです。

　子どもの資質・能力の向上を図るための研修の在り方が、今まさに必要な課題となっています。そこで、各園においては、教員以外の職員も含め、相互に日頃の実践についての意見交換やテーマに基づく研究の実施など、園内研修の継続・充実を進めるとともに、園外研修の機会の確保を図ります。その際、複数の園による多様な立場にある保育者の交流の機会を確保します。

　都道府県等の幼児教育センターやその下になる幼児教育アドバイザーなどからの支援も望まれます。それは一方的に指示を受けるという意味ではなく、共に複数の目で保育をよくするための場作りを可能にするためです。

第2章 ねらい及び内容

　この章に示すねらいは、幼稚園教育において育みたい資質・能力を幼児の生活する姿から捉えたものであり、内容は、ねらいを達成するために指導する事項である。各領域は、これらを幼児の発達の側面から、心身の健康に関する領域「健康」、人との関わりに関する領域「人間関係」、身近な環境との関わりに関する領域「環境」、言葉の獲得に関する領域「言葉」及び感性と表現に関する領域「表現」としてまとめ、示したものである。内容の取扱いは、幼児の発達を踏まえた指導を行うに当たって留意すべき事項である。

　各領域に示すねらいは、幼稚園における生活の全体を通じ、幼児が様々な体験を積み重ねる中で相互に関連をもちながら次第に達成に向かうものであること、内容は、幼児が環境に関わって展開する具体的な活動を通して総合的に指導されるものであることに留意しなければならない。

　また、「幼児期の終わりまでに育ってほしい姿」が、ねらい及び内容に基づく活動全体を通して資質・能力が育まれている幼児の幼稚園修了時の具体的な姿であることを踏まえ、指導を行う際に考慮するものとする。

　なお、特に必要な場合には、各領域に示すねらいの趣旨に基づいて適切な、具体的な内容を工夫し、それを加えても差し支えないが、その場合には、それが第1章の第1に示す幼稚園教育の基本を逸脱しないよう慎重に配慮する必要がある。

健　康
〔健康な心と体を育て、自ら健康で安全な生活をつくり出す力を養う。〕
1　ねらい
　(1)　明るく伸び伸びと行動し、充実感を味わう。
　(2)　自分の体を十分に動かし、進んで運動しようとする。
　(3)　健康、安全な生活に必要な習慣や態度を身に付け、見通しをもって行動する。

2　内　容

(1)　先生や友達と触れ合い、安定感をもって行動する。

(2)　いろいろな遊びの中で十分に体を動かす。

(3)　進んで戸外で遊ぶ。

(4)　様々な活動に親しみ、楽しんで取り組む。

(5)　先生や友達と食べることを楽しみ、食べ物への興味や関心をもつ。

(6)　健康な生活のリズムを身に付ける。

(7)　身の回りを清潔にし、衣服の着脱、食事、排泄などの生活に必要な活動を自分でする。

(8)　幼稚園における生活の仕方を知り、自分たちで生活の場を整えながら見通しをもって行動する。

(9)　自分の健康に関心をもち、病気の予防などに必要な活動を進んで行う。

(10)　危険な場所、危険な遊び方、災害時などの行動の仕方が分かり、安全に気を付けて行動する。

3　内容の取扱い

上記の取扱いに当たっては、次の事項に留意する必要がある。

(1)　心と体の健康は、相互に密接な関連があるものであることを踏まえ、幼児が教師や他の幼児との温かい触れ合いの中で自己の存在感や充実感を味わうことなどを基盤として、しなやかな心と体の発達を促すこと。特に、十分に体を動かす気持ちよさを体験し、自ら体を動かそうとする意欲が育つようにすること。

(2)　様々な遊びの中で、幼児が興味や関心、能力に応じて全身を使って活動することにより、体を動かす楽しさを味わい、自分の体を大切にしようとする気持ちが育つようにすること。その際、多様な動きを経験する中で、体の動きを調整するようにすること。

(3)　自然の中で伸び伸びと体を動かして遊ぶことにより、体の諸機能の発達が促されることに留意し、幼児の興味や関心が戸外にも向くようにすること。その際、幼児の動線に配慮した園庭や遊具の配置などを工夫すること。

(4)　健康な心と体を育てるためには食育を通じた望ましい食習慣の形成が大切であることを踏まえ、幼児の食生活の実情に配慮し、和やかな雰囲気の中で教師や他の幼児と食べる喜びや楽しさを味わったり、様々な食べ物への興味や関心をもったりするなどし、食の大切さに気付き、進んで食べようとする気持ちが育つようにすること。

(5)　基本的な生活習慣の形成に当たっては、家庭での生活経験に配慮し、幼児の自立心を育て、幼児が他の幼児と関わりながら主体的な活動を展開する中で、生活に必要な習慣を身に付け、次第に見通しをもって行動できるよう

にすること。

(6) 安全に関する指導に当たっては、情緒の安定を図り、遊びを通して安全についての構えを身に付け、危険な場所や事物などが分かり、安全についての理解を深めるようにすること。また、交通安全の習慣を身に付けるようにするとともに、避難訓練などを通して、災害などの緊急時に適切な行動がとれるようにすること。

ここがポイント！
㉔ 領域「健康」

解説　子どもが実行できるようになる過程を重視

保⑮
認⑭

　修正点のいくつかは、**「幼児期の終わりまでに育ってほしい姿」**に明記したものを簡略化している部分です。

　「ねらい」の**(3)**では、**「見通しをもって行動する。」**、また、**「内容の取扱い」**の**(2)**では**「多様な動きを経験する中で、体の動きを調整するようにすること。」**が加えられていますが、これは**「幼児期の終わりまでに育ってほしい姿」**の第1**（健康な心と体）**の姿や、第6**（思考力の芽生え）**の姿などの趣旨を受けており、重視しているものです。**「指導計画の作成上の留意事項」**の**(2)**でも**「多様な体験をし、心身の調和のとれた発達を促す」**とあります。

　食育が強化されています。**「内容」**の**(5)**では**「食べ物への興味や関心をもつ。」**が加えられ、食育の目指すところが興味・関心であることを明確にしています。それに加えて、**「内容の取扱い」**の**(4)**では、**「食の大切さに気付き、」**と加えられ、食育の目指すところに**「気付き」**が入ることが明示されています。

　「内容の取扱い」の**(5)**では、基本的な生活習慣の形成に当たって、**「次第に見通しをもって行動できるようにすること。」**が新たに入りました。これは、**「幼児期の終わりまでに育ってほしい姿」**の第1**（健康な心と体）**や第2**（自立心）**と関連し、**「主体的・対話的で深い学び」**とも連動していきます。

　全体として、健康領域が大きく変わるということではありません。心と体の健康や運動、それらが生活習慣となることを基本として、子どもが主体的にそれらを取り込み、実行可能となっていく過程を重視します。

人間関係

〔他の人々と親しみ、支え合って生活するために、自立心を育て、人と関わる力を養う。〕

1 ねらい

(1) 幼稚園生活を楽しみ、自分の力で行動することの充実感を味わう。

(2) 身近な人と親しみ、関わりを深め、工夫したり、協力したりして一緒に活動する楽しさを味わい、愛情や信頼感をもつ。

(3) 社会生活における望ましい習慣や態度を身に付ける。

2 内 容

(1) 先生や友達と共に過ごすことの喜びを味わう。

(2) 自分で考え、自分で行動する。

(3) 自分でできることは自分でする。

(4) いろいろな遊びを楽しみながら物事をやり遂げようとする気持ちをもつ。

(5) 友達と積極的に関わりながら喜びや悲しみを共感し合う。

(6) 自分の思ったことを相手に伝え、相手の思っていることに気付く。

(7) 友達のよさに気付き、一緒に活動する楽しさを味わう。

(8) 友達と楽しく活動する中で、共通の目的を見いだし、工夫したり、協力したりなどする。

(9) よいことや悪いことがあることに気付き、考えながら行動する。

(10) 友達との関わりを深め、思いやりをもつ。

(11) 友達と楽しく生活する中できまりの大切さに気付き、守ろうとする。

(12) 共同の遊具や用具を大切にし、皆で使う。

(13) 高齢者をはじめ地域の人々などの自分の生活に関係の深いいろいろな人に親しみをもつ。

3 内容の取扱い

上記の取扱いに当たっては、次の事項に留意する必要がある。

(1) 教師との信頼関係に支えられて自分自身の生活を確立していくことが人と関わる基盤となることを考慮し、幼児が自ら周囲に働き掛けることにより多様な感情を体験し、試行錯誤しながら諦めずにやり遂げることの達成感や、前向きな見通しをもって自分の力で行うことの充実感を味わうことができるよう、幼児の行動を見守りながら適切な援助を行うようにすること。

(2) 一人一人を生かした集団を形成しながら人と関わる力を育てていくようにすること。その際、集団の生活の中で、幼児が自己を発揮し、教師や他の幼児に認められる体験をし、自分のよさや特徴に気付き、自信をもって行動できるようにすること。

(3) 幼児が互いに関わりを深め、協同して遊ぶようになるため、自ら行動する力を育てるようにするとともに、他の幼児と試行錯誤しながら活動を展開す

幼稚園教育要領

👉 ここがポイント！
㉕ 領域「人間関係」

解説　共通の目的に向け、一緒になって考え、工夫し、協力する

保⑮
認⑭

　「人間関係」の「ねらい」では、(2)の「**身近な人と親しみ、関わりを深め、工夫したり、協力したりして一緒に活動する楽しさを味わい、愛情や信頼感をもつ。**」のところで、「**工夫**」、「**協力**」、「**一緒に活動**」、「**楽しさ**」などが新たに加えられています。これは「**幼児期の終わりまでに育ってほしい姿**」の第3 (**協同性**) を受けています。そこでは単に友達と一緒に遊び仲良くなるだけではなく、共通の目的に向けて一緒になって考えたり、工夫したり、協力したりすることが強調されています。幼児期の子ども同士が仲良くなっていくのですが、さらにその上で、年長に向けて協力できるようになっていくのです。協力とは仲良くしながら、一緒の目的を共に実現しようとして、互いに工夫し合うことです。

　「内容の取扱い」の (2) では、子どもの主体的な活動の説明、「幼児の主体的な活動は、他の幼児とのかかわりの中で深まり、豊かになるものであり、幼児はその中で互いに必要な存在であることを認識するようになることを踏まえ」がなくなっているのですが、それは、「**教育課程の編成上の留意事項**」においての留意事項 (1) に、「**幼児の生活は、入園当初の一人一人の遊びや教師との**触れ合いを通して幼稚園生活に親しみ、安定していく時期から、他の幼児との関わりの中で幼児の主体的な活動が深まり、幼児が互いに必要な存在であることを認識するようになり、やがて幼児同士や学級全体で目的をもって協同して幼稚園生活を展開し、深めていく時期**」として、発達の流れを明確にする中に位置付けたからです。

る楽しさや共通の目的が実現する喜びを味わうことができるようにすること。

(4) 道徳性の芽生えを培うに当たっては、基本的な生活習慣の形成を図るとともに、幼児が他の幼児との関わりの中で他人の存在に気付き、相手を尊重する気持ちをもって行動できるようにし、また、自然や身近な動植物に親しむことなどを通して豊かな心情が育つようにすること。特に、人に対する信頼感や思いやりの気持ちは、葛藤やつまずきをも体験し、それらを乗り越えることにより次第に芽生えてくることに配慮すること。

(5) 集団の生活を通して、幼児が人との関わりを深め、規範意識の芽生えが培われることを考慮し、幼児が教師との信頼関係に支えられて自己を発揮する中で、互いに思いを主張し、折り合いを付ける体験をし、きまりの必要性などに気付き、自分の気持ちを調整する力が育つようにすること。

(6) 高齢者をはじめ地域の人々などの自分の生活に関係の深いいろいろな人と触れ合い、自分の感情や意志を表現しながら共に楽しみ、共感し合う体験を通して、これらの人々などに親しみをもち、人と関わることの楽しさや人の役に立つ喜びを味わうことができるようにすること。また、生活を通して親や祖父母などの家族の愛情に気付き、家族を大切にしようとする気持ちが育つようにすること。

環 境

周囲の様々な環境に好奇心や探究心をもって関わり、それらを生活に取り入れて
いこうとする力を養う。

1 ねらい

(1) 身近な環境に親しみ、自然と触れ合う中で様々な事象に興味や関心をもつ。

(2) 身近な環境に自分から関わり、発見を楽しんだり、考えたりし、それを生
活に取り入れようとする。

(3) 身近な事象を見たり、考えたり、扱ったりする中で、物の性質や数量、文
字などに対する感覚を豊かにする。

2 内 容

(1) 自然に触れて生活し、その大きさ、美しさ、不思議さなどに気付く。

(2) 生活の中で、様々な物に触れ、その性質や仕組みに興味や関心をもつ。

(3) 季節により自然や人間の生活に変化のあることに気付く。

(4) 自然などの身近な事象に関心をもち、取り入れて遊ぶ。

(5) 身近な動植物に親しみをもって接し、生命の尊さに気付き、いたわったり、
大切にしたりする。

(6) 日常生活の中で、我が国や地域社会における様々な文化や伝統に親しむ。

(7) 身近な物を大切にする。

(8) 身近な物や遊具に興味をもって関わり、自分なりに比べたり、関連付けた
りしながら考えたり、試したりして工夫して遊ぶ。

(9) 日常生活の中で数量や図形などに関心をもつ。

(10) 日常生活の中で簡単な標識や文字などに関心をもつ。

(11) 生活に関係の深い情報や施設などに興味や関心をもつ。

(12) 幼稚園内外の行事において国旗に親しむ。

3 内容の取扱い

上記の取扱いに当たっては、次の事項に留意する必要がある。

(1) 幼児が、遊びの中で周囲の環境と関わり、次第に周囲の世界に好奇心を抱き、
その意味や操作の仕方に関心をもち、物事の法則性に気付き、自分なりに考え
ることができるようになる過程を大切にすること。また、他の幼児の考えなど
に触れて新しい考えを生み出す喜びや楽しさを味わい、自分の考えをよりよい
ものにしようとする気持ちが育つようにすること。

(2) 幼児期において自然のもつ意味は大きく、自然の大きさ、美しさ、不思議
さなどに直接触れる体験を通して、幼児の心が安らぎ、豊かな感情、好奇心、
思考力、表現力の基礎が培われることを踏まえ、幼児が自然との関わりを深
めることができるよう工夫すること。

> (3) 身近な事象や動植物に対する感動を伝え合い、共感し合うことなどを通して自分から関わろうとする意欲を育てるとともに、様々な関わり方を通してそれらに対する親しみや畏敬の念、生命を大切にする気持ち、公共心、探究心などが養われるようにすること。
> (4) 文化や伝統に親しむ際には、正月や節句など我が国の伝統的な行事、国歌、唱歌、わらべうたや我が国の伝統的な遊びに親しんだり、異なる文化に触れる活動に親しんだりすることを通じて、社会とのつながりの意識や国際理解の意識の芽生えなどが養われるようにすること。
> (5) 数量や文字などに関しては、日常生活の中で幼児自身の必要感に基づく体験を大切にし、数量や文字などに関する興味や関心、感覚が養われるようにすること。

ここがポイント！

㉖ 領域「環境」

解説　我が国の文化、異なる文化、双方に親しめるような配慮を

保⑮
認⑭

「内容」の項目として新たに**(6)「日常生活の中で、我が国や地域社会における様々な文化や伝統に親しむ。」**が入りました。子どもの生活において、行事や遊びや遊具などで地域の文化的な活動や昔からの遊びなどに触れることを進めて、文化や伝統に親しむのです。

「内容」の(8)では、**「自分なりに比べたり、関連付けたりしながら」**考え、試し、工夫するように求められており、従来にも増して、子どもの考える力を具体的に伸ばすために、比較や関連付けを行うよう保育者が働きかけるようにします。

「内容の取扱い」の(1)では、最後に**「自分の考えをよりよいものにしようとする気持ちが育つようにすること。」**としてあり、考えようとする気持ちをよりしっかり意識することが強調されています。子どもの興味のある具体的な活動の中で、どうしたらよいか、なぜだろうかを考えるように促していきます。

「内容の取扱い」の(4)が新たに作られました。**「文化や伝統に親しむ際には、正月や節句など我が国の伝統的な行事、国歌、唱歌、わらべうたや我が国の伝統的な遊びに親しんだり、異なる文化に触れる活動に親しんだりすることを通じて、社会とのつながりの意識や国際理解の意識の芽生えなどが養われるようにすること。」**

社会や国際的つながりへの意識を子どもが持てるような機会を増やしつつ、同時にそこで、我が国の文化や伝統に親しめるようにしていきます。折々の行事や活動などで我が国と異なる文化の双方に親しめるよう、環境での配慮をしていきましょう。

言 葉

経験したことや考えたことなどを自分なりの言葉で表現し、相手の話す言葉を聞こうとする意欲や態度を育て、言葉に対する感覚や言葉で表現する力を養う。

1 ねらい

(1) 自分の気持ちを言葉で表現する楽しさを味わう。

(2) 人の言葉や話などをよく聞き、自分の経験したことや考えたことを話し、伝え合う喜びを味わう。

(3) 日常生活に必要な言葉が分かるようになるとともに、絵本や物語などに親しみ、言葉に対する感覚を豊かにし、先生や友達と心を通わせる。

2 内 容

(1) 先生や友達の言葉や話に興味や関心をもち、親しみをもって聞いたり、話したりする。

(2) したり、見たり、聞いたり、感じたり、考えたりなどしたことを自分なりに言葉で表現する。

(3) したいこと、してほしいことを言葉で表現したり、分からないことを尋ねたりする。

(4) 人の話を注意して聞き、相手に分かるように話す。

(5) 生活の中で必要な言葉が分かり、使う。

(6) 親しみをもって日常の挨拶をする。

(7) 生活の中で言葉の楽しさや美しさに気付く。

(8) いろいろな体験を通じてイメージや言葉を豊かにする。

(9) 絵本や物語などに親しみ、興味をもって聞き、想像をする楽しさを味わう。

(10) 日常生活の中で、文字などで伝える楽しさを味わう。

3 内容の取扱い

上記の取扱いに当たっては、次の事項に留意する必要がある。

(1) 言葉は、身近な人に親しみをもって接し、自分の感情や意志などを伝え、それに相手が応答し、その言葉を聞くことを通して次第に獲得されていくものであることを考慮して、幼児が教師や他の幼児と関わることにより心を動かされるような体験をし、言葉を交わす喜びを味わえるようにすること。

(2) 幼児が自分の思いを言葉で伝えるとともに、教師や他の幼児などの話を興味をもって注意して聞くことを通して次第に話を理解するようになっていき、言葉による伝え合いができるようにすること。

(3) 絵本や物語などで、その内容と自分の経験とを結び付けたり、想像を巡らせたりするなど、楽しみを十分に味わうことによって、次第に豊かなイメージをもち、言葉に対する感覚が養われるようにすること。

> (4) 幼児が生活の中で、言葉の響きやリズム、新しい言葉や表現などに触れ、これらを使う楽しさを味わえるようにすること。その際、絵本や物語に親しんだり、言葉遊びなどをしたりすることを通して、言葉が豊かになるようにすること。
> (5) 幼児が日常生活の中で、文字などを使いながら思ったことや考えたことを伝える喜びや楽しさを味わい、文字に対する興味や関心をもつようにすること。

ここがポイント！

㉗ 領域「言葉」

解説　絵本や物語、言葉遊びは、幼児期に相応しいものの提供を

保⑮
認⑭

　「ねらい」の（3）に「**言葉に対する感覚を豊かにし、**」が加えられました。言葉の理解と、言葉の理解を育てる絵本・物語に接すること、先生や友達と言葉により心を通わせることとともに、言葉の感覚が入ったのです。これは、言葉そのものへの関心を促し、言葉の楽しさやおもしろさや微妙さを言葉遊びや絵本などを通して感じられるようにすることです。そういう感覚が元になって、言葉の理解が広がり、コミュニケーションにも使えるようになっていき、さらに小学校以降の国語の教育の基礎が培われるのです。

　「内容の取扱い」の（4）「**幼児が生活の中で、言葉の響きやリズム、新しい言葉や表現などに触れ、これらを使う楽しさを味わえるようにすること。その際、絵本や物語に親しんだり、言葉遊びなどをしたりすることを通して、言葉が豊かになるようにすること。**」が新設されました。

　「ねらい」の（3）とも連動しますが、言葉そのものに対する興味を促して、言葉の感覚を豊かにしていきます。言葉の感覚とは、言葉の響きやリズムに敏感になることです。そのためには一語の意味を保育者が説明し、それを理解するというよりは、実際に使ってみて、言葉の楽しさに目覚め、そこで意味を何となく感じ取りながら、言葉の微妙なニュアンスや音の響きに気付くようにしていきます。そのための、絵本や物語や言葉遊びは幼児期に相応しいものが多数提供されていますし、言葉遊びなどは子どもなりに始めることでしょう。しりとりやなぞなぞ、だじゃれなどがそうです。それらを通して言葉の感覚を豊かにしつつ、語彙を増やしていくのです。

表　現

感じたことや考えたことを自分なりに表現することを通して、豊かな感性や表現する力を養い、創造性を豊かにする。

1　ねらい

(1)　いろいろなものの美しさなどに対する豊かな感性をもつ。

(2)　感じたことや考えたことを自分なりに表現して楽しむ。

(3)　生活の中でイメージを豊かにし、様々な表現を楽しむ。

2　内　容

(1)　生活の中で様々な音、形、色、手触り、動きなどに気付いたり、感じたりするなどして楽しむ。

(2)　生活の中で美しいものや心を動かす出来事に触れ、イメージを豊かにする。

(3)　様々な出来事の中で、感動したことを伝え合う楽しさを味わう。

(4)　感じたこと、考えたことなどを音や動きなどで表現したり、自由にかいたり、つくったりなどする。

(5)　いろいろな素材に親しみ、工夫して遊ぶ。

(6)　音楽に親しみ、歌を歌ったり、簡単なリズム楽器を使ったりなどする楽しさを味わう。

(7)　かいたり、つくったりすることを楽しみ、遊びに使ったり、飾ったりなどする。

(8)　自分のイメージを動きや言葉などで表現したり、演じて遊んだりするなどの楽しさを味わう。

3　内容の取扱い

上記の取扱いに当たっては、次の事項に留意する必要がある。

(1)　豊かな感性は、身近な環境と十分に関わる中で美しいもの、優れたもの、心を動かす出来事などに出会い、そこから得た感動を他の幼児や教師と共有し、様々に表現することなどを通して養われるようにすること。その際、風の音や雨の音、身近にある草や花の形や色など自然の中にある音、形、色などに気付くようにすること。

(2)　幼児の自己表現は素朴な形で行われることが多いので、教師はそのような表現を受容し、幼児自身の表現しようとする意欲を受け止めて、幼児が生活の中で幼児らしい様々な表現を楽しむことができるようにすること。

(3)　生活経験や発達に応じ、自ら様々な表現を楽しみ、表現する意欲を十分に発揮させることができるように、遊具や用具などを整えたり、様々な素材や表現の仕方に親しんだり、他の幼児の表現に触れられるよう配慮したりし、表現する過程を大切にして自己表現を楽しめるように工夫すること。

幼稚園教育要領

ここがポイント！
㉘ 領域「表現」

解説　生活の中にあるすてきな音にも耳を傾けて

保⑮
認⑭

「内容の取扱い」の（1）で、「その際、風の音や雨の音、身近にある草や花の形や色など自然の中にある音、形、色などに気付くようにすること。」ということが加えられました。感性は、身近な環境の中で美しいもの、優れたもの、心動かす出来事にあって、その感動を表現して育ちます。その最も素朴な始まりは、表現作品以前の身の周りにある音や形などです。

特に自然物である、風や雨、草花の色や形は身近にあって、その微妙な在り方は、丁寧に関わることを通して子どもの感性を広げ、さらに表現行為の源となるものです。雨のザーザー降りやしとしととした降り方、雨のしずくの音など、実は生活はたくさんの音に満ちています。エアコンや車の音のような生活雑音以外に耳を傾ければ、すてきな音が聴こえてくるのです。そういう感性は保育者が気付き、耳を傾けるところから子どもに伝わっていきます。むろん、積み木などを積んだ時に木の接触する音など、そういったものも含めて、子どもが感じ取れるようにしましょう。

「内容の取扱い」の（3）の中で「様々な素材や表現の仕方に親しんだり、」が入れられました。特に造形活動などは、表現したい意欲があり、用具を使って、その表したいことを表現するだけでなく、素材への接触から独自の感覚が刺激され、新たな表現を促します。また、表現の新たなやり方を導入すれば、それにより子どもにとっての表現の可能性が広がります。クレヨン、マーカーや色鉛筆に対して、水彩絵の具を導入すると、その独自の感触や筆を優しく丁寧に使うことなどから、美しい微妙な色彩を生み出すことができます。表現活動の幅を広げましょう。

幼稚園教育要領

第3章　教育課程に係る教育時間の終了後等に行う教育活動などの留意事項

1　地域の実態や保護者の要請により、教育課程に係る教育時間の終了後等に希望する者を対象に行う教育活動については、幼児の心身の負担に配慮するものとする。また、次の点にも留意するものとする。
  (1)　教育課程に基づく活動を考慮し、幼児期にふさわしい無理のないものとなるようにすること。その際、教育課程に基づく活動を担当する教師と緊密な連携を図るようにすること。
  (2)　家庭や地域での幼児の生活も考慮し、教育課程に係る教育時間の終了後等に行う教育活動の計画を作成するようにすること。その際、地域の人々と連携するなど、地域の様々な資源を活用しつつ、多様な体験ができるようにすること。
  (3)　家庭との緊密な連携を図るようにすること。その際、情報交換の機会を設けたりするなど、保護者が、幼稚園と共に幼児を育てるという意識が高まるようにすること。
  (4)　地域の実態や保護者の事情とともに幼児の生活のリズムを踏まえつつ、例えば実施日数や時間などについて、弾力的な運用に配慮すること。
  (5)　適切な責任体制と指導体制を整備した上で行うようにすること。
2　幼稚園の運営に当たっては、子育ての支援のために保護者や地域の人々に機能や施設を開放して、園内体制の整備や関係機関との連携及び協力に配慮しつつ、幼児期の教育に関する相談に応じたり、情報を提供したり、幼児と保護者との登園を受け入れたり、保護者同士の交流の機会を提供したりするなど、幼稚園と家庭が一体となって幼児と関わる取組を進め、地域における幼児期の教育のセンターとしての役割を果たすよう努めるものとする。その際、心理や保健の専門家、地域の子育て経験者等と連携・協働しながら取り組むよう配慮するものとする。

㉙ 家庭・地域との連携・協働

解説　社会と教育課程のつながりを大切に

保⑳
認⑮

　今回の改訂は「社会に開かれた教育課程」を基本として、社会と教育課程のつながりを大切にするものです。幼稚園では、これまで預かり保育や子育ての支援を通じて、施設や機能を開放してきており、そういったつながりを担ってきています。さらに、近年の社会環境の急速な変化に対応し、園の生活全体を通じて子どもの発達を把握し、その生活をさらに充実する観点から、預かり保育について、教育課程に係る教育時間を含めた全体の中で計画、実施する必要があります。また、地域の人々との連携など、チームとして取り組む機会を増やします。

　子どもの生活は家庭を基盤として地域社会に広がり、その発展上に園の生活が成り立ちます。それを生活の連続性と呼んでいます。地域には自然、高齢者や外国人その他多種多様な人材、行事や公共施設などが含まれ、その活用により子どもの生活体験を豊かにできます。

　家庭との連携では、保護者との情報交換の機会を折に触れ増やし、また保護者と子どもとの活動の機会（例えば、保育参加）を設けるようにします。そこでは、園での保育や子どもの様子を日々保護者にわかりやすく伝えるようにします。それにより保護者が幼児教育に理解を増すとともに、自らの子育ての参考になるようにします。

　さらに、幼稚園が地域における幼児期の教育のセンターとしての役割を一層果たしていく観点から、子育ての支援について、心理士、小児保健の専門家、幼児教育アドバイザーなどの活用や地域の保護者と連携・協働しながら取り組むようにします。

新旧　幼稚園教育要領　比較表

新　幼稚園教育要領

　教育は、教育基本法第1条に定めるとおり、人格の完成を目指し、平和で民主的な国家及び社会の形成者として必要な資質を備えた心身ともに健康な国民の育成を期すという目的のもと、同法第2条に掲げる次の目標を達成するよう行われなければならない。

　1　幅広い知識と教養を身に付け、真理を求める態度を養い、豊かな情操と道徳心を培うとともに、健やかな身体を養うこと。

　2　個人の価値を尊重して、その能力を伸ばし、創造性を培い、自主及び自律の精神を養うとともに、職業及び生活との関連を重視し、勤労を重んずる態度を養うこと。

　3　正義と責任、男女の平等、自他の敬愛と協力を重んずるとともに、公共の精神に基づき、主体的に社会の形成に参画し、その発展に寄与する態度を養うこと。

　4　生命を尊び、自然を大切にし、環境の保全に寄与する態度を養うこと。

　5　伝統と文化を尊重し、それらをはぐくんできた我が国と郷土を愛するとともに、他国を尊重し、国際社会の平和と発展に寄与する態度を養うこと。

　また、幼児期の教育については、同法第11条に掲げるとおり、生涯にわたる人格形成の基礎を培う重要なものであることにかんがみ、国及び地方公共団体は、幼児の健やかな成長に資する良好な環境の整備その他適当な方法によって、その振興に努めなければならないこととされている。

　これからの幼稚園には、学校教育の始まりとして、こうした教育の目的及び目標の達成を目指しつつ、一人一人の幼児が、将来、自分のよさや可能性を認識するとともに、あらゆる他者を価値のある存在として尊重し、多様な人々と協働しながら様々な社会的変化を乗り越え、豊かな人生を切り拓き、持続可能な社会の創り手となることができるようにするための基礎を培うことが求められる。このために必要な教育の在り方を具体化するのが、各幼稚園において教育の内容等を組織的かつ計画的に組み立てた教育課程である。

　教育課程を通して、これからの時代に求められる教育を実現していくためには、よりよい学校教育を通してよりよい社会を創るという理念を学校と社会とが共有し、それぞれの幼稚園において、幼児期にふさわしい生活をどのように展開し、どのような資質・能力を育むようにするのかを教育課程において明確にしながら、社会との連携及び協働によりその実現を図っていくという、社会に開かれた教育課程の実現が重要となる。

旧　幼稚園教育要領

凡例

新条文に下線のある部分は変更箇所です。

(6)　安全に関する指導に当たっては、情緒の安定を図り、遊びを通して安全についての構えを身に付け、危険な場所や事物などが分かり、安全についての理解を深めるようにすること。また、交通安全の習慣を身に付けるようにするとともに、避難訓練などを通して、災害などの緊急時に適切な行動がとれるようにすること。

人間関係

〔他の人々と親しみ、支え合って生活するために、自立心を育て、人と関わる力を養う。〕

- -

旧条文の右側には、旧条文中の掲載場所を表示しています。

第1　指導計画の作成に当たっての留意事項

2　特に留意する事項

(1)　安全に関する指導に当たっては、情緒の安定を図り、遊びを通して状況に応じて機敏に自分の体を動かすことができるようにするとともに、危険な場所や事物などが分かり、安全についての理解を深めるようにすること。また、交通安全の習慣を身に付けるようにするとともに、災害などの緊急時に適切な行動がとれるようにするための訓練なども行うようにすること。

第3章・第1・2

新　幼稚園教育要領

　幼稚園教育要領とは、こうした理念の実現に向けて必要となる教育課程の基準を大綱的に定めるものである。幼稚園教育要領が果たす役割の一つは、公の性質を有する幼稚園における教育水準を全国的に確保することである。また、各幼稚園がその特色を生かして創意工夫を重ね、長年にわたり積み重ねられてきた教育実践や学術研究の蓄積を生かしながら、幼児や地域の現状や課題を捉え、家庭や地域社会と協力して、幼稚園教育要領を踏まえた教育活動の更なる充実を図っていくことも重要である。

　幼児の自発的な活動としての遊びを生み出すために必要な環境を整え、一人一人の資質・能力を育んでいくことは、教職員をはじめとする幼稚園関係者はもとより、家庭や地域の人々も含め、様々な立場から幼児や幼稚園に関わる全ての大人に期待される役割である。家庭との緊密な連携の下、小学校以降の教育や生涯にわたる学習とのつながりを見通しながら、幼児の自発的な活動としての遊びを通しての総合的な指導をする際に広く活用されるものとなることを期待して、ここに幼稚園教育要領を定める。

第1章　総　則

第1　幼稚園教育の基本

　幼児期の教育は、生涯にわたる人格形成の基礎を培う重要なものであり、幼稚園教育は、学校教育法に規定する目的及び目標を達成するため、幼児期の特性を踏まえ、環境を通して行うものであることを基本とする。

　このため教師は、幼児との信頼関係を十分に築き、幼児が身近な環境に主体的に関わり、環境との関わり方や意味に気付き、これらを取り込もうとして、試行錯誤したり、考えたりするようになる幼児期の教育における見方・考え方を生かし、幼児と共によりよい教育環境を創造するように努めるものとする。これらを踏まえ、次に示す事項を重視して教育を行わなければならない。

1　幼児は安定した情緒の下で自己を十分に発揮することにより発達に必要な体験を得ていくものであることを考慮して、幼児の主体的な活動を促し、幼児期にふさわしい生活が展開されるようにすること。
2　幼児の自発的な活動としての遊びは、心身の調和のとれた発達の基礎を培う重要な学習であることを考慮して、遊びを通しての指導を中心として第2章に示すねらいが総合的に達成されるようにすること。
3　幼児の発達は、心身の諸側面が相互に関連し合い、多様な経過をたどって成し遂げられていくものであること、また、幼児の生活経験がそれぞれ異なることなどを考慮して、幼児一人一人の特性に応じ、発達の課題に即した指導を行うようにすること。

旧　幼稚園教育要領

第1章　総　則

第1　幼稚園教育の基本

　幼児期における教育は、生涯にわたる人格形成の基礎を培う重要なものであり、幼稚園教育は、学校教育法第22条に規定する目的を達成するため、幼児期の特性を踏まえ、環境を通して行うものであることを基本とする。

　このため、教師は幼児との信頼関係を十分に築き、幼児と共によりよい教育環境を創造するように努めるものとする。これらを踏まえ、次に示す事項を重視して教育を行わなければならない。

1　幼児は安定した情緒の下で自己を十分に発揮することにより発達に必要な体験を得ていくものであることを考慮して、幼児の主体的な活動を促し、幼児期にふさわしい生活が展開されるようにすること。
2　幼児の自発的な活動としての遊びは、心身の調和のとれた発達の基礎を培う重要な学習であることを考慮して、遊びを通しての指導を中心として第2章に示すねらいが総合的に達成されるようにすること。
3　幼児の発達は、心身の諸側面が相互に関連し合い、多様な経過をたどって成し遂げられていくものであること、また、幼児の生活経験がそれぞれ異なることなどを考慮して、幼児一人一人の特性に応じ、発達の課題に即した指導を行うようにすること。

新　幼稚園教育要領

　その際、教師は、幼児の主体的な活動が確保されるよう幼児一人一人の行動の理解と予想に基づき、計画的に環境を構成しなければならない。この場合において、教師は、幼児と人やものとの関わりが重要であることを踏まえ、教材を工夫し、物的・空間的環境を構成しなければならない。また、幼児一人一人の活動の場面に応じて、様々な役割を果たし、その活動を豊かにしなければならない。

第2　幼稚園教育において育みたい資質・能力及び「幼児期の終わりまでに育ってほしい姿」

1　幼稚園においては、生きる力の基礎を育むため、この章の第1に示す幼稚園教育の基本を踏まえ、次に掲げる資質・能力を一体的に育むよう努めるものとする。

(1)　豊かな体験を通じて、感じたり、気付いたり、分かったり、できるようになったりする「知識及び技能の基礎」

(2)　気付いたことや、できるようになったことなどを使い、考えたり、試したり、工夫したり、表現したりする「思考力、判断力、表現力等の基礎」

(3)　心情、意欲、態度が育つ中で、よりよい生活を営もうとする「学びに向かう力、人間性等」

2　1に示す資質・能力は、第2章に示すねらい及び内容に基づく活動全体によって育むものである。

3　次に示す「幼児期の終わりまでに育ってほしい姿」は、第2章に示すねらい及び内容に基づく活動全体を通して資質・能力が育まれている幼児の幼稚園修了時の具体的な姿であり、教師が指導を行う際に考慮するものである。

(1)　健康な心と体
　　幼稚園生活の中で、充実感をもって自分のやりたいことに向かって心と 体を十分に働かせ、見通しをもって行動し、自ら健康で安全な生活をつくり出すようになる。

(2)　自立心
　　身近な環境に主体的に関わり様々な活動を楽しむ中で、しなければならないことを自覚し、自分の力で行うために考えたり、工夫したりしながら、諦めずにやり遂げることで達成感を味わい、自信をもって行動するようになる。

(3)　協同性
　　友達と関わる中で、互いの思いや考えなどを共有し、共通の目的の実現に向けて、考えたり、工夫したり、協力したりし、充実感をもってやり遂げるようになる。

(4)　道徳性・規範意識の芽生え
　　友達と様々な体験を重ねる中で、してよいことや悪いことが分かり、自分の行動を振り返ったり、友達の気持ちに共感したりし、相手の立場に立って行動するようになる。また、きまりを守る必要性が分かり、自分の気持ちを調整し、友達と折り合いを付けながら、きまりをつくったり、守ったりするようになる。

旧　幼稚園教育要領

　その際、教師は、幼児の主体的な活動が確保されるよう幼児一人一人の行動の理解と予想に基づき、計画的に環境を構成しなければならない。この場合において、教師は、幼児と人やものとのかかわりが重要であることを踏まえ、物的・空間的環境を構成しなければならない。また、教師は、幼児一人一人の活動の場面に応じて、様々な役割を果たし、その活動を豊かにしなければならない。

新　幼稚園教育要領

(5) 社会生活との関わり
　家族を大切にしようとする気持ちをもつとともに、地域の身近な人と触れ合う中で、人との様々な関わり方に気付き、相手の気持ちを考えて関わり、自分が役に立つ喜びを感じ、地域に親しみをもつようになる。また、幼稚園内外の様々な環境に関わる中で、遊びや生活に必要な情報を取り入れ、情報に基づき判断したり、情報を伝え合ったり、活用したりするなど、情報を役立てながら活動するようになるとともに、公共の施設を大切に利用するなどして、社会とのつながりなどを意識するようになる。

(6) 思考力の芽生え
　身近な事象に積極的に関わる中で、物の性質や仕組みなどを感じ取ったり、気付いたりし、考えたり、予想したり、工夫したりするなど、多様な関わりを楽しむようになる。また、友達の様々な考えに触れる中で、自分と異なる考えがあることに気付き、自ら判断したり、考え直したりするなど、新しい考えを生み出す喜びを味わいながら、自分の考えをよりよいものにするようになる。

(7) 自然との関わり・生命尊重
　自然に触れて感動する体験を通して、自然の変化などを感じ取り、好奇心や探究心をもって考え言葉などで表現しながら、身近な事象への関心が高まるとともに、自然への愛情や畏敬の念をもつようになる。また、身近な動植物に心を動かされる中で、生命の不思議さや尊さに気付き、身近な動植物への接し方を考え、命あるものとしていたわり、大切にする気持ちをもって関わるようになる。

(8) 数量や図形、標識や文字などへの関心・感覚
　遊びや生活の中で、数量や図形、標識や文字などに親しむ体験を重ねたり、標識や文字の役割に気付いたりし、自らの必要感に基づきこれらを活用し、興味や関心、感覚をもつようになる。

(9) 言葉による伝え合い
　先生や友達と心を通わせる中で、絵本や物語などに親しみながら、豊かな言葉や表現を身に付け、経験したことや考えたことなどを言葉で伝えたり、相手の話を注意して聞いたりし、言葉による伝え合いを楽しむようになる。

(10) 豊かな感性と表現
　心を動かす出来事などに触れ感性を働かせる中で、様々な素材の特徴や表現の仕方などに気付き、感じたことや考えたことを自分で表現したり、友達同士で表現する過程を楽しんだりし、表現する喜びを味わい、意欲をもつようになる。

第3　教育課程の役割と編成等
　1　教育課程の役割
　　各幼稚園においては、教育基本法及び学校教育法その他の法令並びにこの幼稚園教育要領の示すところに

旧　幼稚園教育要領

第2　教育課程の編成
　幼稚園は、家庭との連携を図りながら、この章の第1に示す幼稚園教育の基本に基づいて展開される幼稚園生活を通して、生きる力の基礎を育成するよう学校教育法第

新　幼稚園教育要領

従い、創意工夫を生かし、幼児の心身の発達と幼稚園及び地域の実態に即応した適切な教育課程を編成するものとする。

　また、各幼稚園においては、6に示す全体的な計画にも留意しながら、「幼児期の終わりまでに育ってほしい姿」を踏まえ教育課程を編成すること、教育課程の実施状況を評価してその改善を図っていくこと、教育課程の実施に必要な人的又は物的な体制を確保するとともにその改善を図っていくことなどを通して、教育課程に基づき組織的かつ計画的に各幼稚園の教育活動の質の向上を図っていくこと（以下「カリキュラム・マネジメント」という。）に努めるものとする。

2　各幼稚園の教育目標と教育課程の編成

　教育課程の編成に当たっては、幼稚園教育において育みたい資質・能力を踏まえつつ、各幼稚園の教育目標を明確にするとともに、教育課程の編成についての基本的な方針が家庭や地域とも共有されるよう努めるものとする。

3　教育課程の編成上の基本的事項

(1)　幼稚園生活の全体を通して第2章に示すねらいが総合的に達成されるよう、教育課程に係る教育期間や幼児の生活経験や発達の過程などを考慮して具体的なねらいと内容を組織するものとする。この場合においては、特に、自我が芽生え、他者の存在を意識し、自己を抑制しようとする気持ちが生まれる幼児期の発達の特性を踏まえ、入園から修了に至るまでの長期的な視野をもって充実した生活が展開できるように配慮するものとする。

(2)　幼稚園の毎学年の教育課程に係る教育週数は、特別の事情のある場合を除き、39週を下ってはならない。

(3)　幼稚園の1日の教育課程に係る教育時間は、4時間を標準とする。ただし、幼児の心身の発達の程度や季節などに適切に配慮するものとする。

4　教育課程の編成上の留意事項

　教育課程の編成に当たっては、次の事項に留意するものとする。

(1)　幼児の生活は、入園当初の一人一人の遊びや教師との触れ合いを通して幼稚園生活に親しみ、安定していく時期から、他の幼児との関わりの中で幼児の主体的な活動が深まり、幼児が互いに必要な存在であることを認識するようになり、やがて幼児同士や学級全体で目的をもって協同して幼稚園生活を展開し、深めていく時期などに至るまでの過程を様々に経ながら広げられていくものであることを考慮し、活動がそれぞれの時期にふさわしく展開されるようにすること。

(2)　入園当初、特に、3歳児の入園については、家庭との連携を緊密にし、生活のリズムや安全面に十分配慮すること。また、満3歳児については、学年の途中から入園することを考慮し、幼児が安心して幼稚園生活を過ごすことができるよう配慮すること。

(3)　幼稚園生活が幼児にとって安全なものとなるよう、教職員による協力体制の下、幼児の主体的な活動を大切にしつつ、園庭や園舎などの環境の配慮や指導の工夫を行うこと。

旧　幼稚園教育要領

23条に規定する幼稚園教育の目標の達成に努めなければならない。幼稚園は、このことにより、義務教育及びその後の教育の基礎を培うものとする。

　これらを踏まえ、各幼稚園においては、教育基本法及び学校教育法その他の法令並びにこの幼稚園教育要領の示すところに従い、創意工夫を生かし、幼児の心身の発達と幼稚園及び地域の実態に即応した適切な教育課程を編成するものとする。

1　幼稚園生活の全体を通して第2章に示すねらいが総合的に達成されるよう、教育課程に係る教育期間や幼児の生活経験や発達の過程などを考慮して具体的なねらいと内容を組織しなければならないこと。この場合においては、特に、自我が芽生え、他者の存在を意識し、自己を抑制しようとする気持ちが生まれる幼児期の発達の特性を踏まえ、入園から修了に至るまでの長期的な視野をもって充実した生活が展開できるように配慮しなければならないこと。

2　幼稚園の毎学年の教育課程に係る教育週数は、特別の事情のある場合を除き、39週を下ってはならないこと。

3　幼稚園の1日の教育課程に係る教育時間は、4時間を標準とすること。ただし、幼児の心身の発達の程度や季節などに適切に配慮すること。

(3)　幼児の生活は、入園当初の一人一人の遊びや教師との触れ合いを通して幼稚園生活に親しみ、安定していく時期から、やがて友達同士で目的をもって幼稚園生活を展開し、深めていく時期などに至るまでの過程を様々に経ながら広げられていくものであることを考慮し、活動がそれぞれの時期にふさわしく展開されるようにすること。その際、入園当初、特に、3歳児の入園については、家庭との連携を緊密にし、生活のリズムや安全面に十分配慮すること。また、認定こども園（就学前の子どもに関する教育、保育等の総合的な提供の推進に関する法律（平成18年法律第77号）第6条第2項に規定する認定こども園をいう。）である幼稚園については、幼稚園入園前の当該認定こども園における生活経験に配慮すること。

新　幼稚園教育要領

5　小学校教育との接続に当たっての留意事項

(1)　幼稚園においては、幼稚園教育が、小学校以降の生活や学習の基盤の育成につながることに配慮し、幼児期にふさわしい生活を通して、創造的な思考や主体的な生活態度などの基礎を培うようにするものとする。

(2)　幼稚園教育において育まれた資質・能力を踏まえ、小学校教育が円滑に行われるよう、小学校の教師との意見交換や合同の研究の機会などを設け、「幼児期の終わりまでに育ってほしい姿」を共有するなど連携を図り、幼稚園教育と小学校教育との円滑な接続を図るよう努めるものとする。

6　全体的な計画の作成

　　各幼稚園においては、教育課程を中心に、第3章に示す教育課程に係る教育時間の終了後等に行う教育活動の計画、学校保健計画、学校安全計画などとを関連させ、一体的に教育活動が展開されるよう全体的な計画を作成するものとする。

第4　指導計画の作成と幼児理解に基づいた評価

1　指導計画の考え方

　　幼稚園教育は、幼児が自ら意欲をもって環境と関わることによりつくり出される具体的な活動を通して、その目標の達成を図るものである。

　　幼稚園においてはこのことを踏まえ、幼児期にふさわしい生活が展開され、適切な指導が行われるよう、それぞれの幼稚園の教育課程に基づき、調和のとれた組織的、発展的な指導計画を作成し、幼児の活動に沿った柔軟な指導を行わなければならない。

2　指導計画の作成上の基本的事項

(1)　指導計画は、幼児の発達に即して一人一人の幼児が幼児期にふさわしい生活を展開し、必要な体験を得られるようにするために、具体的に作成するものとする。

(2)　指導計画の作成に当たっては、次に示すところにより、具体的なねらい及び内容を明確に設定し、適切な環境を構成することなどにより活動が選択・展開されるようにするものとする。

ア　具体的なねらい及び内容は、幼稚園生活における幼児の発達の過程を見通し、幼児の生活の連続性、季節の変化などを考慮して、幼児の興味や関心、発達の実情などに応じて設定すること。

イ　環境は、具体的なねらいを達成するために適切なものとなるように構成し、幼児が自らその環境に関わることにより様々な活動を展開しつつ必要な体験を得られるようにすること。その際、幼児の生活する姿や発想を大切にし、常にその環境が適切なものとなるようにすること。

ウ　幼児の行う具体的な活動は、生活の流れの中で様々に変化するものであることに留意し、幼児が望ましい方向に向かって自ら活動を展開していくことができるよう必要な援助をすること。

旧　幼稚園教育要領

(9)　幼稚園においては、幼稚園教育が、小学校以降の生活や学習の基盤の育成につながることに配慮し、幼児期にふさわしい生活を通して、創造的な思考や主体的な生活態度などの基礎を培うようにすること。

第3章・第1-1(9)

(5)　幼稚園教育と小学校教育との円滑な接続のため、幼児と児童の交流の機会を設けたり、小学校の教師との意見交換や合同の研究の機会を設けたりするなど、連携を図るようにすること。

第3章・第1-2(5)

第3章　指導計画及び教育課程に係る教育時間の終了後等に行う教育活動などの留意事項

第3章

第1　指導計画の作成に当たっての留意事項

　　幼稚園教育は、幼児が自ら意欲をもって環境とかかわることによりつくり出される具体的な活動を通して、その目標の達成を図るものである。

　　幼稚園においてはこのことを踏まえ、幼児期にふさわしい生活が展開され、適切な指導が行われるよう、次の事項に留意して調和のとれた組織的、発展的な指導計画を作成し、幼児の活動に沿った柔軟な指導を行わなければならない。

1　一般的な留意事項

(1)　指導計画は、幼児の発達に即して一人一人の幼児が幼児期にふさわしい生活を展開し、必要な体験を得られるようにするために、具体的に作成すること。

(2)　指導計画の作成に当たっては、次に示すところにより、具体的なねらい及び内容を明確に設定し、適切な環境を構成することなどにより活動が選択・展開されるようにすること。

ア　具体的なねらい及び内容は、幼稚園生活における幼児の発達の過程を見通し、幼児の生活の連続性、季節の変化などを考慮して、幼児の興味や関心、発達の実情などに応じて設定すること。

イ　環境は、具体的なねらいを達成するために適切なものとなるように構成し、幼児が自らその環境にかかわることにより様々な活動を展開しつつ必要な体験を得られるようにすること。その際、幼児の生活する姿や発想を大切にし、常にその環境が適切なものとなるようにすること。

ウ　幼児の行う具体的な活動は、生活の流れの中で様々に変化するものであることに留意し、幼児が望

新　幼稚園教育要領

　　　その際、幼児の実態及び幼児を取り巻く状況の変化などに即して指導の過程についての評価を適切に行い、常に指導計画の改善を図るものとする。

3　指導計画の作成上の留意事項

　　指導計画の作成に当たっては、次の事項に留意するものとする。

(1)　長期的に発達を見通した年、学期、月などにわたる長期の指導計画やこれとの関連を保ちながらより具体的な幼児の生活に即した週、日などの短期の指導計画を作成し、適切な指導が行われるようにすること。特に、週、日などの短期の指導計画については、幼児の生活のリズムに配慮し、幼児の意識や興味の連続性のある活動が相互に関連して幼稚園生活の自然な流れの中に組み込まれるようにすること。

(2)　幼児が様々な人やものとの関わりを通して、多様な体験をし、心身の調和のとれた発達を促すようにしていくこと。その際、幼児の発達に即して主体的・対話的で深い学びが実現するようにするとともに、心を動かされる体験が次の活動を生み出すことを考慮し、一つ一つの体験が相互に結び付き、幼稚園生活が充実するようにすること。

(3)　言語に関する能力の発達と思考力等の発達が関連していることを踏まえ、幼稚園生活全体を通して、幼児の発達を踏まえた言語環境を整え、言語活動の充実を図ること。

(4)　幼児が次の活動への期待や意欲をもつことができるよう、幼児の実態を踏まえながら、教師や他の幼児と共に遊びや生活の中で見通しをもったり、振り返ったりするよう工夫すること。

(5)　行事の指導に当たっては、幼稚園生活の自然の流れの中で生活に変化や潤いを与え、幼児が主体的に楽しく活動できるようにすること。なお、それぞれの行事についてはその教育的価値を十分検討し、適切なものを精選し、幼児の負担にならないようにすること。

(6)　幼児期は直接的な体験が重要であることを踏まえ、視聴覚教材やコンピュータなど情報機器を活用する際には、幼稚園生活では得難い体験を補完するなど、幼児の体験との関連を考慮すること。

(7)　幼児の主体的な活動を促すためには、教師が多様な関わりをもつことが重要であることを踏まえ、教師は、理解者、共同作業者など様々な役割を果たし、幼児の発達に必要な豊かな体験が得られるよう、活動の場面に応じて、適切な指導を行うようにすること。

(8)　幼児の行う活動は、個人、グループ、学級全体などで多様に展開されるものであることを踏まえ、幼稚園全体の教師による協力体制を作りながら、一人一人の幼児が興味や欲求を十分に満足させるよう適切な援助を行うようにすること。

4　幼児理解に基づいた評価の実施

旧　幼稚園教育要領

ましい方向に向かって自ら活動を展開していくことができるよう必要な援助をすること。

　　　その際、幼児の実態及び幼児を取り巻く状況の変化などに即して指導の過程についての反省や評価を適切に行い、常に指導計画の改善を図ること。

(5)　長期的に発達を見通した年、学期、月などにわたる長期の指導計画やこれとの関連を保ちながらより具体的な幼児の生活に即した週、日などの短期の指導計画を作成し、適切な指導が行われるようにすること。特に、週、日などの短期の指導計画については、幼児の生活のリズムに配慮し、幼児の意識や興味の連続性のある活動が相互に関連して幼稚園生活の自然な流れの中に組み込まれるようにすること。 （第3章・第1-1-(5)）

(4)　幼児が様々な人やものとのかかわりを通して、多様な体験をし、心身の調和のとれた発達を促すようにしていくこと。その際、心が動かされる体験が次の活動を生み出すことを考慮し、一つ一つの体験が相互に結び付き、幼稚園生活が充実するようにすること。 （第3章・第1-1-(4)）

2　特に留意する事項

(4)　行事の指導に当たっては、幼稚園生活の自然の流れの中で生活に変化や潤いを与え、幼児が主体的に楽しく活動できるようにすること。なお、それぞれの行事についてはその教育的価値を十分検討し、適切なものを精選し、幼児の負担にならないようにすること。 （第3章・第1-2-(4)）

(7)　幼児の主体的な活動を促すためには、教師が多様なかかわりをもつことが重要であることを踏まえ、教師は、理解者、共同作業者など様々な役割を果たし、幼児の発達に必要な豊かな体験が得られるよう、活動の場面に応じて、適切な指導を行うようにすること。 （第3章・第1-1-(7)）

(6)　幼児の行う活動は、個人、グループ、学級全体などで多様に展開されるものであるが、いずれの場合にも、幼稚園全体の教師による協力体制をつくりながら、一人一人の幼児が興味や欲求を十分に満足させるよう適切な援助を行うようにすること。 （第3章・第1-1-(6)）

新　幼稚園教育要領

　幼児一人一人の発達の理解に基づいた評価の実施に当たっては、次の事項に配慮するものとする。

(1)　指導の過程を振り返りながら幼児の理解を進め、幼児一人一人のよさや可能性などを把握し、指導の改善に生かすようにすること。その際、他の幼児との比較や一定の基準に対する達成度についての評定によって捉えるものではないことに留意すること。

(2)　評価の妥当性や信頼性が高められるよう創意工夫を行い、組織的かつ計画的な取組を推進するとともに、次年度又は小学校等にその内容が適切に 引き継がれるようにすること。

第5　特別な配慮を必要とする幼児への指導

1　障害のある幼児などへの指導

　障害のある幼児などへの指導に当たっては、集団の中で生活することを通して全体的な発達を促していくことに配慮し、特別支援学校などの助言又は援助を活用しつつ、個々の幼児の障害の状態などに応じた指導内容や指導方法の工夫を組織的かつ計画的に行うものとする。また、家庭、地域及び医療や福祉、保健等の業務を行う関係機関との連携を図り、長期的な視点で幼児への教育的支援を行うために、個別の教育支援計画を作成し活用することに努めるとともに、個々の幼児の実態を的確に把握し、個別の指導計画を作成し活用することに努めるものとする。

2　海外から帰国した幼児や生活に必要な日本語の習得に困難のある幼児の幼稚園生活への適応

　海外から帰国した幼児や生活に必要な日本語の習得に困難のある幼児については、安心して自己を発揮できるよう配慮するなど個々の幼児の実態に応じ、指導内容や指導方法の工夫を組織的かつ計画的に行うものとする。

第6　幼稚園運営上の留意事項

1　各幼稚園においては、園長の方針の下に、園務分掌に基づき教職員が適切に役割を分担しつつ、相互に連携しながら、教育課程や指導の改善を図るものとする。また、各幼稚園が行う学校評価については、教育課程の編成、実施、改善が教育活動や幼稚園運営の中核となることを踏まえ、カリキュラム・マネジメントと関連付けながら実施するよう留意するものとする。

2　幼児の生活は、家庭を基盤として地域社会を通じて次第に広がりをもつものであることに留意し、家庭との連携を十分に図るなど、幼稚園における生活が家庭や地域社会と連続性を保ちつつ展開されるようにするものとする。その際、地域の自然、高齢者や異年齢の子供などを含む人材、行事や公共施設などの地域の資源を積極的に活用し、幼児が豊かな生活体験を得られるように工夫するものとする。また、家

旧　幼稚園教育要領

(2)　障害のある幼児の指導に当たっては、集団の中で生活することを通して全体的な発達を促していくことに配慮し、特別支援学校などの助言又は援助を活用しつつ、例えば指導についての計画又は家庭や医療、福祉などの業務を行う関係機関と連携した支援のための計画を個別に作成することなどにより、個々の幼児の障害の状態などに応じた指導内容や指導方法の工夫を計画的、組織的に行うこと。

第3章・第1-2-(2)

(8)　幼児の生活は、家庭を基盤として地域社会を通じて次第に広がりをもつものであることに留意し、家庭との連携を十分に図るなど、幼稚園における生活が家庭や地域社会と連続性を保ちつつ展開されるようにすること。その際、地域の自然、人材、行事や公共施設などの地域の資源を積極的に活用し、幼児が豊かな生活体験を得られるように工夫すること。また、家庭との

第3章・第1-1-(8)

新　幼稚園教育要領

庭との連携に当たっては、保護者との情報交換の機会を設けたり、保護者と幼児との活動の機会を設けたりなどすることを通じて、保護者の幼児期の教育に関する理解が深まるよう配慮するものとする。

3　地域や幼稚園の実態等により、幼稚園間に加え、保育所、幼保連携型認定こども園、小学校、中学校、高等学校及び特別支援学校などとの間の連携や交流を図るものとする。特に、幼稚園教育と小学校教育の円滑な接続のため、幼稚園の幼児と小学校の児童との交流の機会を積極的に設けるようにするものとする。また、障害のある幼児児童生徒との交流及び共同学習の機会を設け、共に尊重し合いながら協働して生活していく態度を育むよう努めるものとする。

第7　教育課程に係る教育時間終了後等に行う教育活動など
　　幼稚園は、第3章に示す教育課程に係る教育時間の終了後等に行う教育活動について、学校教育法に規定する目的及び目標並びにこの章の第1に示す幼稚園教育の基本を踏まえ実施するものとする。また、幼稚園の目的の達成に資するため、幼児の生活全体が豊かなものとなるよう家庭や地域における幼児期の教育の支援に努めるものとする。

第2章　ねらい及び内容

　この章に示すねらいは、幼稚園教育において育みたい資質・能力を幼児の生活する姿から捉えたものであり、内容は、ねらいを達成するために指導する事項である。各領域は、これらを幼児の発達の側面から、心身の健康に関する領域「健康」、人との関わりに関する領域「人間関係」、身近な環境との関わりに関する領域「環境」、言葉の獲得に関する領域「言葉」及び感性と表現に関する領域「表現」としてまとめ、示したものである。内容の取扱いは、幼児の発達を踏まえた指導を行うに当たって留意すべき事項である。
　各領域に示すねらいは、幼稚園における生活の全体を通じ、幼児が様々な体験を積み重ねる中で相互に関連をもちながら次第に達成に向かうものであること、内容は、幼児が環境に関わって展開する具体的な活動を通して総合的に指導されるものであることに留意しなければならない。
　また、「幼児期の終わりまでに育ってほしい姿」が、ねらい及び内容に基づく活動全体を通して資質・能力が育まれている幼児の幼稚園修了時の具体的な姿であることを踏まえ、指導を行う際に考慮するものとする。
　なお、特に必要な場合には、各領域に示すねらいの趣旨に基づいて適切な、具体的な内容を工夫し、それを加えても差し支えないが、その場合には、それが第1章の第1に示す幼稚園教育の基本を逸脱しないよう慎重に配慮する必要がある。

旧　幼稚園教育要領

連携に当たっては、保護者との情報交換の機会を設けたり、保護者と幼児との活動の機会を設けたりなどすることを通じて、保護者の幼児期の教育に関する理解が深まるよう配慮すること。

(3)　幼児の社会性や豊かな人間性をはぐくむため、地域や幼稚園の実態等により、特別支援学校などの障害のある幼児との活動を共にする機会を積極的に設けるよう配慮すること。

第3　教育課程に係る教育時間の終了後等に行う教育活動など
　　幼稚園は、地域の実態や保護者の要請により教育課程に係る教育時間の終了後等に希望する者を対象に行う教育活動について、学校教育法第22条及び第23条並びにこの章の第1に示す幼稚園教育の基本を踏まえ実施すること。また、幼稚園の目的の達成に資するため、幼児の生活全体が豊かなものとなるよう家庭や地域における幼児期の教育の支援に努めること。

第2章　ねらい及び内容

　この章に示すねらいは、幼稚園修了までに育つことが期待される生きる力の基礎となる心情、意欲、態度などであり、内容は、ねらいを達成するために指導する事項である。これらを幼児の発達の側面から、心身の健康に関する領域「健康」、人とのかかわりに関する領域「人間関係」、身近な環境とのかかわりに関する領域「環境」、言葉の獲得に関する領域「言葉」及び感性と表現に関する領域「表現」としてまとめ、示したものである。
　各領域に示すねらいは、幼稚園における生活の全体を通じ、幼児が様々な体験を積み重ねる中で相互に関連をもちながら次第に達成に向かうものであること、内容は、幼児が環境にかかわって展開する具体的な活動を通して総合的に指導されるものであることに留意しなければならない。
　なお、特に必要な場合には、各領域に示すねらいの趣旨に基づいて適切な、具体的な内容を工夫し、それを加えても差し支えないが、その場合には、それが第1章の第1に示す幼稚園教育の基本を逸脱しないよう慎重に配慮する必要がある。

新　幼稚園教育要領

健康

[健康な心と体を育て、自ら健康で安全な生活をつくり出
す力を養う。]

1　ねらい

(1)　明るく伸び伸びと行動し、充実感を味わう。

(2)　自分の体を十分に動かし、進んで運動しようとする。

(3)　健康、安全な生活に必要な習慣や態度を身に付け、見通しをもって行動する。

2　内容

(1)　先生や友達と触れ合い、安定感をもって行動する。

(2)　いろいろな遊びの中で十分に体を動かす。

(3)　進んで戸外で遊ぶ。

(4)　様々な活動に親しみ、楽しんで取り組む。

(5)　先生や友達と食べることを楽しみ、食べ物への興味や関心をもつ。

(6)　健康な生活のリズムを身に付ける。

(7)　身の回りを清潔にし、衣服の着脱、食事、排泄などの生活に必要な活動を自分でする。

(8)　幼稚園における生活の仕方を知り、自分たちで生活の場を整えながら見通しをもって行動する。

(9)　自分の健康に関心をもち、病気の予防などに必要な活動を進んで行う。

(10)　危険な場所、危険な遊び方、災害時などの行動の仕方が分かり、安全に気を付けて行動する。

3　内容の取扱い

上記の取扱いに当たっては、次の事項に留意する必要がある。

(1)　心と体の健康は、相互に密接な関連があるものであることを踏まえ、幼児が教師や他の幼児との温かい触れ合いの中で自己の存在感や充実感を味わうことなどを基盤として、しなやかな心と体の発達を促すこと。特に、十分に体を動かす気持ちよさを体験し、自ら体を動かそうとする意欲が育つようにすること。

(2)　様々な遊びの中で、幼児が興味や関心、能力に応じて全身を使って活動することにより、体を動かす楽しさを味わい、自分の体を大切にしようとする気持ちが育つようにすること。その際、多様な動きを経験する中で、体の動きを調整するようにすること。

(3)　自然の中で伸び伸びと体を動かして遊ぶことにより、体の諸機能の発達が促されることに留意し、幼児の興味や関心が戸外にも向くようにすること。その際、幼児の動線に配慮した園庭や遊具の配置などを工夫すること。

(4)　健康な心と体を育てるためには食育を通じた望ましい食習慣の形成が大切であることを踏まえ、幼児の食生活の実情に配慮し、和やかな雰囲気の中で教師や他の幼児と食べる喜びや楽しさを味わったり、様々な食べ物への興味や関心をもったりするなどし、食の大切さに気付き、進んで食べようとする気持ちが育つようにすること。

旧　幼稚園教育要領

健康

[健康な心と体を育て、自ら健康で安全な生活をつくり出
す力を養う。]

1　ねらい

(1)　明るく伸び伸びと行動し、充実感を味わう。

(2)　自分の体を十分に動かし、進んで運動しようとする。

(3)　健康、安全な生活に必要な習慣や態度を身に付ける。

2　内容

(1)　先生や友達と触れ合い、安定感をもって行動する。

(2)　いろいろな遊びの中で十分に体を動かす。

(3)　進んで戸外で遊ぶ。

(4)　様々な活動に親しみ、楽しんで取り組む。

(5)　先生や友達と食べることを楽しむ。

(6)　健康な生活のリズムを身に付ける。

(7)　身の回りを清潔にし、衣服の着脱、食事、排泄などの生活に必要な活動を自分でする。

(8)　幼稚園における生活の仕方を知り、自分たちで生活の場を整えながら見通しをもって行動する。

(9)　自分の健康に関心をもち、病気の予防などに必要な活動を進んで行う。

(10)　危険な場所、危険な遊び方、災害時などの行動の仕方が分かり、安全に気を付けて行動する。

3　内容の取扱い

上記の取扱いに当たっては、次の事項に留意する必要がある。

(1)　心と体の健康は、相互に密接な関連があるものであることを踏まえ、幼児が教師や他の幼児との温かい触れ合いの中で自己の存在感や充実感を味わうことなどを基盤として、しなやかな心と体の発達を促すこと。特に、十分に体を動かす気持ちよさを体験し、自ら体を動かそうとする意欲が育つようにすること。

(2)　様々な遊びの中で、幼児が興味や関心、能力に応じて全身を使って活動することにより、体を動かす楽しさを味わい、安全についての構えを身に付け、自分の体を大切にしようとする気持ちが育つようにすること。

(3)　自然の中で伸び伸びと体を動かして遊ぶことにより、体の諸機能の発達が促されることに留意し、幼児の興味や関心が戸外にも向くようにすること。その際、幼児の動線に配慮した園庭や遊具の配置などを工夫すること。

(4)　健康な心と体を育てるためには食育を通じた望ましい食習慣の形成が大切であることを踏まえ、幼児の食生活の実情に配慮し、和やかな雰囲気の中で教師や他の幼児と食べる喜びや楽しさを味わったり、様々な食べ物への興味や関心をもったりするなどし、進んで食べようとする気持ちが育つようにすること。

67

新　幼稚園教育要領

(5)　基本的な生活習慣の形成に当たっては、家庭での生活経験に配慮し、幼児の自立心を育て、幼児が他の幼児と関わりながら主体的な活動を展開する中で、生活に必要な習慣を身に付け、<u>次第に見通しをもって行動できるようにすること。</u>

(6)　安全に関する指導に当たっては、情緒の安定を図り、遊びを通して<u>安全についての構えを身に付け、</u>危険な場所や事物などが分かり、安全についての理解を深めるようにすること。また、交通安全の習慣を身に付けるようにするとともに、<u>避難訓練などを通して、災害などの緊急時に適切な行動がとれるようにすること。</u>

人間関係

> 他の人々と親しみ、支え合って生活するために、自立心を育て、人と関わる力を養う。

1　ねらい

(1)　幼稚園生活を楽しみ、自分の力で行動することの充実感を味わう。

(2)　身近な人と親しみ、関わりを深め、<u>工夫したり、協力したりして</u>一緒に活動する楽しさを味わい、愛情や信頼感をもつ。

(3)　社会生活における望ましい習慣や態度を身に付ける。

2　内容

(1)　先生や友達と共に過ごすことの喜びを味わう。

(2)　自分で考え、自分で行動する。

(3)　自分でできることは自分でする。

(4)　いろいろな遊びを楽しみながら物事をやり遂げようとする気持ちをもつ。

(5)　友達と積極的に関わりながら喜びや悲しみを共感し合う。

(6)　自分の思ったことを相手に伝え、相手の思っていることに気付く。

(7)　友達のよさに気付き、一緒に活動する楽しさを味わう。

(8)　友達と楽しく活動する中で、共通の目的を見いだし、工夫したり、協力したりなどする。

(9)　よいことや悪いことがあることに気付き、考えながら行動する。

(10)　友達との関わりを深め、思いやりをもつ。

(11)　友達と楽しく生活する中できまりの大切さに気付き、守ろうとする。

(12)　共同の遊具や用具を大切にし、<u>皆</u>で使う。

(13)　高齢者をはじめ地域の人々などの自分の生活に関係の深いいろいろな人に親しみをもつ。

3　内容の取扱い

上記の取扱いに当たっては、次の事項に留意する必要がある。

(1)　教師との信頼関係に支えられて自分自身の生活を確立していくことが人と関わる基盤となることを考慮し、

旧　幼稚園教育要領

(5)　基本的な生活習慣の形成に当たっては、家庭での生活経験に配慮し、幼児の自立心を育て、幼児が他の幼児とかかわりながら主体的な活動を展開する中で、生活に必要な習慣を身に付けるようにすること。

2　特に留意する事項

(1)　安全に関する指導に当たっては、情緒の安定を図り、遊びを通して状況に応じて機敏に自分の体を動かすことができるようにするとともに、危険な場所や事物などが分かり、安全についての理解を深めるようにすること。また、交通安全の習慣を身に付けるようにするとともに、災害などの緊急時に適切な行動がとれるようにするための訓練なども行うようにすること。

人間関係

> 他の人々と親しみ、支え合って生活するために、自立心を育て、人とかかわる力を養う。

1　ねらい

(1)　幼稚園生活を楽しみ、自分の力で行動することの充実感を味わう。

(2)　身近な人と親しみ、かかわりを深め、愛情や信頼感をもつ。

(3)　社会生活における望ましい習慣や態度を身に付ける。

2　内容

(1)　先生や友達と共に過ごすことの喜びを味わう。

(2)　自分で考え、自分で行動する。

(3)　自分でできることは自分でする。

(4)　いろいろな遊びを楽しみながら物事をやり遂げようとする気持ちをもつ。

(5)　友達と積極的にかかわりながら喜びや悲しみを共感し合う。

(6)　自分の思ったことを相手に伝え、相手の思っていることに気付く。

(7)　友達のよさに気付き、一緒に活動する楽しさを味わう。

(8)　友達と楽しく活動する中で、共通の目的を見いだし、工夫したり、協力したりなどする。

(9)　よいことや悪いことがあることに気付き、考えながら行動する。

(10)　友達とのかかわりを深め、思いやりをもつ。

(11)　友達と楽しく生活する中できまりの大切さに気付き、守ろうとする。

(12)　共同の遊具や用具を大切にし、みんなで使う。

(13)　高齢者をはじめ地域の人々などの自分の生活に関係の深いいろいろな人に親しみをもつ。

3　内容の取扱い

上記の取扱いに当たっては、次の事項に留意する必要がある。

新　幼稚園教育要領

幼児が自ら周囲に働き掛けることにより多様な感情を体験し、試行錯誤しながら諦めずにやり遂げることの達成感や、前向きな見通しをもって自分の力で行うことの充実感を味わうことができるよう、幼児の行動を見守りながら適切な援助を行うようにすること。

(2)　一人一人を生かした集団を形成しながら人と関わる力を育てていくようにすること。その際、集団の生活の中で、幼児が自己を発揮し、教師や他の幼児に認められる体験をし、自分のよさや特徴に気付き、自信をもって行動できるようにすること。

(3)　幼児が互いに関わりを深め、協同して遊ぶようになるため、自ら行動する力を育てるようにするとともに、他の幼児と試行錯誤しながら活動を展開する楽しさや共通の目的が実現する喜びを味わうことができるようにすること。

(4)　道徳性の芽生えを培うに当たっては、基本的な生活習慣の形成を図るとともに、幼児が他の幼児との関わりの中で他人の存在に気付き、相手を尊重する気持ちをもって行動できるようにし、また、自然や身近な動植物に親しむことなどを通して豊かな心情が育つようにすること。特に、人に対する信頼感や思いやりの気持ちは、葛藤やつまずきをも体験し、それらを乗り越えることにより次第に芽生えてくることに配慮すること。

(5)　集団の生活を通して、幼児が人との関わりを深め、規範意識の芽生えが培われることを考慮し、幼児が教師との信頼関係に支えられて自己を発揮する中で、互いに思いを主張し、折り合いを付ける体験をし、きまりの必要性などに気付き、自分の気持ちを調整する力が育つようにすること。

(6)　高齢者をはじめ地域の人々などの自分の生活に関係の深いいろいろな人と触れ合い、自分の感情や意志を表現しながら共に楽しみ、共感し合う体験を通して、これらの人々などに親しみをもち、人と関わることの楽しさや人の役に立つ喜びを味わうことができるようにすること。また、生活を通して親や祖父母などの家族の愛情に気付き、家族を大切にしようとする気持ちが育つようにすること。

環境

[周囲の様々な環境に好奇心や探究心をもって関わり、それらを生活に取り入れていこうとする力を養う。]

1　ねらい
(1)　身近な環境に親しみ、自然と触れ合う中で様々な事象に興味や関心をもつ。
(2)　身近な環境に自分から関わり、発見を楽しんだり、考えたりし、それを生活に取り入れようとする。

旧　幼稚園教育要領

(1)　教師との信頼関係に支えられて自分自身の生活を確立していくことが人とかかわる基盤となることを考慮し、幼児が自ら周囲に働き掛けることにより多様な感情を体験し、試行錯誤しながら自分の力で行うことの充実感を味わうことができるよう、幼児の行動を見守りながら適切な援助を行うようにすること。

(2)　幼児の主体的な活動は、他の幼児とのかかわりの中で深まり、豊かになるものであり、幼児はその中で互いに必要な存在であることを認識するようになることを踏まえ、一人一人を生かした集団を形成しながら人とかかわる力を育てていくようにすること。特に、集団の生活の中で、幼児が自己を発揮し、教師や他の幼児に認められる体験をし、自信をもって行動できるようにすること。

(3)　幼児が互いにかかわりを深め、協同して遊ぶようになるため、自ら行動する力を育てるようにするとともに、他の幼児と試行錯誤しながら活動を展開する楽しさや共通の目的が実現する喜びを味わうことができるようにすること。

(4)　道徳性の芽生えを培うに当たっては、基本的な生活習慣の形成を図るとともに、幼児が他の幼児とのかかわりの中で他人の存在に気付き、相手を尊重する気持ちをもって行動できるようにし、また、自然や身近な動植物に親しむことなどを通して豊かな心情が育つようにすること。特に、人に対する信頼感や思いやりの気持ちは、葛藤やつまずきをも体験し、それらを乗り越えることにより次第に芽生えてくることに配慮すること。

(5)　集団の生活を通して、幼児が人とのかかわりを深め、規範意識の芽生えが培われることを考慮し、幼児が教師との信頼関係に支えられて自己を発揮する中で、互いに思いを主張し、折り合いを付ける体験をし、きまりの必要性などに気付き、自分の気持ちを調整する力が育つようにすること。

(6)　高齢者をはじめ地域の人々などの自分の生活に関係の深いいろいろな人と触れ合い、自分の感情や意志を表現しながら共に楽しみ、共感し合う体験を通して、これらの人々などに親しみをもち、人とかかわることの楽しさや人の役に立つ喜びを味わうことができるようにすること。また、生活を通して親や祖父母などの家族の愛情に気付き、家族を大切にしようとする気持ちが育つようにすること。

環境

[周囲の様々な環境に好奇心や探究心をもってかかわり、それらを生活に取り入れていこうとする力を養う。]

1　ねらい
(1)　身近な環境に親しみ、自然と触れ合う中で様々な事象に興味や関心をもつ。
(2)　身近な環境に自分からかかわり、発見を楽しんだり、考えたりし、それを生活に取り入れようとする。

新　幼稚園教育要領

(3) 身近な事象を見たり、考えたり、扱ったりする中で、物の性質や数量、文字などに対する感覚を豊かにする。

2　内容

(1) 自然に触れて生活し、その大きさ、美しさ、不思議さなどに気付く。

(2) 生活の中で、様々な物に触れ、その性質や仕組みに興味や関心をもつ。

(3) 季節により自然や人間の生活に変化のあることに気付く。

(4) 自然などの身近な事象に関心をもち、取り入れて遊ぶ。

(5) 身近な動植物に親しみをもって接し、生命の尊さに気付き、いたわったり、大切にしたりする。

(6) 日常生活の中で、我が国や地域社会における様々な文化や伝統に親しむ。

(7) 身近な物を大切にする。

(8) 身近な物や遊具に興味をもって関わり、自分なりに比べたり、関連付けたりしながら考えたり、試したりして工夫して遊ぶ。

(9) 日常生活の中で数量や図形などに関心をもつ。

(10) 日常生活の中で簡単な標識や文字などに関心をもつ。

(11) 生活に関係の深い情報や施設などに興味や関心をもつ。

(12) 幼稚園内外の行事において国旗に親しむ。

3　内容の取扱い

上記の取扱いに当たっては、次の事項に留意する必要がある。

(1) 幼児が、遊びの中で周囲の環境と関わり、次第に周囲の世界に好奇心を抱き、その意味や操作の仕方に関心をもち、物事の法則性に気付き、自分なりに考えることができるようになる過程を大切にすること。また、他の幼児の考えなどに触れて新しい考えを生み出す喜びや楽しさを味わい、自分の考えをよりよいものにしようとする気持ちが育つようにすること。

(2) 幼児期において自然のもつ意味は大きく、自然の大きさ、美しさ、不思議さなどに直接触れる体験を通して、幼児の心が安らぎ、豊かな感情、好奇心、思考力、表現力の基礎が培われることを踏まえ、幼児が自然との関わりを深めることができるよう工夫すること。

(3) 身近な事象や動植物に対する感動を伝え合い、共感し合うことなどを通して自分から関わろうとする意欲を育てるとともに、様々な関わり方を通してそれらに対する親しみや畏敬の念、生命を大切にする気持ち、公共心、探究心などが養われるようにすること。

(4) 文化や伝統に親しむ際には、正月や節句など我が国の伝統的な行事、国歌、唱歌、わらべうたや我が国の伝統的な遊びに親しんだり、異なる文化に触れる活動に親しんだりすることを通じて、社会とのつながりの意識や国際理解の意識の芽生えなどが養われるようにすること。

(5) 数量や文字などに関しては、日常生活の中で幼児自

旧　幼稚園教育要領

(3) 身近な事象を見たり、考えたり、扱ったりする中で、物の性質や数量、文字などに対する感覚を豊かにする。

2　内容

(1) 自然に触れて生活し、その大きさ、美しさ、不思議さなどに気付く。

(2) 生活の中で、様々な物に触れ、その性質や仕組みに興味や関心をもつ。

(3) 季節により自然や人間の生活に変化のあることに気付く。

(4) 自然などの身近な事象に関心をもち、取り入れて遊ぶ。

(5) 身近な動植物に親しみをもって接し、生命の尊さに気付き、いたわったり、大切にしたりする。

(6) 身近な物を大切にする。

(7) 身近な物や遊具に興味をもってかかわり、考えたり、試したりして工夫して遊ぶ。

(8) 日常生活の中で数量や図形などに関心をもつ。

(9) 日常生活の中で簡単な標識や文字などに関心をもつ。

(10) 生活に関係の深い情報や施設などに興味や関心をもつ。

(11) 幼稚園内外の行事において国旗に親しむ。

3　内容の取扱い

上記の取扱いに当たっては、次の事項に留意する必要がある。

(1) 幼児が、遊びの中で周囲の環境とかかわり、次第に周囲の世界に好奇心を抱き、その意味や操作の仕方に関心をもち、物事の法則性に気付き、自分なりに考えることができるようになる過程を大切にすること。特に、他の幼児の考えなどに触れ、新しい考えを生み出す喜びや楽しさを味わい、自ら考えようとする気持ちが育つようにすること。

(2) 幼児期において自然のもつ意味は大きく、自然の大きさ、美しさ、不思議さなどに直接触れる体験を通して、幼児の心が安らぎ、豊かな感情、好奇心、思考力、表現力の基礎が培われることを踏まえ、幼児が自然とのかかわりを深めることができるよう工夫すること。

(3) 身近な事象や動植物に対する感動を伝え合い、共感し合うことなどを通して自分からかかわろうとする意欲を育てるとともに、様々なかかわり方を通してそれらに対する親しみや畏敬の念、生命を大切にする気持ち、公共心、探究心などが養われるようにすること。

(4) 数量や文字などに関しては、日常生活の中で幼児自身の必要感に基づく体験を大切にし、数量や文字などに関する興味や関心、感覚が養われるようにすること。

新　幼稚園教育要領	旧　幼稚園教育要領

身の必要感に基づく体験を大切にし、数量や文字などに関する興味や関心、感覚が養われるようにすること。

言葉

経験したことや考えたことなどを自分なりの言葉で表現し、相手の話す言葉を聞こうとする意欲や態度を育て、言葉に対する感覚や言葉で表現する力を養う。

1　ねらい

(1)　自分の気持ちを言葉で表現する楽しさを味わう。

(2)　人の言葉や話などをよく聞き、自分の経験したことや考えたことを話し、伝え合う喜びを味わう。

(3)　日常生活に必要な言葉が分かるようになるとともに、絵本や物語などに親しみ、言葉に対する感覚を豊かにし、先生や友達と心を通わせる。

2　内容

(1)　先生や友達の言葉や話に興味や関心をもち、親しみをもって聞いたり、話したりする。

(2)　したり、見たり、聞いたり、感じたり、考えたりなどしたことを自分なりに言葉で表現する。

(3)　したいこと、してほしいことを言葉で表現したり、分からないことを尋ねたりする。

(4)　人の話を注意して聞き、相手に分かるように話す。

(5)　生活の中で必要な言葉が分かり、使う。

(6)　親しみをもって日常の挨拶をする。

(7)　生活の中で言葉の楽しさや美しさに気付く。

(8)　いろいろな体験を通じてイメージや言葉を豊かにする。

(9)　絵本や物語などに親しみ、興味をもって聞き、想像をする楽しさを味わう。

(10)　日常生活の中で、文字などで伝える楽しさを味わう。

3　内容の取扱い

上記の取扱いに当たっては、次の事項に留意する必要がある。

(1)　言葉は、身近な人に親しみをもって接し、自分の感情や意志などを伝え、それに相手が応答し、その言葉を聞くことを通して次第に獲得されていくものであることを考慮して、幼児が教師や他の幼児と関わることにより心を動かされるような体験をし、言葉を交わす喜びを味わえるようにすること。

(2)　幼児が自分の思いを言葉で伝えるとともに、教師や他の幼児などの話を興味をもって注意して聞くことを通して次第に話を理解するようになっていき、言葉による伝え合いができるようにすること。

(3)　絵本や物語などで、その内容と自分の経験とを結び付けたり、想像を巡らせたりするなど、楽しみを十分に味わうことによって、次第に豊かなイメージをもち、言葉に対する感覚が養われるようにすること。

(4)　幼児が生活の中で、言葉の響きやリズム、新しい言葉や表現などに触れ、これらを使う楽しさを味わえる

言葉

経験したことや考えたことなどを自分なりの言葉で表現し、相手の話す言葉を聞こうとする意欲や態度を育て、言葉に対する感覚や言葉で表現する力を養う。

1　ねらい

(1) 自分の気持ちを言葉で表現する楽しさを味わう。

(2) 人の言葉や話などをよく聞き、自分の経験したことや考えたことを話し、伝え合う喜びを味わう。

(3) 日常生活に必要な言葉が分かるようになるとともに、絵本や物語などに親しみ、先生や友達と心を通わせる。

2　内容

(1) 先生や友達の言葉や話に興味や関心をもち、親しみをもって聞いたり、話したりする

(2) したり、見たり、聞いたり、感じたり、考えたりなどしたことを自分なりに言葉で表現する。

(3) したいこと、してほしいことを言葉で表現したり、分からないことを尋ねたりする。

(4) 人の話を注意して聞き、相手に分かるように話す。

(5) 生活の中で必要な言葉が分かり、使う。

(6) 親しみをもって日常のあいさつをする。

(7) 生活の中で言葉の楽しさや美しさに気付く。

(8) いろいろな体験を通じてイメージや言葉を豊かにする。

(9) 絵本や物語などに親しみ、興味をもって聞き、想像をする楽しさを味わう。

(10) 日常生活の中で、文字などで伝える楽しさを味わう。

3　内容の取扱い

上記の取扱いに当たっては、次の事項に留意する必要がある。

(1) 言葉は、身近な人に親しみをもって接し、自分の感情や意志などを伝え、それに相手が応答し、その言葉を聞くことを通して次第に獲得されていくものであることを考慮して、幼児が教師や他の幼児とかかわることにより心を動かすような体験をし、言葉を交わす喜びを味わえるようにすること。

(2) 幼児が自分の思いを言葉で伝えるとともに、教師や他の幼児などの話を興味をもって注意して聞くことを通して次第に話を理解するようになっていき、言葉による伝え合いができるようにすること。

(3) 絵本や物語などで、その内容と自分の経験とを結び付けたり、想像を巡らせたりするなど、楽しみを十分に味わうことによって、次第に豊かなイメージをもち、言葉に対する感覚が養われるようにすること。

(4) 幼児が日常生活の中で、文字などを使いながら思ったことや考えたことを伝える喜びや楽しさを味わい、文字に対する興味や関心をもつようにすること。

71

新　幼稚園教育要領

ようにすること。その際、絵本や物語に親しんだり、言葉遊びなどをしたりすることを通して、言葉が豊かになるようにすること。
(5)　幼児が日常生活の中で、文字などを使いながら思ったことや考えたことを伝える喜びや楽しさを味わい、文字に対する興味や関心をもつようにすること。

表現

感じたことや考えたことを自分なりに表現することを通して、豊かな感性や表現する力を養い、創造性を豊かにする。

1　ねらい
(1)　いろいろなものの美しさなどに対する豊かな感性をもつ。
(2)　感じたことや考えたことを自分なりに表現して楽しむ。
(3)　生活の中でイメージを豊かにし、様々な表現を楽しむ。

2　内容
(1)　生活の中で様々な音、形、色、手触り、動きなどに気付いたり、感じたりするなどして楽しむ。
(2)　生活の中で美しいものや心を動かす出来事に触れ、イメージを豊かにする。
(3)　様々な出来事の中で、感動したことを伝え合う楽しさを味わう。
(4)　感じたこと、考えたことなどを音や動きなどで表現したり、自由にかいたり、つくったりなどする。
(5)　いろいろな素材に親しみ、工夫して遊ぶ。
(6)　音楽に親しみ、歌を歌ったり、簡単なリズム楽器を使ったりなどする楽しさを味わう。
(7)　かいたり、つくったりすることを楽しみ、遊びに使ったり、飾ったりなどする。
(8)　自分のイメージを動きや言葉などで表現したり、演じて遊んだりするなどの楽しさを味わう。

3　内容の取扱い
上記の取扱いに当たっては、次の事項に留意する必要がある。
(1)　豊かな感性は、身近な環境と十分に関わる中で美しいもの、優れたもの、心を動かす出来事などに出会い、そこから得た感動を他の幼児や教師と共有し、様々に表現することなどを通して養われるようにすること。その際、風の音や雨の音、身近にある草や花の形や色など自然の中にある音、形、色などに気付くようにすること。
(2)　幼児の自己表現は素朴な形で行われることが多いので、教師はそのような表現を受容し、幼児自身の表現しようとする意欲を受け止めて、幼児が生活の中で幼児らしい様々な表現を楽しむことができるようにすること。
(3)　生活経験や発達に応じ、自ら様々な表現を楽しみ、表現する意欲を十分に発揮させることができるように、遊具や用具などを整えたり、様々な素材や表現の仕方に親しんだり、他の幼児の表現に触れられるよう配慮したりし、表現する過程を大切にして自己表現を楽しめるように工夫すること。

旧　幼稚園教育要領

表現

感じたことや考えたことを自分なりに表現することを通して、豊かな感性や表現する力を養い、創造性を豊かにする。

1　ねらい
(1)　いろいろなものの美しさなどに対する豊かな感性をもつ。
(2)　感じたことや考えたことを自分なりに表現して楽しむ。
(3)　生活の中でイメージを豊かにし、様々な表現を楽しむ。

2　内容
(1)　生活の中で様々な音、色、形、手触り、動きなどに気付いたり、感じたりするなどして楽しむ。
(2)　生活の中で美しいものや心を動かす出来事に触れ、イメージを豊かにする。
(3)　様々な出来事の中で、感動したことを伝え合う楽しさを味わう。
(4)　感じたこと、考えたことなどを音や動きなどで表現したり、自由にかいたり、つくったりなどする。
(5)　いろいろな素材に親しみ、工夫して遊ぶ。
(6)　音楽に親しみ、歌を歌ったり、簡単なリズム楽器を使ったりなどする楽しさを味わう。
(7)　かいたり、つくったりすることを楽しみ、遊びに使ったり、飾ったりなどする。
(8)　自分のイメージを動きや言葉などで表現したり、演じて遊んだりするなどの楽しさを味わう。

3　内容の取扱い
上記の取扱いに当たっては、次の事項に留意する必要がある。
(1)　豊かな感性は、自然などの身近な環境と十分にかかわる中で美しいもの、優れたもの、心を動かす出来事などに出会い、そこから得た感動を他の幼児や教師と共有し、様々に表現することなどを通して養われるようにすること。
(2)　幼児の自己表現は素朴な形で行われることが多いので、教師はそのような表現を受容し、幼児自身の表現しようとする意欲を受け止めて、幼児が生活の中で幼児らしい様々な表現を楽しむことができるようにすること。
(3)　生活経験や発達に応じ、自ら様々な表現を楽しみ、表現する意欲を十分に発揮させることができるように、遊具や用具などを整えたり、他の幼児の表現に触れられるよう配慮したりし、表現する過程を大切にして自己表現を楽しめるように工夫すること。

新　幼稚園教育要領

第3章　教育課程に係る教育時間の終了後等に行う教育
　　　　活動などの留意事項

1　地域の実態や保護者の要請により、教育課程に係る教
　育時間の終了後等に希望する者を対象に行う教育活動に
　ついては、幼児の心身の負担に配慮するものとする。ま
　た、次の点にも留意するものとする。
　(1)　教育課程に基づく活動を考慮し、幼児期にふさわし
　　　い無理のないものとなるようにすること。その際、教
　　　育課程に基づく活動を担当する教師と緊密な連携を図
　　　るようにすること。
　(2)　家庭や地域での幼児の生活も考慮し、教育課程に係
　　　る教育時間の終了後等に行う教育活動の計画を作成す
　　　るようにすること。その際、地域の人々と連携するなど、
　　　地域の様々な資源を活用しつつ、多様な体験ができる
　　　ようにすること。
　(3)　家庭との緊密な連携を図るようにすること。その際、
　　　情報交換の機会を設けたりするなど、保護者が、幼稚
　　　園と共に幼児を育てるという意識が高まるようにする
　　　こと。
　(4)　地域の実態や保護者の事情とともに幼児の生活のリ
　　　ズムを踏まえつつ、例えば実施日数や時間などについ
　　　て、弾力的な運用に配慮すること。
　(5)　適切な責任体制と指導体制を整備した上で行うよう
　　　にすること。

2　幼稚園の運営に当たっては、子育ての支援のために保
　護者や地域の人々に機能や施設を開放して、園内体制の
　整備や関係機関との連携及び協力に配慮しつつ、幼児期
　の教育に関する相談に応じたり、情報を提供したり、幼
　児と保護者との登園を受け入れたり、保護者同士の交
　流の機会を提供したりするなど、幼稚園と家庭が一体と
　なって幼児と関わる取組を進め、地域における幼児期の
　教育のセンターとしての役割を果たすよう努めるものと
　する。その際、心理や保健の専門家、地域の子育て経験
　者等と連携・協働しながら取り組むよう配慮するものと
　する。

旧　幼稚園教育要領

第3章　指導計画及び教育課程に係る教育時間の終了後
　　　　等に行う教育活動などの留意事項

第2　教育課程に係る教育時間の終了後等に行う教育活動
　　　などの留意事項
　1　地域の実態や保護者の要請により、教育課程に係る
　　　教育時間の終了後等に希望する者を対象に行う教育
　　　活動については、幼児の心身の負担に配慮すること。
　　　また、以下の点にも留意すること。
　　(1) 教育課程に基づく活動を考慮し、幼児期にふさわ
　　　　しい無理のないものとなるようにすること。その際、
　　　　教育課程に基づく活動を担当する教師と緊密な連
　　　　携を図るようにすること。
　　(2) 家庭や地域での幼児の生活も考慮し、教育課程に係
　　　　る教育時間の終了後等に行う教育活動の計画を作成
　　　　するようにすること。その際、地域の様々な資源を
　　　　活用しつつ、多様な体験ができるようにすること。
　　(3) 家庭との緊密な連携を図るようにすること。その際、
　　　　情報交換の機会を設けたりするなど、保護者が、幼
　　　　稚園と共に幼児を育てるという意識が高まるように
　　　　すること。
　　(4) 地域の実態や保護者の事情とともに幼児の生活の
　　　　リズムを踏まえつつ、例えば実施日数や時間などに
　　　　ついて、弾力的な運用に配慮すること。
　　(5) 適切な指導体制を整備した上で、幼稚園の教師の
　　　　責任と指導の下に行うようにすること。

　2　幼稚園の運営に当たっては、子育ての支援のために
　　　保護者や地域の人々に機能や施設を開放して、園内体
　　　制の整備や関係機関との連携及び協力に配慮しつつ、
　　　幼児期の教育に関する相談に応じたり、情報を提供し
　　　たり、幼児と保護者との登園を受け入れたり、保護者
　　　同士の交流の機会を提供したりするなど、地域におけ
　　　る幼児期の教育のセンターとしての役割を果たすよう
　　　努めること。

73

『保育所保育指針』

解説：汐見稔幸

『保育所保育指針』改定の趣旨

　『保育所保育指針』（以下、『保育指針』）は、2008（平成20）年に告示化されて、保育所の、国による正式な指針文書となりました。各保育所は、どのような原理と目標を持って、そして、どうした手順・スケジュール・方法で子どもたちを育てていくのか、その中でもとりわけ大事にしていくことは何かなどの保育の基本方針をまとめた「全体的な計画」（これまで「保育課程」といわれていたもの）を作成しなければなりませんが、その作成の指標となり、また日頃の実践の計画、反省、修正の指針となる文書が『保育指針』です。

　今回の改定には、大きく4点の課題がありました。その中でも特に大事なのは次の2つです。

　1つは、これまでの『保育指針』ではやや不十分であった乳児（0歳）の保育のねらいや内容、そして、1歳以上3歳未満児の保育のねらいや内容について記述を充実させ、また、その保育の質を向上させるためのポイントを書いたことです。特に、最近は認知的能力だけでなく、非認知的能力の果たす役割が、人間の一生にとって大事ということが次第に明確になってきたのですが、その非認知的な能力の育て、育ちには、乳児期からの丁寧な対応、応答的な姿勢、温かい受容などが大事ということがわかってきました。そのことを『保育指針』にも反映させようとしています。その含意をくみ取ることが大事でしょう。

　2つ目は、今回の『保育指針』で、はじめて保育所も我が国の「幼児教育施設」の1つとして認められました。幼稚園、幼保連携型認定こども園と同じように「幼児教育」を行うことが強調されたのです。そのために、「幼児期の終わりまでに育ってほしい姿」という目標像が新たに設定され、その姿に向けて、丁寧に「資質・能力」を育んでいくことが期待されるようになります。期待される姿は、5領域の目標（内容）をベースに人間の「資質・能力」としてわかりやすくまとめ直したものですが、その具体的なイメージを鮮明にすることが各職場には必要でしょう。保育所は赤ちゃんの時期から丁寧に育てていく場として、新たに期待が高まっているのです。

新旧　章立て　比較表

保育所保育指針

平成29年告示

第1章　総則
1. 保育所保育に関する基本原則
2. 養護に関する基本的事項
3. 保育の計画及び評価
4. 幼児教育を行う施設として共有すべき事項

第2章　保育の内容
1. 乳児保育に関わるねらい及び内容
2. 1歳以上3歳未満児の保育に関わるねらい及び内容
3. 3歳以上児の保育に関するねらい及び内容
4. 保育の実施に関して留意すべき事項

第3章　健康及び安全
1. 子どもの健康支援
2. 食育の推進
3. 環境及び衛生管理並びに安全管理
4. 災害への備え

第4章　子育て支援
1. 保育所における子育て支援に関する基本的事項
2. 保育所を利用している保護者に対する子育て支援
3. 地域の保護者等に対する子育て支援

第5章　職員の資質向上
1. 職員の資質向上に関する基本的事項
2. 施設長の責務
3. 職員の研修等
4. 研修の実施体制等

平成20年告示

第1章　総則
1. 趣旨
2. 保育所の役割
3. 保育の原理
4. 保育所の社会的責任

第2章　子どもの発達
1. 乳幼児期の発達の特性
2. 発達過程

第3章　保育の内容
1. 保育のねらい及び内容
2. 保育の実施上の配慮事項

第4章　保育の計画及び評価
1. 保育の計画
2. 保育の内容等の自己評価

第5章　健康及び安全
1. 子どもの健康支援
2. 環境及び衛生管理並びに安全管理
3. 食育の推進
4. 健康及び安全の実施体制等

第6章　保護者に対する支援
1. 保育所における保護者に対する支援の基本
2. 保育所に入所している子どもの保護者に対する支援
3. 地域における子育て支援

第7章　職員の資質向上
1. 職員の資質向上に関する基本的事項
2. 施設長の責務
3. 職員の研修等

第1章　総則

　この指針は、児童福祉施設の設備及び運営に関する基準（昭和23年厚生省令第63号。以下「設備運営基準」という。）第35条の規定に基づき、保育所における保育の内容に関する事項及びこれに関連する運営に関する事項を定めるものである。各保育所は、この指針において規定される保育の内容に係る基本原則に関する事項等を踏まえ、各保育所の実情に応じて創意工夫を図り、保育所の機能及び質の向上に努めなければならない。

1　保育所保育に関する基本原則

(1)　保育所の役割

　ア　保育所は、児童福祉法（昭和22年法律第164号）第39条の規定に基づき、保育を必要とする子どもの保育を行い、その健全な心身の発達を図ることを目的とする児童福祉施設であり、入所する子どもの最善の利益を考慮し、その福祉を積極的に増進することに最もふさわしい生活の場でなければならない。

　イ　保育所は、その目的を達成するために、保育に関する専門性を有する職員が、家庭との緊密な連携の下に、子どもの状況や発達過程を踏まえ、保育所における環境を通して、養護及び教育を一体的に行うことを特性としている。

　ウ　保育所は、入所する子どもを保育するとともに、家庭や地域の様々な社会資源との連携を図りながら、入所する子どもの保護者に対する支援及び地域の子育て家庭に対する支援等を行う役割を担うものである。

　エ　保育所における保育士は、児童福祉法第18条の4の規定を踏まえ、保育所の役割及び機能が適切に発揮されるように、倫理観に裏付けられた専門的知識、技術及び判断をもって、子どもを保育するとともに、子どもの保護者に対する保育に関する指導を行うものであり、その職責を遂行するための専門性の向上に絶えず努めなければならない。

保育所保育指針

> ● ここがポイント！
> ① 乳児・1歳以上3歳未満児の保育に関する記載の充実

解説 新しい『保育所保育指針』全体の特徴として

　今回の改定の方針で重要視されている第一のことです。平成20年告示『**保育所保育指針**』（以降、『**保育指針**』）は、法的な性格になったため大綱化され、それまでの13章立てが7章立てに縮められました。割愛された章は主として年齢別に書かれていた章でした。その『保育指針』は、『**幼稚園教育要領**』（以降、『**教育要領**』）にならい、年齢を区別しないで5領域の「**ねらい**」と「**内容**」を書く形になりました。しかしモデルとなった『**教育要領**』は3歳以上児を念頭に置いたものですので、結果として0、1、2歳児の保育の内容とねらいについての記述が（平成20年告示より前の『**保育指針**』に比べ）薄くなってしまっていました。それを修正するのが今回の改定の大事な趣旨の1つになっています。

　その背景には、この間、0、1、2歳児の保育は量的に拡大していて、多くの保育所でこの年齢の子どもが増えているのですが、保育室等の環境条件が改善されているとは限らないため、時には狭い部屋に多くの0、1、2歳児が生活しているような状況になってきています。集団生活が子どものストレスになることがあり、ならないようにする工夫が大事になってきているのです。改めて、ほんの幼い子どもの保育では何が大切なのか、原理を鮮明にする必要があるのです。

　併せて、この間、各国で保育・幼児教育重視策が具体化され、それに比例するかのように多分野の研究者が保育の研究に参加するようになってきています。その中で乳幼児期の教育を通じて非認知的な能力、社会情動的なスキルを育てることの重要性が確認されるようになってきて、その基本が0、1、2歳段階で育つこともわかってきています。乳児や1、2歳児の保育の質が大事になってきているのです。

　『**保育指針**』の第1章 総則の1の（2）のアの（ア）に「**十分に養護の行き届いた環境の下に、くつろいだ雰囲気の中で子どもの様々な欲求を満たし、生命の保持及び情緒の安定を図ること。**」とあります。この「**十分に養護の行き届いた環境**」を丁寧に、温かく創造していくことが、乳児、3歳未満児の保育ではとりわけ大事だと理解することが必要です。

(2) 保育の目標
　ア　保育所は、子どもが生涯にわたる人間形成にとって極めて重要な時期に、その生活時間の大半を過ごす場である。このため、保育所の保育は、子どもが現在を最も良く生き、望ましい未来をつくり出す力の基礎を培うために、次の目標を目指して行わなければならない。
　(ｱ)　十分に養護の行き届いた環境の下に、くつろいだ雰囲気の中で子どもの様々な欲求を満たし、生命の保持及び情緒の安定を図ること。
　(ｲ)　健康、安全など生活に必要な基本的な習慣や態度を養い、心身の健康の基礎を培うこと。
　(ｳ)　人との関わりの中で、人に対する愛情と信頼感、そして人権を大切にする心を育てるとともに、自主、自立及び協調の態度を養い、道徳性の芽生えを培うこと。
　(ｴ)　生命、自然及び社会の事象についての興味や関心を育て、それらに対する豊かな心情や思考力の芽生えを培うこと。
　(ｵ)　生活の中で、言葉への興味や関心を育て、話したり、聞いたり、相手の話を理解しようとするなど、言葉の豊かさを養うこと。
　(ｶ)　様々な体験を通して、豊かな感性や表現力を育み、創造性の芽生えを培うこと。
　イ　保育所は、入所する子どもの保護者に対し、その意向を受け止め、子どもと保護者の安定した関係に配慮し、保育所の特性や保育士等の専門性を生かして、その援助に当たらなければならない。

ここがポイント！

② 非認知的能力の意味 & 愛着行動、基本的信頼感、自己肯定感

保育の目標を考える時に必要なこと 1
非認知的能力の意味

　欧米では保育・幼児教育のニーズの高まりに対応して、これを国の基礎的な教育制度として位置付けていくという機運が高まっています。保育・幼児教育予算が各国とも以前より伸びています。その背景には貧困等の格差拡大の解決という問題、21世紀的な解の見つかっていない課題への接近能力の育成などの問題があるのですが、そのためには、教育の開始期をできるだけ早めることが大事だということが提言されはじめました。この間、それまでの諸研究が総括さ

れ、子どもの教育はできるだけ早くから開始するほうが効果が大きく、費用がかからないこと、また、その教育はいわゆる認知的スキルだけでなく、非認知的スキルを伸ばすことで後の効果が大きく、持続するということも見いだされました。

認知的スキルは、記憶できるとか、知識を正確に理解するとか読み書きができるなどのいわゆる学力に相当する知力です。身に付いているかどうか目に見えやすい能力ともいえます。これももちろん大事なのですが、同時に、好奇心が豊かとか、失敗してもくじけずそれを上手く生かせるとか、必要なことには集中、我慢ができるとか、自分にそれなりに自信があるとか、楽天的であるなど、心や自我の能力、つまり非認知の能力が高いことが、社会で上手く生きる上ではより大事な能力だというのです。そして、その基礎が乳幼児期に育つということがわかってきて、この力を伸ばすことが課題になってきたわけです。子どもの気持ちを大事にする保育、やりたい時に存分にそれを保障するような保育が大事になるでしょう。

解説 保育の目標を考える時に必要なこと2
愛着行動、基本的信頼感、自己肯定感

乳児、1、2歳児の保育についての記述が充実された背景には、ポイント①やこの②の中でも少し述べましたが、人間の育ちの中で、0、1、2歳児段階の育ちの意味がとても大きいということがわかってきたことがあります。そこで、この時期の保育をもっと丁寧に質高く行わねばならないということです。

愛着行動とか愛着関係という言葉があります。アタッチメントという語の訳語です。これは誕生後しばらくの時期の人の育ちには、特定の誰かとの深い信頼関係、その人の傍にいると安心を深く感じるという感情、心の絆が生まれるような関係が必要という考え方です。そこでは、授乳のような母性的行為がアタッチメントを育むとされましたが、しかし、そうではなく、柔らかい感触への欲求を満たすことがアタッチメントを生み出すとする考え方もあり、議論になりました。

今では、子どもの欲求に丁寧に応答する行為と柔らかい感触と子ども自身の自由な探索行動の保障という3つがなければ赤ちゃんは上手く育たないということが共通に確認されるようになっています。

アタッチメントというのは元来しがみつくという意味ですが、不安があるとしがみつける他者が傍に日常的にいると、不安や欲求不満がある時、常にその人にしがみつくことができるため、その繰り返しの中で子どもの心の中にその人への深い信頼感が育ち、やがて他者一般への信頼感を身に付けていきます。それは裏返せば、自分は無条件でありのまま愛されているという感覚になります。前者が基本的信頼感、後者が自己肯定感です。この時期の保育には、こうした愛着行動、基本的信頼感、自己肯定感の育ちを意識した展開が不可欠なのです。

(3) 保育の方法

　保育の目標を達成するために、保育士等は、次の事項に留意して保育しなければならない。

ア　一人一人の子どもの状況や家庭及び地域社会での生活の実態を把握するとともに、子どもが安心感と信頼感をもって活動できるよう、子どもの主体としての思いや願いを受け止めること。

イ　子どもの生活のリズムを大切にし、健康、安全で情緒の安定した生活ができる環境や、自己を十分に発揮できる環境を整えること。

ウ　子どもの発達について理解し、一人一人の発達過程に応じて保育すること。その際、子どもの個人差に十分配慮すること。

エ　子ども相互の関係づくりや互いに尊重する心を大切にし、集団における活動を効果あるものにするよう援助すること。

オ　子どもが自発的・意欲的に関われるような環境を構成し、子どもの主体的な活動や子ども相互の関わりを大切にすること。特に、乳幼児期にふさわしい体験が得られるように、生活や遊びを通して総合的に保育すること。

カ　一人一人の保護者の状況やその意向を理解、受容し、それぞれの親子関係や家庭生活等に配慮しながら、様々な機会をとらえ、適切に援助すること。

③ 非認知的能力、社会情動的スキルの伸ばし方

解説　生きることをポジティブに感じる心の育ちを保障するために

　非認知的能力は、落ち込んでしまった時に感情を上手くポジティブに切り替えたり、失敗しても過度に落ち込まずそこから大事なものを見つけたり、何かにおもしろさを感じて自分の情動をポジティブに維持したり、大事と思う時はそれに集中してやり遂げたり、自分のありのままの姿をそれでよいと感じるので無理をしなかったり等々の力が中心ですので、感情（情動）を調整する能力が中心になります。また多くは、社会的な力です。そこで、これを情動のコントロールに関わる社会的な力ということで、「社会情動的スキル」ということがあります。スキルとは、後天的に伸ばすことができる力という意味からです。

　この力は、こうした情動のコントロールに関わる体験をたくさんすることで伸びていきますが、例えば、我慢ができるようになるためには我慢する練習をすればよいかというとそう単純ではありません。0歳の時から、例えば無条件に（条件付きでないという意味で）愛される体験を重ねて、特定の人間としっかりした愛着関係ができたり、自分は必ず助けてもらえるという他者を深く信頼する信念を持つことで、自己への深い信頼感や肯定感が育ちます。それが我慢する心のゆとりを育みます。また、自由に遊びができるという環境条件で、何かに強い興味を持って、望むだけ長く、しかも不必要な気遣いなく没頭できる、という体験が保障されることで集中する力がいつの間にか伸びていきます。

　社会情動的スキルといわれる力がどういったプロセスで育っていくか、まだ未解明な部分は多いと思われますが、生きることをポジティブに感じる心の育ちが、それを保障していくということは間違いないと思われます。

　なお、誤解はないと思いますが、このことは、認知的能力、認知的スキルが乳幼児期は大事ではない、ということをいっているのではありません。曜日が全部わかる、大小関係がわかる、論理的につじつまが合わないことをおかしいと感じる、おじさんとおじいさんの違いがわかるなど、知的な育ちはとても大事で、また無数の分野があります。日頃の関わりの中で、こうしたスキルを獲得させようとする保育の姿勢もとても大事なのです。

(4) 保育の環境

　保育の環境には、保育士等や子どもなどの人的環境、施設や遊具などの物的環境、更には自然や社会の事象などがある。保育所は、こうした人、物、場などの環境が相互に関連し合い、子どもの生活が豊かなものとなるよう、次の事項に留意しつつ、計画的に環境を構成し、工夫して保育しなければならない。

ア　子ども自らが環境に関わり、自発的に活動し、様々な経験を積んでいくことができるよう配慮すること。

イ　子どもの活動が豊かに展開されるよう、保育所の設備や環境を整え、保育所の保健的環境や安全の確保などに努めること。

ウ　保育室は、温かな親しみとくつろぎの場となるとともに、生き生きと活動できる場となるように配慮すること。

エ　子どもが人と関わる力を育てていくため、子ども自らが周囲の子どもや大人と関わっていくことができる環境を整えること。

(5) 保育所の社会的責任

ア　保育所は、子どもの人権に十分配慮するとともに、子ども一人一人の人格を尊重して保育を行わなければならない。

イ　保育所は、地域社会との交流や連携を図り、保護者や地域社会に、当該保育所が行う保育の内容を適切に説明するよう努めなければならない。

ウ　保育所は、入所する子ども等の個人情報を適切に取り扱うとともに、保護者の苦情などに対し、その解決を図るよう努めなければならない。

④ 環境を通じた教育・保育

解説 保育所保育の方法の基本。今回の改定でもその重要性は変わらない

認③

今回の改定でも、保育所保育の方法の基本として、環境による教育・保育がうたわれました。「総則」には(3)「保育の方法」として「子どもが自発的・意欲的に関われるような環境を構成し、子どもの主体的な活動や子ども相互の関わりを大切にすること。」と書かれ、その環境による保育の説明として(4)「保育の環境」に「保育の環境には、保育士等や子どもなどの人的環境、施設や遊具などの物的環境、更には自然や社会の事象などがある。保育所は、こうした人、物、場などの環境が相互に関連し合い、子どもの生活が豊かなものとなるよう、次の事項に留意しつつ、計画的に環境を構成し、工夫して保育しなければならない。」として、次の4つの留意点が示されています。

ア 子ども自らが環境に関わり、自発的に活動し、様々な経験を積んでいくことができるよう配慮すること。
イ 子どもの活動が豊かに展開されるよう、保育所の設備や環境を整え、保育所の保健的環境や安全の確保などに努めること。
ウ 保育室は、温かな親しみとくつろぎの場となるとともに、生き生きと活動できる場となるように配慮すること。
エ 子どもが人と関わる力を育てていくため、子ども自らが周囲の子どもや大人と関わっていくことができる環境を整えること。

これは保育の基本は子どもたちの意欲や意志を引き出すことにあるので、そういう気になる環境を作ることが保育の課題だということを意味しています。このことが大事なのは子どもたちの主体性や自主性を育てるための方法だからということもあるのですが、今回の改定では、そうすることが子どもたちの非認知的能力、社会情動的スキルを育てていく上で大事だということが重なります。

『保育指針』には、環境の中には、人的環境、物的環境、自然や社会の事象などがあると書かれていますが、実践的には、この中で人的環境がとても大事なことが判明しています。保育士が場面、場面でどうした応答を子どもに対してするのか、ネガティブな行動をした子どもの気持ちにどこまで共感できるのか、立ち居振る舞いに強制を感じさせるものがないかなど、保育士は自らを環境と感じる姿勢が大事です。

2 養護に関する基本的事項

(1) 養護の理念

　保育における養護とは、子どもの生命の保持及び情緒の安定を図るために保育士等が行う援助や関わりであり、保育所における保育は、養護及び教育を一体的に行うことをその特性とするものである。保育所における保育全体を通じて、養護に関するねらい及び内容を踏まえた保育が展開されなければならない。

⑤ 養護と教育の一体的展開

解説　幼児期は保護して教育するから「保育」でなければいけない

　今回、総則の中で、**「養護」**というキーワードが取り上げられました。これまでの『**保育指針**』では第3章の**「保育の内容」**の中の一部に説明され記述されていたものですが、それを**「総則」**という保育の原理・原則を書く章に移して独立させたものです。保育においては、養護の大事さ、その思想をしっかり理解してほしいということです。

　養護とは**「生命の保持及び情緒の安定」**と定義されています。これは何を意味するのかということが**「生命の保持」**と**「情緒の安定」**に分けて説明されています。しかし、この2つは、実はきれいに区別されるものではありません。

　例えば、**「情緒の安定」**の項で書かれている**「ねらい」**には4項目があげられています。
① **一人一人の子どもが、安定感をもって過ごせるようにする。**
② **一人一人の子どもが、自分の気持ちを安心して表すことができるようにする。**
③ **一人一人の子どもが、周囲から主体として受け止められ、主体として育ち、自分を肯定する気持ちが育まれていくようにする。**
④ **一人一人の子どもがくつろいで共に過ごし、心身の疲れが癒されるようにする。**

　これは、保育所では、誰もが安心感を持って暮らせるようにする、自分の気持ちを自由に表現してよいという雰囲気にする、自分のしたいこと、したくないことは自分で選んでよいという原則を大事にする、誰もがそこで癒やされる場とする、ということですが、これらが保障されない保育所では、子どもの心はどこかで無理をし、大人に合わせようとストレスをためこみ、結果として生命機能が損なわれるということになります。ですから**「生命の保持」**と深く結び付いているのです。幼児期は保護して教育するから「保育」でなければいけないといった倉橋惣三の言葉が思い出されます。

　なお、実際に保育場面では、養護的な関わりと、保育者が子どもになにがしかを要求して達成を期待する教育的関わりは、きれいに分けられないということも理解しましょう。養護と教育は常に一体的に展開されるのです。

(2) 養護に関わるねらい及び内容
　ア　生命の保持
　　(ｱ)　ねらい
　　　①　一人一人の子どもが、快適に生活できるようにする。
　　　②　一人一人の子どもが、健康で安全に過ごせるようにする。
　　　③　一人一人の子どもの生理的欲求が、十分に満たされるようにする。
　　　④　一人一人の子どもの健康増進が、積極的に図られるようにする。
　　(ｲ)　内容
　　　①　一人一人の子どもの平常の健康状態や発育及び発達状態を的確に把握し、異常を感じる場合は、速やかに適切に対応する。
　　　②　家庭との連携を密にし、嘱託医等との連携を図りながら、子どもの疾病や事故防止に関する認識を深め、保健的で安全な保育環境の維持及び向上に努める。
　　　③　清潔で安全な環境を整え、適切な援助や応答的な関わりを通して子どもの生理的欲求を満たしていく。また、家庭と協力しながら、子どもの発達過程等に応じた適切な生活のリズムがつくられていくようにする。
　　　④　子どもの発達過程等に応じて、適度な運動と休息を取ることができるようにする。また、食事、排泄、衣類の着脱、身の回りを清潔にすることなどについて、子どもが意欲的に生活できるよう適切に援助する。
　イ　情緒の安定
　　(ｱ)　ねらい
　　　①　一人一人の子どもが、安定感をもって過ごせるようにする。
　　　②　一人一人の子どもが、自分の気持ちを安心して表すことができるようにする。
　　　③　一人一人の子どもが、周囲から主体として受け止められ、主体として育ち、自分を肯定する気持ちが育まれていくようにする。
　　　④　一人一人の子どもがくつろいで共に過ごし、心身の疲れが癒されるようにする。
　　(ｲ)　内容
　　　①　一人一人の子どもの置かれている状態や発達過程などを的確に把握し、子どもの欲求を適切に満たしながら、応答的な触れ合いや言葉がけを行う。
　　　②　一人一人の子どもの気持ちを受容し、共感しながら、子どもとの継続的な信頼関係を築いていく。

③　保育士等との信頼関係を基盤に、一人一人の子どもが主体的に活動し、自発性や探索意欲などを高めるとともに、自分への自信をもつことができるよう成長の過程を見守り、適切に働きかける。

④　一人一人の子どもの生活のリズム、発達過程、保育時間などに応じて、活動内容のバランスや調和を図りながら、適切な食事や休息が取れるようにする。

3　保育の計画及び評価

(1)　全体的な計画の作成
　ア　保育所は、1の(2)に示した保育の目標を達成するために、各保育所の保育の方針や目標に基づき、子どもの発達過程を踏まえて、保育の内容が組織的・計画的に構成され、保育所の生活の全体を通して、総合的に展開されるよう、全体的な計画を作成しなければならない。
　イ　全体的な計画は、子どもや家庭の状況、地域の実態、保育時間などを考慮し、子どもの育ちに関する長期的見通しをもって適切に作成されなければならない。
　ウ　全体的な計画は、保育所保育の全体像を包括的に示すものとし、これに基づく指導計画、保健計画、食育計画等を通じて、各保育所が創意工夫して保育できるよう、作成されなければならない。

保育所保育指針

> 👉 **ここがポイント！**
> ⑥ 全体的な計画

解説 どういう子どもを育てたいのかがわかるように、保育所の基本方針を記述

幼⑰
認⑤

　保育所が保育を行う際にまず作成しなければならない文書は何でしょうか？

　学校では、それは教育課程といわれる文書で、学校の目標、すなわち目指すべき子ども像や身に付けさせたい能力や資質、そして、それを具体化するための教育の基本計画、その評価の方法等を書いたものです。幼稚園は学校ですから教育課程を作成しますが、保育所でそれに当たるのが保育課程です。教育課程や保育課程には、自分たちはこの施設でどういう子どもを育てたいのか、それはなぜなのか、そして、そうした子どもたちを育てるために保育の中で何を重視し、赤ちゃんの時からどういう保育をしていくのか、その成果をどのように評価するのか、保護者とどうした関係を築いていきたいのか、また、小学校以降の学校とどのように連携する予定なのか等々という、保育所の基本方針を記述することが必要です。この文書を毎年見直し、職員全員で、時には保護者を交えて作成し、わかりやすく公表していくことが、保育所が形式的にも教育機関となる大事なステップになります。

　今回は、保育所も幼稚園も幼保連携型認定こども園でも、この文書のことを**「全体的な計画」**と総称することになりました。幼稚園では"全体的な計画すなわち教育課程"、保育所では"全体的な計画すなわち保育課程"といえばわかりやすいでしょう。

　『保育指針』では「子どもや家庭の状況、地域の実態、保育時間などを考慮し」て作成すべきこととか「全体的な計画は、保育所保育の全体像を包括的に示すものとし、これに基づく指導計画、保健計画、食育計画等を通じて、各保育所が創意工夫して保育できるよう、作成されなければならない。」などと記述されています。しっかり踏まえたいところです。

　なお、今回は、**「幼児期の終わりまでに育ってほしい姿」**が10項目書き込まれています。**「全体的な計画」**では、それぞれの姿について、0歳からどう意識して育てていくのか、その概略を書き込むことが必要になるでしょう。丁寧に作成して、毎年見直したいものです。

91

(2) 指導計画の作成

ア 保育所は、全体的な計画に基づき、具体的な保育が適切に展開されるよう、子どもの生活や発達を見通した長期的な指導計画と、それに関連しながら、より具体的な子どもの日々の生活に即した短期的な指導計画を作成しなければならない。

イ 指導計画の作成に当たっては、第2章及びその他の関連する章に示された事項のほか、子ども一人一人の発達過程や状況を十分に踏まえるとともに、次の事項に留意しなければならない。

(ｱ) 3歳未満児については、一人一人の子どもの生育歴、心身の発達、活動の実態等に即して、個別的な計画を作成すること。

(ｲ) 3歳以上児については、個の成長と、子ども相互の関係や協同的な活動が促されるよう配慮すること。

(ｳ) 異年齢で構成される組やグループでの保育においては、一人一人の子どもの生活や経験、発達過程などを把握し、適切な援助や環境構成ができるよう配慮すること。

ウ 指導計画においては、保育所の生活における子どもの発達過程を見通し、生活の連続性、季節の変化などを考慮し、子どもの実態に即した具体的なねらい及び内容を設定すること。また、具体的なねらいが達成されるよう、子どもの生活する姿や発想を大切にして適切な環境を構成し、子どもが主体的に活動できるようにすること。

エ 一日の生活のリズムや在園時間が異なる子どもが共に過ごすことを踏まえ、活動と休息、緊張感と解放感等の調和を図るよう配慮すること。

オ 午睡は生活のリズムを構成する重要な要素であり、安心して眠ることのできる安全な睡眠環境を確保するとともに、在園時間が異なることや、睡眠時間は子どもの発達の状況や個人によって差があることから、一律とならないよう配慮すること。

カ 長時間にわたる保育については、子どもの発達過程、生活のリズム及び心身の状態に十分配慮して、保育の内容や方法、職員の協力体制、家庭との連携などを指導計画に位置付けること。

キ 障害のある子どもの保育については、一人一人の子どもの発達過程や障害の状態を把握し、適切な環境の下で、障害のある子どもが他の子どもとの生活を通して共に成長できるよう、指導計画の中に位置付けること。また、子どもの状況に応じた保育を実施する観点から、家庭や関係機関と連携した支援のための計画を個別に作成するなど適切な対応を図ること。

(3) 指導計画の展開

　　指導計画に基づく保育の実施に当たっては、次の事項に留意しなければならない。

　ア　施設長、保育士など、全職員による適切な役割分担と協力体制を整えること。

　イ　子どもが行う具体的な活動は、生活の中で様々に変化することに留意して、子どもが望ましい方向に向かって自ら活動を展開できるよう必要な援助を行うこと。

　ウ　子どもの主体的な活動を促すためには、保育士等が多様な関わりをもつことが重要であることを踏まえ、子どもの情緒の安定や発達に必要な豊かな体験が得られるよう援助すること。

　エ　保育士等は、子どもの実態や子どもを取り巻く状況の変化などに即して保育の過程を記録するとともに、これらを踏まえ、指導計画に基づく保育の内容の見直しを行い、改善を図ること。

(4) 保育内容等の評価

　ア　保育士等の自己評価

　　(ｱ)　保育士等は、保育の計画や保育の記録を通して、自らの保育実践を振り返り、自己評価することを通して、その専門性の向上や保育実践の改善に努めなければならない。

　　(ｲ)　保育士等による自己評価に当たっては、子どもの活動内容やその結果だけでなく、子どもの心の育ちや意欲、取り組む過程などにも十分配慮するよう留意すること。

　　(ｳ)　保育士等は、自己評価における自らの保育実践の振り返りや職員相互の話し合い等を通じて、専門性の向上及び保育の質の向上のための課題を明確にするとともに、保育所全体の保育の内容に関する認識を深めること。

　イ　保育所の自己評価

　　(ｱ)　保育所は、保育の質の向上を図るため、保育の計画の展開や保育士等の自己評価を踏まえ、当該保育所の保育の内容等について、自ら評価を行い、その結果を公表するよう努めなければならない。

　　(ｲ)　保育所が自己評価を行うに当たっては、地域の実情や保育所の実態に即して、適切に評価の観点や項目等を設定し、全職員による共通理解をもって取り組むよう留意すること。

　　(ｳ)　設備運営基準第36条の趣旨を踏まえ、保育の内容等の評価に関し、保護者及び地域住民等の意見を聴くことが望ましいこと。

(5) 評価を踏まえた計画の改善

　ア　保育所は、評価の結果を踏まえ、当該保育所の保育の内容等の改善を図ること。

　イ　保育の計画に基づく保育、保育の内容の評価及びこれに基づく改善という一連の取組により、保育の質の向上が図られるよう、全職員が共通理解をもって取り組むことに留意すること。

> **ここがポイント！**
> ⑦ 保育所保育における幼児教育の積極的な位置付け

解説 保育所も、幼児教育を行う施設としての自覚を

幼②

　保育所は保育、幼稚園は教育、認定こども園は教育・保育といういい方が、改定『**認定こども園法**』での定義以降広がっているのですが、法的な区分とは別に、実際は、3者は同じように重要な日本の幼児教育機関であって、その人育ての面での機能は基本的に異ならないということが新制度の議論の中で強調されるようになっていきました。それを、制度的にも実際化する姿勢を、今回の『**保育指針**』『**教育要領**』『**幼保連携型認定こども園教育・保育要領**』(以下、『**教育・保育要領**』)の3つの内容をできるだけ同じにするという形で示そうとしています。

　一例をあげますと、保育の「**ねらい**」と「**内容**」を説明する章(3文書とも第2章)で、3歳以上児については、『**保育指針**』の記述(5領域の説明が中心)と『**教育要領**』の記述が、必要なところ以外はすべて同じものになっています。旧『**保育指針**』では「**内容の取扱い**」という項が省かれていましたが、今回はこれも取り入れ、『**教育要領**』と全く同じ形式、内容になっています。『**教育・保育要領**』の記述も同じです。もちろん、『**保育指針**』では、『**教育要領**』にはない、乳児の保育の「**ねらい**」と「**内容**」、1歳及び3歳未満児の保育の「**ね**

らい」と「**内容**」を別に記述していますが、これは当然です。

　新『**保育指針**』の第1章「**総論**」の4(p96)に「**幼児教育を行う施設として共有すべき事項**」として「**育みたい資質・能力**」や「**幼児期の終わりまでに育ってほしい姿**」が書き込まれています。この中身については後ほど(p99)で説明しますが、この項の表題に「**幼児教育を行う施設**」という文言が使われていることに注目すべきです。保育所は「**幼児教育を行う施設**」として正式に法的な文書に書かれたわけですから、幼児教育施設としての自覚がますます問われるようになるでしょう。

　なお、幼児教育施設として、その教育機能を果たすことは、この「**幼児期に終わりまでに育ってほしい姿**」を意識して保育するだけにとどまりません。特に全体的な計画をしっかり作ること、実践の中での子どもの育ちや課題をしっかりと見抜くこと、その上で計画を柔軟にし、反省、実践を工夫し続けることなども大事な教育機能になります。

🖐 ここがポイント！
⑧ 学びの芽生え、学びの支援（指導計画の作成の際の考え方）

解説 子どもたちのあらゆる生活、活動を「学び」という視点から統一的に見る

幼⑳

今、世界中の保育・幼児教育の場で「遊び」の意義が高く評価されるようになってきていますが、それは、遊びが子どもたちにとって最も効果のある「学び」の場だからです。子どもたちが強制されてではなく、自発的に自分の興味、関心に基づいて行う行為を広く「遊び」というと、その遊びの過程で、指先の器用さを増したり、身体のしなやかさを伸ばしたり、勇気が出せるようになったり、協同する力が出てきたり、工夫する力が増したり等々の心身の変化を必ず体験します。それらは生理的にいうと、脳に小さな新しい回路ができていくことですが、脳に目的に沿った合理的な回路ができていくことを「学び」と総称すると、子どもたちの生活は遊びにしても仕事にしても、すべて「学び」の過程といえます。この「学び」による新回路が脳内で集まってシステム化し、レベルアップしていくことが「発達」です。

今回の改定では、そうした言葉で説明しているわけではありませんが、随所に子どもの生活を「学び」という視角から見て評価することの必要性が書き込まれています。特に幼稚園や認定こども園と共有すべき事項として「**育みたい資質・能力**」（解説はp97）や「**幼児期の終わりまでに育ってほしい姿**」（解説はp99）が書かれましたが、ここは小学校以降等の学校と同じ視点・目標で子どもの学び、育ちを実現していこうということで、今回3施設等（保育所・幼稚園・認定こども園等）に同じように取り入れられた目標・評価群なのです。それを保育・幼児教育独自の方法で具体化することが私たちに課せられています。その視点が、子どもたちのあらゆる生活、活動を「学び」という視点から統一的に見るということだと考えられます。保育こそが「**主体的、対話的で深い学び**」という**アクティブ・ラーニング**の場なのです。

4　幼児教育を行う施設として共有すべき事項

(1)　育みたい資質・能力

　ア　保育所においては、生涯にわたる生きる力の基礎を培うため、1の(2)に
　示す保育の目標を踏まえ、次に掲げる資質・能力を一体的に育むよう努め
　るものとする。

　　(ｱ)　豊かな体験を通じて、感じたり、気付いたり、分かったり、できるよ
　　うになったりする「知識及び技能の基礎」

　　(ｲ)　気付いたことや、できるようになったことなどを使い、考えたり、試
　　したり、工夫したり、表現したりする「思考力、判断力、表現力等の基礎」

　　(ｳ)　心情、意欲、態度が育つ中で、よりよい生活を営もうとする「学びに
　　向かう力、人間性等」

　イ　アに示す資質・能力は、第2章に示すねらい及び内容に基づく保育活動
　全体によって育むものである。

(2)　幼児期の終わりまでに育ってほしい姿

　　次に示す「幼児期の終わりまでに育ってほしい姿」は、第2章に示すねらい及
　び内容に基づく保育活動全体を通して資質・能力が育まれている子どもの小学校
　就学時の具体的な姿であり、保育士等が指導を行う際に考慮するものである。

　ア　健康な心と体

　　保育所の生活の中で、充実感をもって自分のやりたいことに向かって心
　と体を十分に働かせ、見通しをもって行動し、自ら健康で安全な生活をつ
　くり出すようになる。

　イ　自立心

　　身近な環境に主体的に関わり様々な活動を楽しむ中で、しなければならない
　ことを自覚し、自分の力で行うために考えたり、工夫したりしながら、諦めず
　にやり遂げることで達成感を味わい、自信をもって行動するようになる。

　ウ　協同性

　　友達と関わる中で、互いの思いや考えなどを共有し、共通の目的の実現
　に向けて、考えたり、工夫したり、協力したりし、充実感をもってやり遂
　げるようになる。

　エ　道徳性・規範意識の芽生え

　　友達と様々な体験を重ねる中で、してよいことや悪いことが分かり、自分の行
　動を振り返ったり、友達の気持ちに共感したりし、相手の立場に立って行動する
　ようになる。また、きまりを守る必要性が分かり、自分の気持ちを調整し、友達
　と折り合いを付けながら、きまりをつくったり、守ったりするようになる。

　オ　社会生活との関わり

　　家族を大切にしようとする気持ちをもつとともに、地域の身近な人と触

> ここがポイント！
> ⑨ 育みたい資質・能力の三つの柱

解説　発展的、協同的な遊びこそが大事に

幼②

　例えば、「１／２＋１／３＝？」という問題を解くことを具体的に考えてみます。「２枚のお皿があり、Ａのお皿には２個の柿がのっていて１個は渋柿なのでその割合は１／２である。Ｂのお皿には３個の柿がのっていて１個が渋柿なのでその割合は１／３である。足し算であるから、Ａのお皿の柿とＢのお皿の柿を足してＣのお皿に盛ってみる。Ｃのお皿の柿は５個になり２個が渋柿だからその割合は２／５となる。だから答えは２／５である。これは正しいか」という問題があるとします。

　これを解くのに、例えば「Ａのお皿に４個の柿をのせ２個が渋柿であっても割合は１／２になる。この場合はＣのお皿には７個のって３個が渋柿になるから答えは３／７になる。例示された解き方だと答えは無限通り出てくるから、おかしい」と気付くか否かがポイントです。

　このように柔軟に思考する力は、異分母の分数の足し算は通分して……と暗記して応用する力とは異なります。新『**保育指針**』などで「**資質・能力**」といわれているのは、このような教科横断的で、より基礎にある知的な力を指します。これをしっかり育てることがうたわれているのです。この資質・能力には３つの側面があり、それぞれ「**知識及び技能の基礎**」「**思考力・判断力・表現力等の基礎**」「**学びに向かう力、人間性等**」と呼ばれています。「**知識及び技能の基礎**」は個別の知識・技能につながる知的な力で、「**思考力・判断力・表現力等の基礎**」は、それを使って柔軟に思考したり判断・表現したりする応用的な力につながる知性、そして「**学びに向かう力・人間性等**」とは、学んだことを生活で活かそうとするような姿勢や情意のことを指します。発展的、協同的な遊びこそが大事ということになるでしょうか。

育みたい資質・能力

れ合う中で、人との様々な関わり方に気付き、相手の気持ちを考えて関わり、自分が役に立つ喜びを感じ、地域に親しみをもつようになる。また、保育所内外の様々な環境に関わる中で、遊びや生活に必要な情報を取り入れ、情報に基づき判断したり、情報を伝え合ったり、活用したりするなど、情報を役立てながら活動するようになるとともに、公共の施設を大切に利用するなどして、社会とのつながりなどを意識するようになる。

カ　思考力の芽生え

　身近な事象に積極的に関わる中で、物の性質や仕組みなどを感じ取ったり、気付いたりし、考えたり、予想したり、工夫したりするなど、多様な関わりを楽しむようになる。また、友達の様々な考えに触れる中で、自分と異なる考えがあることに気付き、自ら判断したり、考え直したりするなど、新しい考えを生み出す喜びを味わいながら、自分の考えをよりよいものにするようになる。

キ　自然との関わり・生命尊重

　自然に触れて感動する体験を通して、自然の変化などを感じ取り、好奇心や探究心をもって考え言葉などで表現しながら、身近な事象への関心が高まるとともに、自然への愛情や畏敬の念をもつようになる。また、身近な動植物に心を動かされる中で、生命の不思議さや尊さに気付き、身近な動植物への接し方を考え、命あるものとしていたわり、大切にする気持ちをもって関わるようになる。

ク　数量や図形、標識や文字などへの関心・感覚

　遊びや生活の中で、数量や図形、標識や文字などに親しむ体験を重ねたり、標識や文字の役割に気付いたりし、自らの必要感に基づきこれらを活用し、興味や関心、感覚をもつようになる。

ケ　言葉による伝え合い

　保育士等や友達と心を通わせる中で、絵本や物語などに親しみながら、豊かな言葉や表現を身に付け、経験したことや考えたことなどを言葉で伝えたり、相手の話を注意して聞いたりし、言葉による伝え合いを楽しむようになる。

コ　豊かな感性と表現

　心を動かす出来事などに触れ感性を働かせる中で、様々な素材の特徴や表現の仕方などに気付き、感じたことや考えたことを自分で表現したり、友達同士で表現する過程を楽しんだりし、表現する喜びを味わい、意欲をもつようになる。

> 保育所保育指針

👆 ここがポイント！
⑩ 幼児期の終わりまでに育ちが期待される10の姿

 解説　保育所も、この10項目を評価軸にして保育を構想することに

幼③-⑬
認④

　新『保育指針』の「総則」の４「幼児教育を行う施設として共有すべき事項」に「育みたい資質・能力」の三つの柱と並んで**「幼児期の終わりまでに育ってほしい姿」**が示されています。これは主に幼保小の連携と接続を強めるための議論の中で明確にされてきた育ちの目標となる姿です。

　今回の『学習指導要領』の改定では、各学校階梯の終わりまでにどういう能力等を育てるのか目標をもっと明確にして、その目標の実現のための育てを計画することの大事さがうたわれています。幼稚園も学校ですから、その終わりまでの育てたい資質・能力を明確にして、それを評価軸にしながら保育を構想することが新たに提起されたわけです。今回、保育所も「幼児教育」機関として幼稚園と同じことを目指すことがうたわれましたので、この**「幼児期の終わりまでに育ってほしい姿」**も同じように位置付けることになります。

　具体的にあげられているのは次の10項です。**ア　健康な心と体　イ　自立心　ウ　協同性　エ　道徳性・規範意識の芽生え　オ　社会生活との関わり　カ　思考力の芽生え　キ　自然との関わり・生命尊重　ク　数量や図形、標識や文字などへの関心・感覚　ケ　言葉による伝え合い　コ　豊かな感性と表現**

　これらの10の姿のそれぞれには、その内容を説明する文章がついていますが、この説明文を丁寧に各保育所で読み合ってほしいと思います。例えば、**アの「健康な心と体」**には**「充実感をもって自分のやりたいことに向かって」**とか**「見通しをもって行動し」**という言葉があります。

　ここで、さりげなく**「自分のやりたいことに向かって」**と書かれていますが、実はこの言葉の意味が大事です。「今の子どもたちは体力がなくなっている」、だから、「もっと走らせなければ」、「もっと厳しく鍛えないと」となりがちです。でもそれでは、子どもたちは自分で本当にやりたくてしているかどうかわかりません。そして、させられているという感覚があれば、身に付かないということもわかってきています。ぜひ職員同士で協働して、こうしたことの発見をしてほしいと思います。

第2章 保育の内容

　この章に示す「ねらい」は、第1章の1の(2)に示された保育の目標をより具体化したものであり、子どもが保育所において、安定した生活を送り、充実した活動ができるように、保育を通じて育みたい資質・能力を、子どもの生活する姿から捉えたものである。また、「内容」は、「ねらい」を達成するために、子どもの生活やその状況に応じて保育士等が適切に行う事項と、保育士等が援助して子どもが環境に関わって経験する事項を示したものである。

　保育における「養護」とは、子どもの生命の保持及び情緒の安定を図るために保育士等が行う援助や関わりであり、「教育」とは、子どもが健やかに成長し、その活動がより豊かに展開されるための発達の援助である。本章では、保育士等が、「ねらい」及び「内容」を具体的に把握するため、主に教育に関わる側面からの視点を示しているが、実際の保育においては、養護と教育が一体となって展開されることに留意する必要がある。

1　乳児保育に関わるねらい及び内容

　(1)　基本的事項

　　ア　乳児期の発達については、視覚、聴覚などの感覚や、座る、はう、歩くなどの運動機能が著しく発達し、特定の大人との応答的な関わりを通じて、情緒的な絆が形成されるといった特徴がある。これらの発達の特徴を踏まえて、乳児保育は、愛情豊かに、応答的に行われることが特に必要である。

　　イ　本項においては、この時期の発達の特徴を踏まえ、乳児保育の「ねらい」及び「内容」については、身体的発達に関する視点「健やかに伸び伸びと育つ」、社会的発達に関する視点「身近な人と気持ちが通じ合う」及び精神的発達に関する視点「身近なものと関わり感性が育つ」としてまとめ、示している。

　　ウ　本項の各視点において示す保育の内容は、第1章の2に示された養護における「生命の保持」及び「情緒の安定」に関わる保育の内容と、一体となって展開されるものであることに留意が必要である。

(2) ねらい及び内容
　ア　健やかに伸び伸びと育つ
　　　健康な心と体を育て、自ら健康で安全な生活をつくり出す力の基盤を培う。
　　(ア)　ねらい
　　　①　身体感覚が育ち、快適な環境に心地よさを感じる。
　　　②　伸び伸びと体を動かし、はう、歩くなどの運動をしようとする。
　　　③　食事、睡眠等の生活のリズムの感覚が芽生える。
　　(イ)　内容
　　　①　保育士等の愛情豊かな受容の下で、生理的・心理的欲求を満たし、
　　　　心地よく生活をする。
　　　②　一人一人の発育に応じて、はう、立つ、歩くなど、十分に体を動かす。
　　　③　個人差に応じて授乳を行い、離乳を進めていく中で、様々な食品に
　　　　少しずつ慣れ、食べることを楽しむ。
　　　④　一人一人の生活のリズムに応じて、安全な環境の下で十分に午睡を
　　　　する。
　　　⑤　おむつ交換や衣服の着脱などを通じて、清潔になることの心地よさ
　　　　を感じる。
　　(ウ)　内容の取扱い
　　　　上記の取扱いに当たっては、次の事項に留意する必要がある。
　　　①　心と体の健康は、相互に密接な関連があるものであることを踏まえ、
　　　　温かい触れ合いの中で、心と体の発達を促すこと。特に、寝返り、お座り、
　　　　はいはい、つかまり立ち、伝い歩きなど、発育に応じて、遊びの中で
　　　　体を動かす機会を十分に確保し、自ら体を動かそうとする意欲が育つ
　　　　ようにすること。
　　　②　健康な心と体を育てるためには望ましい食習慣の形成が重要である
　　　　ことを踏まえ、離乳食が完了期へと徐々に移行する中で、様々な食品
　　　　に慣れるようにするとともに、和やかな雰囲気の中で食べる喜びや楽
　　　　しさを味わい、進んで食べようとする気持ちが育つようにすること。
　　　　なお、食物アレルギーのある子どもへの対応については、嘱託医等の
　　　　指示や協力の下に適切に対応すること。

イ　身近な人と気持ちが通じ合う

　　受容的・応答的な関わりの下で、何かを伝えようとする意欲や身近な大
　人との信頼関係を育て、人と関わる力の基盤を培う。

　(ｱ)　ねらい

　　　①　安心できる関係の下で、身近な人と共に過ごす喜びを感じる。

　　　②　体の動きや表情、発声等により、保育士等と気持ちを通わせようと
　　　する。

　　　③　身近な人と親しみ、関わりを深め、愛情や信頼感が芽生える。

　(ｲ)　内容

　　　①　子どもからの働きかけを踏まえた、応答的な触れ合いや言葉がけに
　　　よって、欲求が満たされ、安定感をもって過ごす。

　　　②　体の動きや表情、発声、喃語等を優しく受け止めてもらい、保育士
　　　等とのやり取りを楽しむ。

　　　③　生活や遊びの中で、自分の身近な人の存在に気付き、親しみの気持
　　　ちを表す。

　　　④　保育士等による語りかけや歌いかけ、発声や喃語等への応答を通じ
　　　て、言葉の理解や発語の意欲が育つ。

　　　⑤　温かく、受容的な関わりを通じて、自分を肯定する気持ちが芽生える。

　(ｳ)　内容の取扱い

　　　上記の取扱いに当たっては、次の事項に留意する必要がある。

　　　①　保育士等との信頼関係に支えられて生活を確立していくことが人と
　　　関わる基盤となることを考慮して、子どもの多様な感情を受け止め、
　　　温かく受容的・応答的に関わり、一人一人に応じた適切な援助を行う
　　　ようにすること。

　　　②　身近な人に親しみをもって接し、自分の感情などを表し、それに相
　　　手が応答する言葉を聞くことを通して、次第に言葉が獲得されていく
　　　ことを考慮して、楽しい雰囲気の中での保育士等との関わり合いを大
　　　切にし、ゆっくりと優しく話しかけるなど、積極的に言葉のやり取り
　　　を楽しむことができるようにすること。

ウ　身近なものと関わり感性が育つ

　　身近な環境に興味や好奇心をもって関わり、感じたこと考えたことを表
　現する力の基盤を培う。

　(ｱ)　ねらい

　　　①　身の回りのものに親しみ、様々なものに興味や関心をもつ。

　　　②　見る、触れる、探索するなど、身近な環境に自分から関わろうとする。

　　　③　身体の諸感覚による認識が豊かになり、表情や手足、体の動き等で

表現する。
　(イ)　内容
　　　①　身近な生活用具、玩具や絵本などが用意された中で、身の回りのものに対する興味や好奇心をもつ。
　　　②　生活や遊びの中で様々なものに触れ、音、形、色、手触りなどに気付き、感覚の働きを豊かにする。
　　　③　保育士等と一緒に様々な色彩や形のものや絵本などを見る。
　　　④　玩具や身の回りのものを、つまむ、つかむ、たたく、引っ張るなど、手や指を使って遊ぶ。
　　　⑤　保育士等のあやし遊びに機嫌よく応じたり、歌やリズムに合わせて手足や体を動かして楽しんだりする。
　(ウ)　内容の取扱い
　　　上記の取扱いに当たっては、次の事項に留意する必要がある。
　　　①　玩具などは、音質、形、色、大きさなど子どもの発達状態に応じて適切なものを選び、その時々の子どもの興味や関心を踏まえるなど、遊びを通して感覚の発達が促されるものとなるように工夫すること。なお、安全な環境の下で、子どもが探索意欲を満たして自由に遊べるよう、身の回りのものについては、常に十分な点検を行うこと。
　　　②　乳児期においては、表情、発声、体の動きなどで、感情を表現することが多いことから、これらの表現しようとする意欲を積極的に受け止めて、子どもが様々な活動を楽しむことを通して表現が豊かになるようにすること。
(3)　保育の実施に関わる配慮事項
　ア　乳児は疾病への抵抗力が弱く、心身の機能の未熟さに伴う疾病の発生が多いことから、一人一人の発育及び発達状態や健康状態についての適切な判断に基づく保健的な対応を行うこと。
　イ　一人一人の子どもの生育歴の違いに留意しつつ、欲求を適切に満たし、特定の保育士が応答的に関わるように努めること。
　ウ　乳児保育に関わる職員間の連携や嘱託医との連携を図り、第3章に示す事項を踏まえ、適切に対応すること。栄養士及び看護師等が配置されている場合は、その専門性を生かした対応を図ること。
　エ　保護者との信頼関係を築きながら保育を進めるとともに、保護者からの相談に応じ、保護者への支援に努めていくこと。
　オ　担当の保育士が替わる場合には、子どものそれまでの生育歴や発達過程に留意し、職員間で協力して対応すること。

ここがポイント！

⑪「乳児保育に関わるねらい及び内容」

解説　重視すべきは、暦年齢でなく発達のつながりであることに注意

認⑫

　乳児（0歳児）の保育及び1、2歳児の保育の記述を充実することが今回の改定の大事な趣旨の1つとなっています。そのために今回は、0歳児、つまり乳児の保育と、1歳児及び2歳児の保育を分けて、**「ねらい」**と**「内容」**を記述しています。ただし、この年齢区分は厳密なものというよりは、おおよそのものと考えることが必要です。保育において重視すべきは、暦年齢ではなく発達上の連続性、発達のつながりだからです。

　今回、乳児の保育については、従来にない工夫が行われました。それは、乳児についてのみ、これまでのように5領域に分けて**「ねらい」**と**「内容」**を記述するのではなく、もう少し、子どもたちの育ちぶりに合わせた**「ねらい」**と**「内容」**に変えたということです。具体的には、①身体的発達に関する視点**「健やかに伸び伸びと育つ」**（p101）②社会的発達に関する視点**「身近な人と気持ちが通じ合う」**（p102）③精神的発達に関する視点**「身近なものと関わり感性が育つ」**（p102）の3つの視点で育ちを評価するということです。①は5領域の**「健康」**とほぼ重なります。②は5領域の**「人間関係」**と**「言葉」**の両方にまたがった視点になります。③は5領域の**「環境」**と**「表現」**につながっ

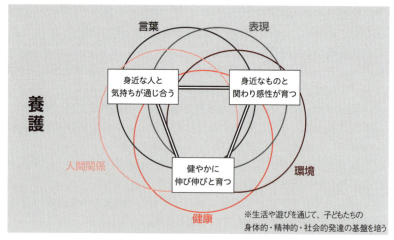

0歳児の保育内容の記載のイメージ

厚生労働省 保育所保育指針の改定に関する議論のとりまとめ（平成28年12月21日）より

た視点です。

乳児の場合、例えば言葉の発達といっても、まだ口頭言語の発生期ですし、身体言語も大事で、それを促す大人との人間関係の温かさ、深さ等も大切になります。まだ、5領域のように明確に分けられないので、このような3つの視点で評価したほうが記述しやすく、保育を構想しやすいだろうということで変更されました。ただし、もとの5領域の個々のねらい、内容と関係性が切れているわけではないことはしっかり理解しておきましょう。

また、この時期独自の保育の課題が、例えば(2)イの(ウ)①には**「子どもの多様な感情を受け止め、温かく受容的・応答的に関わり、一人一人に応じた適切な援助を行うようにすること。」**とか(3)のイには**「一人一人の子どもの生育歴の違いに留意しつつ、欲求を適切に満たし、特定の保育士が応答的に関わるように努めること。」**などの重要な視点が書き込まれています。短い文ですが、そこに込められている原則はとても大事なものですので、よく議論して理解しておきましょう。

🖱ここがポイント！
⑫ 領域という考え方と乳児の保育の領域の記述

 解説 0歳児は、5領域を大きく3つにくくり、育ちを理解

　旧『**保育指針**』の**「内容」**は5つの領域（5領域）に区分して記述されています。もともと、平成2年の改定で6領域から5領域に変わった時、保育の原理や評価の考え方自体が大きく変わりました。旧6領域の各領域の「内容」には「大きな声でうたうことができる」「一人でうたうことができる」等の目標＝評価項目がたくさん並んでいました。つまり「……ができる」という、目標であり評価の内容が多かったのです。これを到達目標主義といいますが、そのために、そこに「到達」させるための指導があれこれ工夫されるようになりました。その結果、子どもに指示して上手にあれこれさせる保育が広がったのです。ちょうど、生活と文化の大きな変化で子どもの自主性や主体性が育ちにくくなり、指示待ち人間が多くなっているといわれた時期でした。

　そこで保育の目標を思い切って変え、自主性、主体性、自発性等をしっかり育てる中で、身体能力や言語能力、知的能力、社会性等を育てるような原理に変えたのです。リズム音楽と絵画制作が1つになって「表現」とされたのも、個別のスキルを「できる」「できない」で評価するのをやめようとしたからです。そしてできる、できないでなく、意欲や態度など心を育てることに重点を移したのです。それが心情・意欲・態度という**「ねらい」**の項目になっています。

　5領域は、0歳から5歳まですべての年齢で適用する目標群ですが、ただ0歳児などは、まだ、例えば言葉が言葉だけで自律的に育つ時期ではありません。すべてが絡まって育っていく時期です。そこで、今回の改定では0歳児の保育の目標群を、5領域を大きく3つにくくり、その視点から評価するようになりました。これで評価がしやすくなると思います。

　なお、今回はこの領域のほかに、**「姿」**というカテゴリーが提出されています。これは、**「幼児期の終わりまでに育ってほしい姿」**の中に出てきていますが、これは小学校の「教科」、現在の幼児教育の「領域」の中間のようなカテゴリーといえます。教科は到達目標が比較的はっきりしています。領域は資質・能力と心情・意欲・態度で評価します。**「姿」**は、その評価にやや社会からの期待を入れ込んだ、具体的な保育での子どもの様子なのです。

ここがポイント！
⑬ 「内容の取扱い」の記述

解説　実践上の手立て、工夫等についての考え方が書かれた「内容の取扱い」の積極的な活用を

今回の改定では、5領域などの「ねらい」と「内容」のあとに、『教育要領』と同じように「内容の取扱い」という項が設定され、「内容」の具体化のための配慮等が細かく記載されています。これまでの『保育指針』にも、元来この「内容の取扱い」という項が『教育要領』と同じように記述されるべきだったのですが、幼稚園と保育所の保育環境や条件が異なるため、『教育要領』の「内容の取扱い」をそのままコピーすることはしなかったのだと思います。しかし、各領域の「内容」はテーゼ風に短く書かれていますので、そこに説明がないと解釈の幅が広がる可能性があります。

今回は改定の基本方針に、3つの組織（幼稚園・保育所・認定こども園）の保育の「内容」をできるだけ同一にするということがありましたので、『保育指針』の記載もできるだけ『教育要領』に近付けています。具体的には5領域のそれぞれの「内容」の記述のあと、それぞれの「内容」に応じた「内容の取扱い」が数項目書かれています。例えば「3歳以上児の保育に関するねらい及び内容」の「健康」に書かれた(ウ)の③「自然の中で伸び伸びと体を動かして遊ぶことにより、体の諸機能の発達が促されることに留意し、子ども

の興味や関心が戸外にも向くようにすること。その際、子どもの動線に配慮した園庭や遊具の配置などを工夫すること。」のようにです。これらは、「内容」の個々の項目を解説しているというよりは、個々の「内容」に沿った実践によって、その実践がその前に書かれている「ねらい」を実際に達成するものとするには、保育上どうした工夫や配慮が必要か、ということを書いたものといってよいと思います。「ねらい」と「内容」をつなぐ、実践上の手立て、工夫等についての考え方です。==積極的に活用すべきものです。==

2　1歳以上3歳未満児の保育に関わるねらい及び内容

(1)　基本的事項

ア　この時期においては、歩き始めから、歩く、走る、跳ぶなどへと、基本的な運動機能が次第に発達し、排泄の自立のための身体的機能も整うようになる。つまむ、めくるなどの指先の機能も発達し、食事、衣類の着脱なども、保育士等の援助の下で自分で行うようになる。発声も明瞭になり、語彙も増加し、自分の意思や欲求を言葉で表出できるようになる。このように自分でできることが増えてくる時期であることから、保育士等は、子どもの生活の安定を図りながら、自分でしようとする気持ちを尊重し、温かく見守るとともに、愛情豊かに、応答的に関わることが必要である。

イ　本項においては、この時期の発達の特徴を踏まえ、保育の「ねらい」及び「内容」について、心身の健康に関する領域「健康」、人との関わりに関する領域「人間関係」、身近な環境との関わりに関する領域「環境」、言葉の獲得に関する領域「言葉」及び感性と表現に関する領域「表現」としてまとめ、示している。

ウ　本項の各領域において示す保育の内容は、第1章の2に示された養護における「生命の保持」及び「情緒の安定」に関わる保育の内容と、一体となって展開されるものであることに留意が必要である。

保育所保育指針

ここがポイント！
⑭「1歳以上3歳未満児の保育に関わるねらい及び内容」

解説　あくまでも暦年齢でなく、発達の連続性で考えること

認⑬

　この項は、平成20年の『**保育指針**』の改定で、事情により割愛されたものです。1歳児と2歳児の保育の「**ねらい**」と「**内容**」をまとめて記述しています。ここでの1歳児とか3歳児という言葉は厳密な暦年齢のことをいっているのではなく、おおよそ1歳になれば、おおよそ3歳になれば、ということをいっていることに注意しましょう。大事なのは、個々の子どもたちの発達の連続性を丁寧に保障していくことです。

　「**ねらい及び内容**」という保育の目標、評価の視点については、「**健康**」「**人間関係**」「**環境**」「**言葉**」「**表現**」という5領域の目標＝評価視点の分類を採用しています。これまでの『**保育指針**』では、この「**ねらい及び内容**」が年齢別に書かれていませんでしたので、今回は同じ5領域による記述ですが、1歳児、2歳児については、10年ぶりに年齢別に書かれることになります。3歳以上のクラスについては幼稚園と同じように、年齢別でなく同一の指標で目標設定と評価をすることになっています。

　具体的に見ると**領域「健康」**(p110)では、例えば「**内容**」の⑦で、「**便器での排泄に慣れ、自分で排泄ができるようになる。**」とあります。保育所では排泄の自立が3歳までにできるようになることが目標とされていることがわかります。また、**領域「人間関係」**(p111)の「**内容**」の④では、「**保育士等の仲立ちにより、他の子どもとの関わり方を少しずつ身につける。**」とありますから、この時期には子ども同士の自律的な人間関係形成を手伝う保育士の「**仲立ち**」的な関わりが大事とされていることがわかります。**領域「言葉」**(p113)の「**内容**」⑦では、「**保育士等や友達の言葉や話に興味や関心をもって、聞いたり、話したりする。**」とありますので、保育士の語りの言葉、語り口、語る内容などが子どもの心や言葉の育ちに大事な役割を果たすということが書かれていることがわかります。これらは保育の大事な視点になるはずです。

　また、今回初めて書かれた「**内容の取扱い**」という項目には大切なことが多く書かれているのでよく読んでおきたいところです。例えば「**表現**」(p114)の「**内容の取扱い**」の④には「**身近な自然や身の回りの事物に関わる中で、発見や心が動く経験が得られるよう、諸感覚を働かせることを楽しむ遊びや素材を用意するなど保育の環境を整えること。**」とありますが、これはセンスオブワンダーの形成が課題となっていることと受け止められ、それが1、2歳児の課題とされていることに興味が湧きます。他も丁寧に読み、理解したいものです。

(2) ねらい及び内容

ア 健康

健康な心と体を育て、自ら健康で安全な生活をつくり出す力を養う。

(ア) ねらい

① 明るく伸び伸びと生活し、自分から体を動かすことを楽しむ。

② 自分の体を十分に動かし、様々な動きをしようとする。

③ 健康、安全な生活に必要な習慣に気付き、自分でしてみようとする気持ちが育つ。

(イ) 内容

① 保育士等の愛情豊かな受容の下で、安定感をもって生活をする。

② 食事や午睡、遊びと休息など、保育所における生活のリズムが形成される。

③ 走る、跳ぶ、登る、押す、引っ張るなど全身を使う遊びを楽しむ。

④ 様々な食品や調理形態に慣れ、ゆったりとした雰囲気の中で食事や間食を楽しむ。

⑤ 身の回りを清潔に保つ心地よさを感じ、その習慣が少しずつ身に付く。

⑥ 保育士等の助けを借りながら、衣類の着脱を自分でしようとする。

⑦ 便器での排泄に慣れ、自分で排泄ができるようになる。

(ウ) 内容の取扱い

上記の取扱いに当たっては、次の事項に留意する必要がある。

① 心と体の健康は、相互に密接な関連があるものであることを踏まえ、子どもの気持ちに配慮した温かい触れ合いの中で、心と体の発達を促すこと。特に、一人一人の発育に応じて、体を動かす機会を十分に確保し、自ら体を動かそうとする意欲が育つようにすること。

② 健康な心と体を育てるためには望ましい食習慣の形成が重要であることを踏まえ、ゆったりとした雰囲気の中で食べる喜びや楽しさを味わい、進んで食べようとする気持ちが育つようにすること。なお、食物アレルギーのある子どもへの対応については、嘱託医等の指示や協力の下に適切に対応すること。

③ 排泄の習慣については、一人一人の排尿間隔等を踏まえ、おむつが汚れていないときに便器に座らせるなどにより、少しずつ慣れさせるようにすること。

④ 食事、排泄、睡眠、衣類の着脱、身の回りを清潔にすることなど、生活に必要な基本的な習慣については、一人一人の状態に応じ、落ち着いた雰囲気の中で行うようにし、子どもが自分でしようとする気持

ちを尊重すること。また、基本的な生活習慣の形成に当たっては、家
庭での生活経験に配慮し、家庭との適切な連携の下で行うようにする
こと。

イ 人間関係
　他の人々と親しみ、支え合って生活するために、自立心を育て、人と関
わる力を養う。

(ｱ) ねらい
　① 保育所での生活を楽しみ、身近な人と関わる心地よさを感じる。
　② 周囲の子ども等への興味や関心が高まり、関わりをもとうとする。
　③ 保育所の生活の仕方に慣れ、きまりの大切さに気付く。

(ｲ) 内容
　① 保育士等や周囲の子ども等との安定した関係の中で、共に過ごす心
　　地よさを感じる。
　② 保育士等の受容的・応答的な関わりの中で、欲求を適切に満たし、
　　安定感をもって過ごす。
　③ 身の回りに様々な人がいることに気付き、徐々に他の子どもと関わ
　　りをもって遊ぶ。
　④ 保育士等の仲立ちにより、他の子どもとの関わり方を少しずつ身に
　　つける。
　⑤ 保育所の生活の仕方に慣れ、きまりがあることや、その大切さに気
　　付く。
　⑥ 生活や遊びの中で、年長児や保育士等の真似をしたり、ごっこ遊び
　　を楽しんだりする。

(ｳ) 内容の取扱い
　上記の取扱いに当たっては、次の事項に留意する必要がある。
　① 保育士等との信頼関係に支えられて生活を確立するとともに、自分
　　で何かをしようとする気持ちが旺盛になる時期であることに鑑み、そ
　　のような子どもの気持ちを尊重し、温かく見守るとともに、愛情豊かに、
　　応答的に関わり、適切な援助を行うようにすること。
　② 思い通りにいかない場合等の子どもの不安定な感情の表出について
　　は、保育士等が受容的に受け止めるとともに、そうした気持ちから立
　　ち直る経験や感情をコントロールすることへの気付き等につなげてい
　　けるように援助すること。

③　この時期は自己と他者との違いの認識がまだ十分ではないことから、子どもの自我の育ちを見守るとともに、保育士等が仲立ちとなって、自分の気持ちを相手に伝えることや相手の気持ちに気付くことの大切さなど、友達の気持ちや友達との関わり方を丁寧に伝えていくこと。

ウ　環境

　周囲の様々な環境に好奇心や探究心をもって関わり、それらを生活に取り入れていこうとする力を養う。

(ア)　ねらい

①　身近な環境に親しみ、触れ合う中で、様々なものに興味や関心をもつ。

②　様々なものに関わる中で、発見を楽しんだり、考えたりしようとする。

③　見る、聞く、触るなどの経験を通して、感覚の働きを豊かにする。

(イ)　内容

①　安全で活動しやすい環境での探索活動等を通して、見る、聞く、触れる、嗅ぐ、味わうなどの感覚の働きを豊かにする。

②　玩具、絵本、遊具などに興味をもち、それらを使った遊びを楽しむ。

③　身の回りの物に触れる中で、形、色、大きさ、量などの物の性質や仕組みに気付く。

④　自分の物と人の物の区別や、場所的感覚など、環境を捉える感覚が育つ。

⑤　身近な生き物に気付き、親しみをもつ。

⑥　近隣の生活や季節の行事などに興味や関心をもつ。

(ウ)　内容の取扱い

　上記の取扱いに当たっては、次の事項に留意する必要がある。

①　玩具などは、音質、形、色、大きさなど子どもの発達状態に応じて適切なものを選び、遊びを通して感覚の発達が促されるように工夫すること。

②　身近な生き物との関わりについては、子どもが命を感じ、生命の尊さに気付く経験へとつながるものであることから、そうした気付きを促すような関わりとなるようにすること。

③　地域の生活や季節の行事などに触れる際には、社会とのつながりや地域社会の文化への気付きにつながるものとなることが望ましいこと。その際、保育所内外の行事や地域の人々との触れ合いなどを通して行うこと等も考慮すること。

エ　言葉

　　経験したことや考えたことなどを自分なりの言葉で表現し、相手の話す言葉を聞こうとする意欲や態度を育て、言葉に対する感覚や言葉で表現する力を養う。

(ｱ)　ねらい

　①　言葉遊びや言葉で表現する楽しさを感じる。

　②　人の言葉や話などを聞き、自分でも思ったことを伝えようとする。

　③　絵本や物語等に親しむとともに、言葉のやり取りを通じて身近な人と気持ちを通わせる。

(ｲ)　内容

　①　保育士等の応答的な関わりや話しかけにより、自ら言葉を使おうとする。

　②　生活に必要な簡単な言葉に気付き、聞き分ける。

　③　親しみをもって日常の挨拶に応じる。

　④　絵本や紙芝居を楽しみ、簡単な言葉を繰り返したり、模倣をしたりして遊ぶ。

　⑤　保育士等とごっこ遊びをする中で、言葉のやり取りを楽しむ。

　⑥　保育士等を仲立ちとして、生活や遊びの中で友達との言葉のやり取りを楽しむ。

　⑦　保育士等や友達の言葉や話に興味や関心をもって、聞いたり、話したりする。

(ｳ)　内容の取扱い

　　上記の取扱いに当たっては、次の事項に留意する必要がある。

　①　身近な人に親しみをもって接し、自分の感情などを伝え、それに相手が応答し、その言葉を聞くことを通して、次第に言葉が獲得されていくものであることを考慮して、楽しい雰囲気の中で保育士等との言葉のやり取りができるようにすること。

　②　子どもが自分の思いを言葉で伝えるとともに、他の子どもの話などを聞くことを通して、次第に話を理解し、言葉による伝え合いができるようになるよう、気持ちや経験等の言語化を行うことを援助するなど、子ども同士の関わりの仲立ちを行うようにすること。

　③　この時期は、片言から、二語文、ごっこ遊びでのやり取りができる程度へと、大きく言葉の習得が進む時期であることから、それぞれの子どもの発達の状況に応じて、遊びや関わりの工夫など、保育の内容を適切に展開することが必要であること。

オ　表現

感じたことや考えたことを自分なりに表現することを通して、豊かな感性や表現する力を養い、創造性を豊かにする。

(ア)　ねらい

① 身体の諸感覚の経験を豊かにし、様々な感覚を味わう。

② 感じたことや考えたことなどを自分なりに表現しようとする。

③ 生活や遊びの様々な体験を通して、イメージや感性が豊かになる。

(イ)　内容

① 水、砂、土、紙、粘土など様々な素材に触れて楽しむ。

② 音楽、リズムやそれに合わせた体の動きを楽しむ。

③ 生活の中で様々な音、形、色、手触り、動き、味、香りなどに気付いたり、感じたりして楽しむ。

④ 歌を歌ったり、簡単な手遊びや全身を使う遊びを楽しんだりする。

⑤ 保育士等からの話や、生活や遊びの中での出来事を通して、イメージを豊かにする。

⑥ 生活や遊びの中で、興味のあることや経験したことなどを自分なりに表現する。

(ウ)　内容の取扱い

上記の取扱いに当たっては、次の事項に留意する必要がある。

① 子どもの表現は、遊びや生活の様々な場面で表出されているものであることから、それらを積極的に受け止め、様々な表現の仕方や感性を豊かにする経験となるようにすること。

② 子どもが試行錯誤しながら様々な表現を楽しむことや、自分の力でやり遂げる充実感などに気付くよう、温かく見守るとともに、適切に援助を行うようにすること。

③ 様々な感情の表現等を通じて、子どもが自分の感情や気持ちに気付くようになる時期であることに鑑み、受容的な関わりの中で自信をもって表現をすることや、諦めずに続けた後の達成感等を感じられるような経験が蓄積されるようにすること。

④ 身近な自然や身の回りの事物に関わる中で、発見や心が動く経験が得られるよう、諸感覚を働かせることを楽しむ遊びや素材を用意するなど保育の環境を整えること。

(3)　保育の実施に関わる配慮事項

ア　特に感染症にかかりやすい時期であるので、体の状態、機嫌、食欲などの日常の状態の観察を十分に行うとともに、適切な判断に基づく保健的な対応を心がけること。

イ　探索活動が十分できるように、事故防止に努めながら活動しやすい環境を
　整え、全身を使う遊びなど様々な遊びを取り入れること。
ウ　自我が形成され、子どもが自分の感情や気持ちに気付くようになる重要な
　時期であることに鑑み、情緒の安定を図りながら、子どもの自発的な活動を
　尊重するとともに促していくこと。
エ　担当の保育士が替わる場合には、子どものそれまでの経験や発達過程に留
　意し、職員間で協力して対応すること。

3　3歳以上児の保育に関するねらい及び内容

(1)　基本的事項

　ア　この時期においては、運動機能の発達により、基本的な動作が一通りできるようになるとともに、基本的な生活習慣もほぼ自立できるようになる。理解する語彙数が急激に増加し、知的興味や関心も高まってくる。仲間と遊び、仲間の中の一人という自覚が生じ、集団的な遊びや協同的な活動も見られるようになる。これらの発達の特徴を踏まえて、この時期の保育においては、個の成長と集団としての活動の充実が図られるようにしなければならない。

　イ　本項においては、この時期の発達の特徴を踏まえ、保育の「ねらい」及び「内容」について、心身の健康に関する領域「健康」、人との関わりに関する領域「人間関係」、身近な環境との関わりに関する領域「環境」、言葉の獲得に関する領域「言葉」及び感性と表現に関する領域「表現」としてまとめ、示している。

　ウ　本項の各領域において示す保育の内容は、第1章の2に示された養護における「生命の保持」及び「情緒の安定」に関わる保育の内容と、一体となって展開されるものであることに留意が必要である。

(2)　ねらい及び内容

　ア　健康

　　健康な心と体を育て、自ら健康で安全な生活をつくり出す力を養う。

　　(ア)　ねらい

　　　①　明るく伸び伸びと行動し、充実感を味わう。

　　　②　自分の体を十分に動かし、進んで運動しようとする。

　　　③　健康、安全な生活に必要な習慣や態度を身に付け、見通しをもって行動する。

　　(イ)　内容

　　　①　保育士等や友達と触れ合い、安定感をもって行動する。

　　　②　いろいろな遊びの中で十分に体を動かす。

　　　③　進んで戸外で遊ぶ。

　　　④　様々な活動に親しみ、楽しんで取り組む。

　　　⑤　保育士等や友達と食べることを楽しみ、食べ物への興味や関心をもつ。

　　　⑥　健康な生活のリズムを身に付ける。

　　　⑦　身の回りを清潔にし、衣服の着脱、食事、排泄などの生活に必要な活動を自分でする。

　　　⑧　保育所における生活の仕方を知り、自分たちで生活の場を整えながら見通しをもって行動する。

　　　⑨　自分の健康に関心をもち、病気の予防などに必要な活動を進んで行う。

⑮「3歳以上児の保育に関するねらい及び内容」

解説 『保育指針』『教育要領』『教育・保育要領』の「ねらい及び内容」は一致させる方向に

幼㉔-㉘
認⑭

「3歳以上児の保育に関するねらい及び内容」は、これまでの『保育指針』の第3章の5領域の各領域の「ねらい及び内容」に書かれていたことと、基本は同じです。内容的に大きく変わっているところはありません。

しかし、記述の仕方については変更が加えられていて、見方によっては大きく変わったように見えるかもしれません。これまでの『保育指針』では、各領域については3つの「ねらい」と、そのねらいを達成するための10程度の「内容」を書いているだけでしたが、今回はこの「内容」の記述のあとに「内容の取扱い」という項が入っていて、「内容」をかなり詳しく説明しているのです。この「内容の取扱い」という項が各領域の「内容」の記述のあとにそれぞれ付け加わっています。

これまでも、『保育指針』の5領域の「ねらい」と「内容」は、『教育要領』に書かれている「ねらい」「内容」をほぼそのまま採用していました。この箇所の記述を幼稚園と同じにすることで、幼稚園と保育所の保育の実際は同じであることを明確にするためです。しかし、『教育要領』には、これまでも5領域の内容のあとに「内容の取扱い」という項があり、そこでは、テーゼ風に書かれている「内容」を実際に即して詳しく説明するようになっていました。しかし前回の『保育指針』の改定で、『教育要領』の「ねらい」と「内容」をほぼ採用した際に「内容の取扱い」は全部割愛しました。

今回の改定では、『保育指針』と『教育要領』、そして『教育・保育要領』の3つの記述内容、特に「ねらい及び内容」は可能な限り一致させるということが前提になりましたので、『保育指針』の「ねらい及び内容」の記述の際に、前回割愛した「内容の取扱い」を割愛せず、『教育要領』と同じように載せることになりました。

例えば、**領域「環境」**（p121）、「内容」のあとの「内容の取扱い」の②には、「幼児期において自然のもつ意味は大きく、自然の大きさ、美しさ、不思議さなどに直接触れる体験を通して、子どもの心が安らぎ、豊かな感情、好奇心、思考力、表現力の基礎が培われることを踏まえ、子どもが自然との関わりを深めることができるよう工夫すること。」などの細かな目標や配慮事項が書かれています。その内容は、『教育要領』のものとほぼ同じになっています。そうした工夫をすることで、『教育要領』と中身を可能な限り一致させようとしているのが今回の特徴です。この「内容の取扱い」はよく読み理解したいものです。

⑩　危険な場所、危険な遊び方、災害時などの行動の仕方が分かり、安全に気を付けて行動する。

(ウ)　内容の取扱い

　　上記の取扱いに当たっては、次の事項に留意する必要がある。

①　心と体の健康は、相互に密接な関連があるものであることを踏まえ、子どもが保育士等や他の子どもとの温かい触れ合いの中で自己の存在感や充実感を味わうことなどを基盤として、しなやかな心と体の発達を促すこと。特に、十分に体を動かす気持ちよさを体験し、自ら体を動かそうとする意欲が育つようにすること。

②　様々な遊びの中で、子どもが興味や関心、能力に応じて全身を使って活動することにより、体を動かす楽しさを味わい、自分の体を大切にしようとする気持ちが育つようにすること。その際、多様な動きを経験する中で、体の動きを調整するようにすること。

③　自然の中で伸び伸びと体を動かして遊ぶことにより、体の諸機能の発達が促されることに留意し、子どもの興味や関心が戸外にも向くようにすること。その際、子どもの動線に配慮した園庭や遊具の配置などを工夫すること。

④　健康な心と体を育てるためには食育を通じた望ましい食習慣の形成が大切であることを踏まえ、子どもの食生活の実情に配慮し、和やかな雰囲気の中で保育士等や他の子どもと食べる喜びや楽しさを味わったり、様々な食べ物への興味や関心をもったりするなどし、食の大切さに気付き、進んで食べようとする気持ちが育つようにすること。

⑤　基本的な生活習慣の形成に当たっては、家庭での生活経験に配慮し、子どもの自立心を育て、子どもが他の子どもと関わりながら主体的な活動を展開する中で、生活に必要な習慣を身に付け、次第に見通しをもって行動できるようにすること。

⑥　安全に関する指導に当たっては、情緒の安定を図り、遊びを通して安全についての構えを身に付け、危険な場所や事物などが分かり、安全についての理解を深めるようにすること。また、交通安全の習慣を身に付けるようにするとともに、避難訓練などを通して、災害などの緊急時に適切な行動がとれるようにすること。

イ　人間関係

　　他の人々と親しみ、支え合って生活するために、自立心を育て、人と関わる力を養う。

(ｱ)　ねらい

　　①　保育所の生活を楽しみ、自分の力で行動することの充実感を味わう。

　　②　身近な人と親しみ、関わりを深め、工夫したり、協力したりして一緒に活動する楽しさを味わい、愛情や信頼感をもつ。

　　③　社会生活における望ましい習慣や態度を身に付ける。

(ｲ)　内容

　　①　保育士等や友達と共に過ごすことの喜びを味わう。

　　②　自分で考え、自分で行動する。

　　③　自分でできることは自分でする。

　　④　いろいろな遊びを楽しみながら物事をやり遂げようとする気持ちをもつ。

　　⑤　友達と積極的に関わりながら喜びや悲しみを共感し合う。

　　⑥　自分の思ったことを相手に伝え、相手の思っていることに気付く。

　　⑦　友達のよさに気付き、一緒に活動する楽しさを味わう。

　　⑧　友達と楽しく活動する中で、共通の目的を見いだし、工夫したり、協力したりなどする。

　　⑨　よいことや悪いことがあることに気付き、考えながら行動する。

　　⑩　友達との関わりを深め、思いやりをもつ。

　　⑪　友達と楽しく生活する中できまりの大切さに気付き、守ろうとする。

　　⑫　共同の遊具や用具を大切にし、皆で使う。

　　⑬　高齢者をはじめ地域の人々などの自分の生活に関係の深いいろいろな人に親しみをもつ。

(ｳ)　内容の取扱い

　　上記の取扱いに当たっては、次の事項に留意する必要がある。

　　①　保育士等との信頼関係に支えられて自分自身の生活を確立していくことが人と関わる基盤となることを考慮し、子どもが自ら周囲に働き掛けることにより多様な感情を体験し、試行錯誤しながら諦めずにやり遂げることの達成感や、前向きな見通しをもって自分の力で行うことの充実感を味わうことができるよう、子どもの行動を見守りながら適切な援助を行うようにすること。

② 一人一人を生かした集団を形成しながら人と関わる力を育てていくようにすること。その際、集団の生活の中で、子どもが自己を発揮し、保育士等や他の子どもに認められる体験をし、自分のよさや特徴に気付き、自信をもって行動できるようにすること。

③ 子どもが互いに関わりを深め、協同して遊ぶようになるため、自ら行動する力を育てるとともに、他の子どもと試行錯誤しながら活動を展開する楽しさや共通の目的が実現する喜びを味わうことができるようにすること。

④ 道徳性の芽生えを培うに当たっては、基本的な生活習慣の形成を図るとともに、子どもが他の子どもとの関わりの中で他人の存在に気付き、相手を尊重する気持ちをもって行動できるようにし、また、自然や身近な動植物に親しむことなどを通して豊かな心情が育つようにすること。特に、人に対する信頼感や思いやりの気持ちは、葛藤やつまずきをも体験し、それらを乗り越えることにより次第に芽生えてくることに配慮すること。

⑤ 集団の生活を通して、子どもが人との関わりを深め、規範意識の芽生えが培われることを考慮し、子どもが保育士等との信頼関係に支えられて自己を発揮する中で、互いに思いを主張し、折り合いを付ける体験をし、きまりの必要性などに気付き、自分の気持ちを調整する力が育つようにすること。

⑥ 高齢者をはじめ地域の人々などの自分の生活に関係の深いいろいろな人と触れ合い、自分の感情や意志を表現しながら共に楽しみ、共感し合う体験を通して、これらの人々などに親しみをもち、人と関わることの楽しさや人の役に立つ喜びを味わうことができるようにすること。また、生活を通して親や祖父母などの家族の愛情に気付き、家族を大切にしようとする気持ちが育つようにすること。

ウ　環境

　　周囲の様々な環境に好奇心や探究心をもって関わり、それらを生活に取り入れていこうとする力を養う。

（ア）ねらい

　①　身近な環境に親しみ、自然と触れ合う中で様々な事象に興味や関心をもつ。

　②　身近な環境に自分から関わり、発見を楽しんだり、考えたりし、それを生活に取り入れようとする。

　③　身近な事象を見たり、考えたり、扱ったりする中で、物の性質や数量、文字などに対する感覚を豊かにする。

（イ）内容

　①　自然に触れて生活し、その大きさ、美しさ、不思議さなどに気付く。

　②　生活の中で、様々な物に触れ、その性質や仕組みに興味や関心をもつ。

　③　季節により自然や人間の生活に変化のあることに気付く。

　④　自然などの身近な事象に関心をもち、取り入れて遊ぶ。

　⑤　身近な動植物に親しみをもって接し、生命の尊さに気付き、いたわったり、大切にしたりする。

　⑥　日常生活の中で、我が国や地域社会における様々な文化や伝統に親しむ。

　⑦　身近な物を大切にする。

　⑧　身近な物や遊具に興味をもって関わり、自分なりに比べたり、関連付けたりしながら考えたり、試したりして工夫して遊ぶ。

　⑨　日常生活の中で数量や図形などに関心をもつ。

　⑩　日常生活の中で簡単な標識や文字などに関心をもつ。

　⑪　生活に関係の深い情報や施設などに興味や関心をもつ。

　⑫　保育所内外の行事において国旗に親しむ。

（ウ）内容の取扱い

　　上記の取扱いに当たっては、次の事項に留意する必要がある。

　①　子どもが、遊びの中で周囲の環境と関わり、次第に周囲の世界に好奇心を抱き、その意味や操作の仕方に関心をもち、物事の法則性に気付き、自分なりに考えることができるようになる過程を大切にすること。また、他の子どもの考えなどに触れて新しい考えを生み出す喜びや楽しさを味わい、自分の考えをよりよいものにしようとする気持ちが育つようにすること。

② 幼児期において自然のもつ意味は大きく、自然の大きさ、美しさ、不思議さなどに直接触れる体験を通して、子どもの心が安らぎ、豊かな感情、好奇心、思考力、表現力の基礎が培われることを踏まえ、子どもが自然との関わりを深めることができるよう工夫すること。

③ 身近な事象や動植物に対する感動を伝え合い、共感し合うことなどを通して自分から関わろうとする意欲を育てるとともに、様々な関わり方を通してそれらに対する親しみや畏敬の念、生命を大切にする気持ち、公共心、探究心などが養われるようにすること。

④ 文化や伝統に親しむ際には、正月や節句など我が国の伝統的な行事、国歌、唱歌、わらべうたや我が国の伝統的な遊びに親しんだり、異なる文化に触れる活動に親しんだりすることを通じて、社会とのつながりの意識や国際理解の意識の芽生えなどが養われるようにすること。

⑤ 数量や文字などに関しては、日常生活の中で子ども自身の必要感に基づく体験を大切にし、数量や文字などに関する興味や関心、感覚が養われるようにすること。

エ　言葉

経験したことや考えたことなどを自分なりの言葉で表現し、相手の話す言葉を聞こうとする意欲や態度を育て、言葉に対する感覚や言葉で表現する力を養う。

(ア) ねらい

① 自分の気持ちを言葉で表現する楽しさを味わう。

② 人の言葉や話などをよく聞き、自分の経験したことや考えたことを話し、伝え合う喜びを味わう。

③ 日常生活に必要な言葉が分かるようになるとともに、絵本や物語などに親しみ、言葉に対する感覚を豊かにし、保育士等や友達と心を通わせる。

(イ) 内容

① 保育士等や友達の言葉や話に興味や関心をもち、親しみをもって聞いたり、話したりする。

② したり、見たり、聞いたり、感じたり、考えたりなどしたことを自分なりに言葉で表現する。

③ したいこと、してほしいことを言葉で表現したり、分からないことを尋ねたりする。

④ 人の話を注意して聞き、相手に分かるように話す。

⑤ 生活の中で必要な言葉が分かり、使う。

⑥ 親しみをもって日常の挨拶をする。

⑦　生活の中で言葉の楽しさや美しさに気付く。

⑧　いろいろな体験を通じてイメージや言葉を豊かにする。

⑨　絵本や物語などに親しみ、興味をもって聞き、想像をする楽しさを味わう。

⑩　日常生活の中で、文字などで伝える楽しさを味わう。

(ウ)　内容の取扱い

　　上記の取扱いに当たっては、次の事項に留意する必要がある。

①　言葉は、身近な人に親しみをもって接し、自分の感情や意志などを伝え、それに相手が応答し、その言葉を聞くことを通して次第に獲得されていくものであることを考慮して、子どもが保育士等や他の子どもと関わることにより心を動かされるような体験をし、言葉を交わす喜びを味わえるようにすること。

②　子どもが自分の思いを言葉で伝えるとともに、保育士等や他の子どもなどの話を興味をもって注意して聞くことを通して次第に話を理解するようになっていき、言葉による伝え合いができるようにすること。

③　絵本や物語などで、その内容と自分の経験とを結び付けたり、想像を巡らせたりするなど、楽しみを十分に味わうことによって、次第に豊かなイメージをもち、言葉に対する感覚が養われるようにすること。

④　子どもが生活の中で、言葉の響きやリズム、新しい言葉や表現などに触れ、これらを使う楽しさを味わえるようにすること。その際、絵本や物語に親しんだり、言葉遊びなどをしたりすることを通して、言葉が豊かになるようにすること。

⑤　子どもが日常生活の中で、文字などを使いながら思ったことや考えたことを伝える喜びや楽しさを味わい、文字に対する興味や関心をもつようにすること。

オ　表現

　　感じたことや考えたことを自分なりに表現することを通して、豊かな感性や表現する力を養い、創造性を豊かにする。

(ｱ)　ねらい

　①　いろいろなものの美しさなどに対する豊かな感性をもつ。

　②　感じたことや考えたことを自分なりに表現して楽しむ。

　③　生活の中でイメージを豊かにし、様々な表現を楽しむ。

(ｲ)　内容

　①　生活の中で様々な音、形、色、手触り、動きなどに気付いたり、感じたりするなどして楽しむ。

　②　生活の中で美しいものや心を動かす出来事に触れ、イメージを豊かにする。

　③　様々な出来事の中で、感動したことを伝え合う楽しさを味わう。

　④　感じたこと、考えたことなどを音や動きなどで表現したり、自由にかいたり、つくったりなどする。

　⑤　いろいろな素材に親しみ、工夫して遊ぶ。

　⑥　音楽に親しみ、歌を歌ったり、簡単なリズム楽器を使ったりなどする楽しさを味わう。

　⑦　かいたり、つくったりすることを楽しみ、遊びに使ったり、飾ったりなどする。

　⑧　自分のイメージを動きや言葉などで表現したり、演じて遊んだりするなどの楽しさを味わう。

(ｳ)　内容の取扱い

　　上記の取扱いに当たっては、次の事項に留意する必要がある。

　①　豊かな感性は、身近な環境と十分に関わる中で美しいもの、優れたもの、心を動かす出来事などに出会い、そこから得た感動を他の子どもや保育士等と共有し、様々に表現することなどを通して養われるようにすること。その際、風の音や雨の音、身近にある草や花の形や色など自然の中にある音、形、色などに気付くようにすること。

　②　子どもの自己表現は素朴な形で行われることが多いので、保育士等はそのような表現を受容し、子ども自身の表現しようとする意欲を受け止めて、子どもが生活の中で子どもらしい様々な表現を楽しむことができるようにすること。

　③　生活経験や発達に応じ、自ら様々な表現を楽しみ、表現する意欲を十分に発揮させることができるように、遊具や用具などを整えたり、様々な素材や表現の仕方に親しんだり、他の子どもの表現に触れられるよう

配慮したりし、表現する過程を大切にして自己表現を楽しめるように工夫すること。
(3) 保育の実施に関わる配慮事項
　ア　第1章の4の(2)に示す「幼児期の終わりまでに育ってほしい姿」が、ねらい及び内容に基づく活動全体を通して資質・能力が育まれている子どもの小学校就学時の具体的な姿であることを踏まえ、指導を行う際には適宜考慮すること。
　イ　子どもの発達や成長の援助をねらいとした活動の時間については、意識的に保育の計画等において位置付けて、実施することが重要であること。なお、そのような活動の時間については、保護者の就労状況等に応じて子どもが保育所で過ごす時間がそれぞれ異なることに留意して設定すること。
　ウ　特に必要な場合には、各領域に示すねらいの趣旨に基づいて、具体的な内容を工夫し、それを加えても差し支えないが、その場合には、それが第1章の1に示す保育所保育に関する基本原則を逸脱しないよう慎重に配慮する必要があること。

4 保育の実施に関して留意すべき事項

(1) 保育全般に関わる配慮事項
　ア　子どもの心身の発達及び活動の実態などの個人差を踏まえるとともに、一人一人の子どもの気持ちを受け止め、援助すること。
　イ　子どもの健康は、生理的・身体的な育ちとともに、自主性や社会性、豊かな感性の育ちとがあいまってもたらされることに留意すること。
　ウ　子どもが自ら周囲に働きかけ、試行錯誤しつつ自分の力で行う活動を見守りながら、適切に援助すること。
　エ　子どもの入所時の保育に当たっては、できるだけ個別的に対応し、子どもが安定感を得て、次第に保育所の生活になじんでいくようにするとともに、既に入所している子どもに不安や動揺を与えないようにすること。
　オ　子どもの国籍や文化の違いを認め、互いに尊重する心を育てるようにすること。
　カ　子どもの性差や個人差にも留意しつつ、性別などによる固定的な意識を植え付けることがないようにすること。

(2) 小学校との連携
　ア　保育所においては、保育所保育が、小学校以降の生活や学習の基盤の育成につながることに配慮し、幼児期にふさわしい生活を通じて、創造的な思考や主体的な生活態度などの基礎を培うようにすること。
　イ　保育所保育において育まれた資質・能力を踏まえ、小学校教育が円滑に行われるよう、小学校教師との意見交換や合同の研究の機会などを設け、第1章の4の(2)に示す「幼児期の終わりまでに育って欲しい姿」を共有するなど連携を図り、保育所保育と小学校教育との円滑な接続を図るよう努めること。
　ウ　子どもに関する情報共有に関して、保育所に入所している子どもの就学に際し、市町村の支援の下に、子どもの育ちを支えるための資料が保育所から小学校へ送付されるようにすること。

(3) 家庭及び地域社会との連携
　子どもの生活の連続性を踏まえ、家庭及び地域社会と連携して保育が展開されるよう配慮すること。その際、家庭や地域の機関及び団体の協力を得て、地域の自然、高齢者や異年齢の子ども等を含む人材、行事、施設等の地域の資源を積極的に活用し、豊かな生活体験をはじめ保育内容の充実が図られるよう配慮すること。

⑯ 幼保小連携の強化

解説　幼児教育機関としての保育所として、小学校との連携強化の準備を

幼⑯

　前回の改定でも小学校との連携、接続の必要はうたわれていました。しかし、今回は幼稚園と同一の「幼児教育」機能を持つことも課題とされていて、今後、保育所も広い意味で教育の場としての扱いが増えていくことが予想され、ますます幼児教育機関としての保育所という自覚と、その具体化の1つとしての小学校との連携強化の準備を強めていくことが必要になるでしょう。

　新『保育指針』では、第2章の4「保育の実施に関して留意すべき事項」に「小学校との連携」という項があり、そこで「ア　保育所においては、保育所保育が、小学校以降の生活や学習の基盤の育成につながることに配慮し、幼児期にふさわしい生活を通じて、創造的な思考や主体的な生活態度などの基礎を培うようにすること。」という一般論だけでなく、「イ　保育所保育において育まれた資質・能力を踏まえ、小学校教育が円滑に行われるよう、小学校教師との意見交換や合同の研究の機会などを設け、第1章の4の⑵に示す「幼児期の終わりまでに育って欲しい姿」を共有するなど連携を図り、保育所保育と小学校教育との円滑な接続を図るよう努めること。」とかなり具体的に連携の在り方について書かれています。小学校の教員たちとの公式、非公式の会合や情報交換などを今よりも積極的に進め、保育所の保育を通じて、子どもたちに育っている資質・能力を「**幼児期の終わりまでに育って欲しい姿**」の10項目で示しながら、しっかりと理解し合うことが必要というのです。ただし、このことは保育所保育が小学校の準備、下請けになるのとは異なることを明確にしておく必要があります。あくまでも保育所は保育所の「**ねらい**」と「**内容**」を大事にし、その成果と課題を小学校教員と共有していくことが大事なのです。

　幼保小連携で大事なことの1つは、5歳児クラスの後半と小1クラスの前半で、つながりあったカリキュラムを作ることといわれています。このカリキュラムは、○○ができる、という到達目標で作成するとすぐ行き詰まります。そうではなく、資質・能力と心情・意欲・態度の視点で、幼児期の終わりまでに育ってほしい姿を元にした接続のカリキュラム、つまり、アプローチカリキュラム、スタートカリキュラムを作成することが必要です。

第3章 健康及び安全

保育所保育指針

第3章　健康及び安全

　保育所保育において、子どもの健康及び安全の確保は、子どもの生命の保持と健やかな生活の基本であり、一人一人の子どもの健康の保持及び増進並びに安全の確保とともに、保育所全体における健康及び安全の確保に努めることが重要となる。

　また、子どもが、自らの体や健康に関心をもち、心身の機能を高めていくことが大切である。

　このため、第1章及び第2章等の関連する事項に留意し、次に示す事項を踏まえ、保育を行うこととする。

1　子どもの健康支援

(1)　子どもの健康状態並びに発育及び発達状態の把握

　ア　子どもの心身の状態に応じて保育するために、子どもの健康状態並びに発育及び発達状態について、定期的・継続的に、また、必要に応じて随時、把握すること。

　イ　保護者からの情報とともに、登所時及び保育中を通じて子どもの状態を観察し、何らかの疾病が疑われる状態や傷害が認められた場合には、保護者に連絡するとともに、嘱託医と相談するなど適切な対応を図ること。看護師等が配置されている場合には、その専門性を生かした対応を図ること。

　ウ　子どもの心身の状態等を観察し、不適切な養育の兆候が見られる場合には、市町村や関係機関と連携し、児童福祉法第25条に基づき、適切な対応を図ること。また、虐待が疑われる場合には、速やかに市町村又は児童相談所に通告し、適切な対応を図ること。

(2)　健康増進

　ア　子どもの健康に関する保健計画を全体的な計画に基づいて作成し、全職員がそのねらいや内容を踏まえ、一人一人の子どもの健康の保持及び増進に努めていくこと。

　イ　子どもの心身の健康状態や疾病等の把握のために、嘱託医等により定期的に健康診断を行い、その結果を記録し、保育に活用するとともに、保護者が子どもの状態を理解し、日常生活に活用できるようにすること。

保育所保育指針

ここがポイント！
⑰「子どもの健康支援」

解説　アレルギー疾患、保育中の事故防止、災害への備えが、大きな課題に

　第3章の1「**子どもの健康支援**」には、いくつか記述に変更が加えられたところがあります。1つはアレルギー体質の子への配慮等をより丁寧に行うべきことが書き加えられていることです。1の(3)にウ「**アレルギー疾患を有する子どもの保育については、保護者と連携し、医師の診断及び指示に基づき、適切な対応を行うこと。また、食物アレルギーに関して、関係機関と連携して、当該保育所の体制構築など、安全な環境の整備を行うこと。看護師や栄養士等が配置されている場合には、その専門性を生かした対応を図ること。**」などが書き加えられているのですが、この間、その配慮を怠ったため小学校で死亡事件が起こったことなどを受けて、保育所でも アレルギー対策をより丁寧に、充実させるべきことが強調されています。

　もう1つ記述が加わったのは、事故への対策は丁寧にかつしっかりしなければならないが、そのために保育が萎縮しすぎないことが大切ということの示唆です。3の(2)(p132)には「**イ　事故防止の取組を行う際には、特に、睡眠中、プール活動・水遊び中、食事中等の場面では重大事故が発生しやすいことを踏まえ、子どもの主体的な活動**を大切にしつつ、施設内外の環境の配慮や指導の工夫を行うなど、必要な対策を講じること。」などが記述されていますが、ここでいう「**子どもの主体的な活動を大切にしつつ**」をしっかり読み込むことが大切です。

　3つ目に、4(p132)に大きな災害への備えをしっかりすること、ということが加えられました。これは、この十年の間に東日本大震災など大きな災害があちこちで起こるようになってきたことに対応しています。大きな災害の可能性に備えた定期的な避難訓練、しっかりとしたマニュアル作り、日頃から近隣の人々との関係を濃くしていざという時に支えてもらうこと、さらに災害のあとの子どものメンタルヘルスの維持の努力をすることなどが強調されています。実際にこれから、例えば、大きな地震がどこの保育所の周辺で起こるかわからなくなってきています。川が洪水したり、山が崩れたりすることも頻繁に起こるようになっています。例えば、保育室の物品が下に落ちないように日頃から固定するような努力等が、どこでも必要にな時代になってきているのだと思います。

129

(3) 疾病等への対応

ア　保育中に体調不良や傷害が発生した場合には、その子どもの状態等に応じて、保護者に連絡するとともに、適宜、嘱託医や子どものかかりつけ医等と相談し、適切な処置を行うこと。看護師等が配置されている場合には、その専門性を生かした対応を図ること。

イ　感染症やその他の疾病の発生予防に努め、その発生や疑いがある場合には、必要に応じて嘱託医、市町村、保健所等に連絡し、その指示に従うとともに、保護者や全職員に連絡し、予防等について協力を求めること。また、感染症に関する保育所の対応方法等について、あらかじめ関係機関の協力を得ておくこと。看護師等が配置されている場合には、その専門性を生かした対応を図ること。

ウ　アレルギー疾患を有する子どもの保育については、保護者と連携し、医師の診断及び指示に基づき、適切な対応を行うこと。また、食物アレルギーに関して、関係機関と連携して、当該保育所の体制構築など、安全な環境の整備を行うこと。看護師や栄養士等が配置されている場合には、その専門性を生かした対応を図ること。

エ　子どもの疾病等の事態に備え、医務室等の環境を整え、救急用の薬品、材料等を適切な管理の下に常備し、全職員が対応できるようにしておくこと。

2　食育の推進

(1)　保育所の特性を生かした食育

ア　保育所における食育は、健康な生活の基本としての「食を営む力」の育成に向け、その基礎を培うことを目標とすること。

イ　子どもが生活と遊びの中で、意欲をもって食に関わる体験を積み重ね、食べることを楽しみ、食事を楽しみ合う子どもに成長していくことを期待するものであること。

ウ　乳幼児期にふさわしい食生活が展開され、適切な援助が行われるよう、食事の提供を含む食育計画を全体的な計画に基づいて作成し、その評価及び改善に努めること。栄養士が配置されている場合は、専門性を生かした対応を図ること。

(2)　食育の環境の整備等

ア　子どもが自らの感覚や体験を通して、自然の恵みとしての食材や食の循環・環境への意識、調理する人への感謝の気持ちが育つように、子どもと調理員等との関わりや、調理室など食に関わる保育環境に配慮すること。

イ　保護者や地域の多様な関係者との連携及び協働の下で、食に関する取組が進められること。また、市町村の支援の下に、地域の関係機関等との日常的な連携を図り、必要な協力が得られるよう努めること。

> 保育所保育指針

👆ここがポイント！
⑱「食育」の重視

解説　保育所の食事を通して、子どもたちや保護者に食の大事さを伝えたい

　平成20年の改定では保育所における食育が重視されましたが、今回の改定ではそれをさらに充実させることが図られています。このことの背景には、子どもたちの健康維持のための日頃の食事の大事さということはもちろんあるのですが、それだけでなく、例えば、和食が世界遺産になったことに見られる食文化そのものの見直しということがあります。

　和食が世界遺産になった背景には、家庭で丹念に食事を毎日作るという習慣が次第になくなってきたことへの焦り、出来合いの加工食品でなく自然素材を活かした食事を、段々作らなくなってきたことへの料理関係者等の不安があります。そのために運動を起こして世界遺産として登録してもらい、日本人に和食の大事さを知らしめようとしたのです。今は日本人よりも外国人が、日本の食事を楽しみたいということで観光に来ることが実際に起こっている時代ですから、日本の食文化への評価は国際的に高まっているといってよいのです。

　今回の『**保育指針**』には、こうした食の大事さを、保育所の食事を通じて子どもたちにも、保護者にも伝えようという意気込みが見られます。毎日、出された給食を何気なく食べるのではなく、折に触れ、食材への関心、料理への関心を高めて、食事を通じて日本の文化や日頃の生活について考えたり、感じたりする機会を増やすことが期待されています。すでに厚生労働省は『**保育所における食事の提供ガイドライン**』を策定していますし、平成28年3月には『**第3次食育推進基本計画**』も策定されています。食物アレルギーのある乳幼児への対応について『**保育所におけるアレルギー対応ガイドライン**』も作られています。これらを活かしながら、個性的な食育をぜひ展開してもらいたいものです。

ウ 体調不良、食物アレルギー、障害のある子どもなど、一人一人の子どもの心身の状態等に応じ、嘱託医、かかりつけ医等の指示や協力の下に適切に対応すること。栄養士が配置されている場合は、専門性を生かした対応を図ること。

3 環境及び衛生管理並びに安全管理

(1) 環境及び衛生管理
　ア 施設の温度、湿度、換気、採光、音などの環境を常に適切な状態に保持するとともに、施設内外の設備及び用具等の衛生管理に努めること。
　イ 施設内外の適切な環境の維持に努めるとともに、子ども及び全職員が清潔を保つようにすること。また、職員は衛生知識の向上に努めること。
(2) 事故防止及び安全対策
　ア 保育中の事故防止のために、子どもの心身の状態等を踏まえつつ、施設内外の安全点検に努め、安全対策のために全職員の共通理解や体制づくりを図るとともに、家庭や地域の関係機関の協力の下に安全指導を行うこと。
　イ 事故防止の取組を行う際には、特に、睡眠中、プール活動・水遊び中、食事中等の場面では重大事故が発生しやすいことを踏まえ、子どもの主体的な活動を大切にしつつ、施設内外の環境の配慮や指導の工夫を行うなど、必要な対策を講じること。
　ウ 保育中の事故の発生に備え、施設内外の危険箇所の点検や訓練を実施するとともに、外部からの不審者等の侵入防止のための措置や訓練など不測の事態に備えて必要な対応を行うこと。また、子どもの精神保健面における対応に留意すること。

4 災害への備え

(1) 施設・設備等の安全確保
　ア 防火設備、避難経路等の安全性が確保されるよう、定期的にこれらの安全点検を行うこと。
　イ 備品、遊具等の配置、保管を適切に行い、日頃から、安全環境の整備に努めること。
(2) 災害発生時の対応体制及び避難への備え
　ア 火災や地震などの災害の発生に備え、緊急時の対応の具体的内容及び手順、職員の役割分担、避難訓練計画等に関するマニュアルを作成すること。
　イ 定期的に避難訓練を実施するなど、必要な対応を図ること。
　ウ 災害の発生時に、保護者等への連絡及び子どもの引渡しを円滑に行うため、日頃から保護者との密接な連携に努め、連絡体制や引渡し方法等について確認をしておくこと。

保育所保育指針

(3) 地域の関係機関等との連携
ア 市町村の支援の下に、地域の関係機関との日常的な連携を図り、必要な協力が得られるよう努めること。
イ 避難訓練については、地域の関係機関や保護者との連携の下に行うなど工夫すること。

ここがポイント！
⑲ 「災害への備え」の項の新設

解説　普段から安全への配慮を。また、地域の人々との緊密な連携も忘れずに

　平成20年の改定から10年の間には、平成23年3月11日に東日本大震災が起こり、その後、豪雨による大きな川の氾濫や熊本の大地震など、予測を超えた深刻な災害があちこちで起こるようになっています。今後、どこの保育所の周辺でも、いつ大きな地震に見舞われたり、土砂災害に襲われたりするかわからない時代が始まっているといえます。「私の保育所は安心」とは、どこもいえないのです。そのため、新『保育指針』では、今後に備えて、保育所の近辺で大きな災害が起こることを想定した備えや安全対策を全ての保育所できちんと行うことを各園に課しています。

　具体的には、(2)のアで「**火災や地震などの災害の発生に備え、緊急時の対応の具体的内容及び手順、職員の役割分担、避難訓練計画等に関するマニュアルを作成すること。**」と、従来通り定期的に避難訓練を実施することが義務付けられますが、あわせて、(2)のウの「**災害の発生時に、保護者等への連絡及び子どもの引渡しを円滑に行うため、日頃から保護者との密接な連携に努め、連絡体制や引渡し方法等について確認をしておくこと。**」などが課題になります。

　また、日頃から、「**市町村の支援の下に、地域の関係機関との日常的な連携を図り、必要な協力が得られるよう努めること。**」や、「**避難訓練については、地域の関係機関や保護者との連携の下に行うなどを工夫すること。**」など、地域との連携強化がうたわれています（第3章3では、震災後の子どものメンタルヘルスサポートの重要性もうたわれています）。これらはすべて東日本大震災等の経験から学んだもので、各園で軽視しないで取り組んでほしいものです。この中で、気付きにくいかもしれませんが、実際に大事なのは、地域の人々との日頃からの緊密な連携ということでしょう。いざという時に支えてくれるのは地域の人々なのです。

第4章 子育て支援

保育所保育指針

第4章　子育て支援

　保育所における保護者に対する子育て支援は、全ての子どもの健やかな育ちを実現することができるよう、第1章及び第2章等の関連する事項を踏まえ、子どもの育ちを家庭と連携して支援していくとともに、保護者及び地域が有する子育てを自ら実践する力の向上に資するよう、次の事項に留意するものとする。

1　保育所における子育て支援に関する基本的事項

(1)　保育所の特性を生かした子育て支援
　　ア　保護者に対する子育て支援を行う際には、各地域や家庭の実態等を踏まえるとともに、保護者の気持ちを受け止め、相互の信頼関係を基本に、保護者の自己決定を尊重すること。
　　イ　保育及び子育てに関する知識や技術など、保育士等の専門性や、子どもが常に存在する環境など、保育所の特性を生かし、保護者が子どもの成長に気付き子育ての喜びを感じられるように努めること。

(2)　子育て支援に関して留意すべき事項
　　ア　保護者に対する子育て支援における地域の関係機関等との連携及び協働を図り、保育所全体の体制構築に努めること。
　　イ　子どもの利益に反しない限りにおいて、保護者や子どものプライバシーを保護し、知り得た事柄の秘密を保持すること。

2　保育所を利用している保護者に対する子育て支援

(1)　保護者との相互理解
　　ア　日常の保育に関連した様々な機会を活用し子どもの日々の様子の伝達や収集、保育所保育の意図の説明などを通じて、保護者との相互理解を図るよう努めること。
　　イ　保育の活動に対する保護者の積極的な参加は、保護者の子育てを自ら実践する力の向上に寄与することから、これを促すこと。

保育所保育指針

ここがポイント！
⑳ 地域の育児支援の重視

解説 地域の子育てをしっかり支援する必要があることが改めて確認された

幼㉙
認⑮

　保育所が保護者の育児とその家族への支援を行うことが、平成20年改定で義務あるいは努力義務となって、保育所で行う様々な子育て支援が広がってきました。同時に、子ども・子育て支援新制度は、子育て支援を一層重視する施策を具体化し始め、地域子育て支援拠点（つどいの広場など）やファミリー・サポート・センターなどの支援グループ、団体の数は急速に増加しています。

　今回の改定をめぐる議論では、こうした支援団体が増えているわけだから、保育所の子育て支援を在所児の保護者対象に限定してはどうかという意見が出て、議論になりました。しかし、子育て支援の諸団体の広がりには地域格差があり、日常的に開いているとも限らないこと、そして、保育の専門性を有した人が支援しているとは限らないこと等が一方にあります。また、他方では、保育所の未来像を考えると、地域に支えられ、地域の発展に貢献することが不可欠であるということがあります。そのためにも日頃から地域で、子育てをしている人は分け隔てなく支援するという姿勢が大事ではないか、という意見が大勢を占め、保育所は種々に工夫して、地域の子育てをしっかり支援する必要があることが改めて確認されました。

　これからは、虐待の発見と支援、貧困問題との取り組み等で、子育て支援は量とともに質をも問われるようになります。例えば「子ども食堂」の試みがあちらこちらで広がっていますが、特定の子どもだけを対象にするとかえって行きにくくなる等の問題もあり、もう少し自然な形での支援が必要とされています。保育所の厨房等を活かせば、地域の高齢者も含めた食支援が可能になるので、この『**保育指針**』改定を機に、保育所が地域食堂を開く等の試みがなされると、新しいモデルになるでしょう。

(2) 保護者の状況に配慮した個別の支援

　ア　保護者の就労と子育ての両立等を支援するため、保護者の多様化した保育の需要に応じ、病児保育事業など多様な事業を実施する場合には、保護者の状況に配慮するとともに、子どもの福祉が尊重されるよう努め、子どもの生活の連続性を考慮すること。

　イ　子どもに障害や発達上の課題が見られる場合には、市町村や関係機関と連携及び協力を図りつつ、保護者に対する個別の支援を行うよう努めること。

　ウ　外国籍家庭など、特別な配慮を必要とする家庭の場合には、状況等に応じて個別の支援を行うよう努めること。

(3) 不適切な養育等が疑われる家庭への支援

　ア　保護者に育児不安等が見られる場合には、保護者の希望に応じて個別の支援を行うよう努めること。

　イ　保護者に不適切な養育等が疑われる場合には、市町村や関係機関と連携し、要保護児童対策地域協議会で検討するなど適切な対応を図ること。また、虐待が疑われる場合には、速やかに市町村又は児童相談所に通告し、適切な対応を図ること。

3　地域の保護者等に対する子育て支援

(1) 地域に開かれた子育て支援

　ア　保育所は、児童福祉法第48条の4の規定に基づき、その行う保育に支障がない限りにおいて、地域の実情や当該保育所の体制等を踏まえ、地域の保護者等に対して、保育所保育の専門性を生かした子育て支援を積極的に行うよう努めること。

　イ　地域の子どもに対する一時預かり事業などの活動を行う際には、一人一人の子どもの心身の状態などを考慮するとともに、日常の保育との関連に配慮するなど、柔軟に活動を展開できるようにすること。

(2) 地域の関係機関等との連携

　ア　市町村の支援を得て、地域の関係機関等との積極的な連携及び協働を図るとともに、子育て支援に関する地域の人材と積極的に連携を図るよう努めること。

　イ　地域の要保護児童への対応など、地域の子どもを巡る諸課題に対し、要保護児童対策地域協議会など関係機関等と連携及び協力して取り組むよう努めること。

第5章 職員の資質向上

第1章から前章までに示された事項を踏まえ、保育所は、質の高い保育を展開するため、絶えず、一人一人の職員についての資質向上及び職員全体の専門性の向上を図るよう努めなければならない。

1 職員の資質向上に関する基本的事項

(1) 保育所職員に求められる専門性

子どもの最善の利益を考慮し、人権に配慮した保育を行うためには、職員一人一人の倫理観、人間性並びに保育所職員としての職務及び責任の理解と自覚が基盤となる。

各職員は、自己評価に基づく課題等を踏まえ、保育所内外の研修等を通じて、保育士・看護師・調理員・栄養士等、それぞれの職務内容に応じた専門性を高めるため、必要な知識及び技術の修得、維持及び向上に努めなければならない。

(2) 保育の質の向上に向けた組織的な取組

保育所においては、保育の内容等に関する自己評価等を通じて把握した、保育の質の向上に向けた課題に組織的に対応するため、保育内容の改善や保育士等の役割分担の見直し等に取り組むとともに、それぞれの職位や職務内容等に応じて、各職員が必要な知識及び技能を身につけられるよう努めなければならない。

2 施設長の責務

(1) 施設長の責務と専門性の向上

施設長は、保育所の役割や社会的責任を遂行するために、法令等を遵守し、保育所を取り巻く社会情勢等を踏まえ、施設長としての専門性等の向上に努め、当該保育所における保育の質及び職員の専門性向上のために必要な環境の確保に努めなければならない。

> **ここがポイント！**
> ㉑ キャリアパスの明確化と研修の重視

解説　職員がキャリアパスに応じた研修体系に基づいて資質や専門性の向上を図れるように

　保育士の研修の重要性が今回も強調されています。家庭などの子どもの育ちの環境は大きく改善されているわけではありませんので、保育所の保育の質は、今後ますます高められることが課題となるでしょう。そのためにどうすればよいか、基本は保育士たちが自らの実践を振り返り、成果や課題をしっかりと自覚して保育を改善し続けることですが、それ以外に、保育者としての人間性磨きも大事になります。特に、現代社会の特質や課題をしっかりと知り、子どもたちにどういう市民として育ってほしいのかということを考え続けることが大切になるでしょう。

　そのためまずは研修が大事になりますが、研修にはいろいろなものがありますので、さしあたり職場内での研修と外に出る研修の双方を重視することと、研修の成果を職場内で共有することを各職場で慣行としたいところです。併せて、これからはキャリアパスを明確にして、それに沿った研修体系を策定することが必要になります。

　現状では、保育士には保育士と所長（園長）、主任という3種類の職位しかありません。キャリアパスというのは、ある職位や職務に就くために必要な職務経験とその順番やルートのことで、キャリアアップしていく道筋です。例えば、保育所に絵画指導主任などの職位を定め、その職位にたどり着くための経験や研修を明確にすることです。こうしたパスを策定することで、職員のモラル（士気）を高め、報酬アップなどが実現しやすい制度にするわけです。今回、新しい『保育指針』は、こうしたキャリアパスを所長、施設長等は明確化し、必要な研修を体系化して、各職場で、職員がキャリアパスに応じた研修体系に基づいて資質や専門性の向上を図る努力をするように求めています。

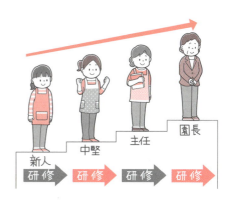

(2) 職員の研修機会の確保等

　施設長は、保育所の全体的な計画や、各職員の研修の必要性等を踏まえて、体系的・計画的な研修機会を確保するとともに、職員の勤務体制の工夫等により、職員が計画的に研修等に参加し、その専門性の向上が図られるよう努めなければならない。

3　職員の研修等

(1) 職場における研修

　職員が日々の保育実践を通じて、必要な知識及び技術の修得、維持及び向上を図るとともに、保育の課題等への共通理解や協働性を高め、保育所全体としての保育の質の向上を図っていくためには、日常的に職員同士が主体的に学び合う姿勢と環境が重要であり、職場内での研修の充実が図られなければならない。

(2) 外部研修の活用

　各保育所における保育の課題への的確な対応や、保育士等の専門性の向上を図るためには、職場内での研修に加え、関係機関等による研修の活用が有効であることから、必要に応じて、こうした外部研修への参加機会が確保されるよう努めなければならない。

4　研修の実施体制等

(1) 体系的な研修計画の作成

　保育所においては、当該保育所における保育の課題や各職員のキャリアパス等も見据えて、初任者から管理職員までの職位や職務内容等を踏まえた体系的な研修計画を作成しなければならない。

(2) 組織内での研修成果の活用

　外部研修に参加する職員は、自らの専門性の向上を図るとともに、保育所における保育の課題を理解し、その解決を実践できる力を身に付けることが重要である。また、研修で得た知識及び技能を他の職員と共有することにより、保育所全体としての保育実践の質及び専門性の向上につなげていくことが求められる。

(3) 研修の実施に関する留意事項

　施設長等は保育所全体としての保育実践の質及び専門性の向上のために、研修の受講は特定の職員に偏ることなく行われるよう、配慮する必要がある。また、研修を修了した職員については、その職務内容等において、当該研修の成果等が適切に勘案されることが望ましい。

新旧　保育所保育指針　比較表

凡例は P.149 参照

新　保育所保育指針

第1章　総則

　この指針は、児童福祉施設の設備及び運営に関する基準（昭和 23 年厚生省令第 63 号。以下「設備運営基準」という。）第 35 条の規定に基づき、保育所における保育の内容に関する事項及びこれに関連する運営に関する事項を定めるものである。各保育所は、この指針において規定される保育の内容に係る基本原則に関する事項等を踏まえ、各保育所の実情に応じて創意工夫を図り、保育所の機能及び質の向上に努めなければならない。

1　保育所保育に関する基本原則
(1)　保育所の役割

　ア　保育所は、児童福祉法（昭和 22 年法律第 164 号）第 39 条の規定に基づき、保育を必要とする子どもの保育を行い、その健全な心身の発達を図ることを目的とする児童福祉施設であり、入所する子どもの最善の利益を考慮し、その福祉を積極的に増進することに最もふさわしい生活の場でなければならない。

　イ　保育所は、その目的を達成するために、保育に関する専門性を有する職員が、家庭との緊密な連携の下に、子どもの状況や発達過程を踏まえ、保育所における環境を通して、養護及び教育を一体的に行うことを特性としている。

　ウ　保育所は、入所する子どもを保育するとともに、家庭や地域の様々な社会資源との連携を図りながら、入所する子どもの保護者に対する支援及び地域の子育て家庭に対する支援等を行う役割を担うものである。

　エ　保育所における保育士は、児童福祉法第 18 条の 4 の規定を踏まえ、保育所の役割及び機能が適切に発揮されるように、倫理観に裏付けられた専門的知識、技術及び判断をもって、子どもを保育するとともに、子どもの保護者に対する保育に関する指導を行うものであり、その職責を遂行するための専門性の向上に絶えず努めなければならない。

(2)　保育の目標

　ア　保育所は、子どもが生涯にわたる人間形成にとって極めて重要な時期に、その生活時間の大半を過ごす場である。このため、保育所の保育は、子どもが現在を最も良く生き、望ましい未来をつくり出す力の基礎を培うために、次の目標を目指して行わなければならない。

　(ｱ)　十分に養護の行き届いた環境の下に、くつろい

旧　保育所保育指針

第1章　総則

1　趣旨
(1)　この指針は、児童福祉施設最低基準（昭和 23 年厚生省令第 63 号）第 35 条の規定に基づき、保育所における保育の内容に関する事項及びこれに関連する運営に関する事項を定めるものである。

(2)　各保育所は、この指針において規定される保育の内容に係る基本原則に関する事項等を踏まえ、各保育所の実情に応じて創意工夫を図り、保育所の機能及び質の向上に努めなければならない。

2　保育所の役割
(1)　保育所は、児童福祉法（昭和 22 年法律第 164 号）第 39 条の規定に基づき、保育に欠ける子どもの保育を行い、その健全な心身の発達を図ることを目的とする児童福祉施設であり、入所する子どもの最善の利益を考慮し、その福祉を積極的に増進することに最もふさわしい生活の場でなければならない。

(2)　保育所は、その目的を達成するために、保育に関する専門性を有する職員が、家庭との緊密な連携の下に、子どもの状況や発達過程を踏まえ、保育所における環境を通して、養護及び教育を一体的に行うことを特性としている。

(3)　保育所は、入所する子どもを保育するとともに、家庭や地域の様々な社会資源との連携を図りながら、入所する子どもの保護者に対する支援及び地域の子育て家庭に対する支援等を行う役割を担うものである。

(4)　保育所における保育士は、児童福祉法第 18 条の四の規定を踏まえ、保育所の役割及び機能が適切に発揮されるように、倫理観に裏付けられた専門的知識、技術及び判断をもって、子どもを保育するとともに、子どもの保護者に対する保育に関する指導を行うものである。

3　保育の原理
(1)　保育の目標

　ア　保育所は、子どもが生涯にわたる人間形成にとって極めて重要な時期に、その生活時間の大半を過ごす場である。このため、保育所の保育は、子どもが現在を最も良く生き、望ましい未来をつくり出す力の基礎を培うために、次の目標を目指して行わなければならない。

　(ｱ)　十分に養護の行き届いた環境の下に、くつろ

新　保育所保育指針

だ雰囲気の中で子どもの様々な欲求を満たし、生命の保持及び情緒の安定を図ること。

(イ) 健康、安全など生活に必要な基本的な習慣や態度を養い、心身の健康の基礎を培うこと。

(ウ) 人との関わりの中で、人に対する愛情と信頼感、そして人権を大切にする心を育てるとともに、自主、自立及び協調の態度を養い、道徳性の芽生えを培うこと。

(エ) 生命、自然及び社会の事象についての興味や関心を育て、それらに対する豊かな心情や思考力の芽生えを培うこと。

(オ) 生活の中で、言葉への興味や関心を育て、話したり、聞いたり、相手の話を理解しようとするなど、言葉の豊かさを養うこと。

(カ) 様々な体験を通して、豊かな感性や表現力を育み、創造性の芽生えを培うこと。

イ　保育所は、入所する子どもの保護者に対し、その意向を受け止め、子どもと保護者の安定した関係に配慮し、保育所の特性や保育士等の専門性を生かして、その援助に当たらなければならない。

(3) 保育の方法

保育の目標を達成するために、保育士等は、次の事項に留意して保育しなければならない。

ア　一人一人の子どもの状況や家庭及び地域社会での生活の実態を把握するとともに、子どもが安心感と信頼感をもって活動できるよう、子どもの主体としての思いや願いを受け止めること。

イ　子どもの生活のリズムを大切にし、健康、安全で情緒の安定した生活ができる環境や、自己を十分に発揮できる環境を整えること。

ウ　子どもの発達について理解し、一人一人の発達過程に応じて保育すること。その際、子どもの個人差に十分配慮すること。

エ　子ども相互の関係づくりや互いに尊重する心を大切にし、集団における活動を効果あるものにするよう援助すること。

オ　子どもが自発的・意欲的に関われるような環境を構成し、子どもの主体的な活動や子ども相互の関わりを大切にすること。特に、乳幼児期にふさわしい体験が得られるように、生活や遊びを通して総合的に保育すること。

カ　一人一人の保護者の状況やその意向を理解、受容し、それぞれの親子関係や家庭生活等に配慮しながら、様々な機会をとらえ、適切に援助すること。

(4) 保育の環境

保育の環境には、保育士等や子どもなどの人的環境、施設や遊具などの物的環境、更には自然や社会の事象などがある。保育所は、こうした人、物、場など

旧　保育所保育指針

いだ雰囲気の中で子どもの様々な欲求を満たし、生命の保持及び情緒の安定を図ること。

(イ) 健康、安全など生活に必要な基本的な習慣や態度を養い、心身の健康の基礎を培うこと。

(ウ) 人との関わりの中で、人に対する愛情と信頼感、そして人権を大切にする心を育てるとともに、自主、自立及び協調の態度を養い、道徳性の芽生えを培うこと。

(エ) 生命、自然及び社会の事象についての興味や関心を育て、それらに対する豊かな心情や思考力の芽生えを培うこと。

(オ) 生活の中で、言葉への興味や関心を育て、話したり、聞いたり、相手の話を理解しようとするなど、言葉の豊かさを養うこと。

(カ) 様々な体験を通して、豊かな感性や表現力を育み、創造性の芽生えを培うこと。

イ　保育所は、入所する子どもの保護者に対し、その意向を受け止め、子どもと保護者の安定した関係に配慮し、保育所の特性や保育士等の専門性を生かして、その援助に当たらなければならない。

(2) 保育の方法

保育の目標を達成するために、保育士等は、次の事項に留意して保育しなければならない。

ア　一人一人の子どもの状況や家庭及び地域社会での生活の実態を把握するとともに、子どもが安心感と信頼感を持って活動できるよう、子どもの主体としての思いや願いを受け止めること。

イ　子どもの生活リズムを大切にし、健康、安全で情緒の安定した生活ができる環境や、自己を十分に発揮できる環境を整えること。

ウ　子どもの発達について理解し、一人一人の発達過程に応じて保育すること。その際、子どもの個人差に十分配慮すること。

エ　子ども相互の関係作りや互いに尊重する心を大切にし、集団における活動を効果あるものにするよう援助すること。

オ　子どもが自発的、意欲的に関われるような環境を構成し、子どもの主体的な活動や子ども相互の関わりを大切にすること。特に、乳幼児期にふさわしい体験が得られるように、生活や遊びを通して総合的に保育すること。

カ　一人一人の保護者の状況やその意向を理解、受容し、それぞれの親子関係や家庭生活等に配慮しながら、様々な機会をとらえ、適切に援助すること。

(3) 保育の環境

保育の環境には、保育士等や子どもなどの人的環境、施設や遊具などの物的環境、更には自然や社会の事象などがある。保育所は、こうした人、物、場な

新　保育所保育指針

の環境が相互に関連し合い、子どもの生活が豊かなものとなるよう、次の事項に留意しつつ、計画的に環境を構成し、工夫して保育しなければならない。

ア　子ども自らが環境に関わり、自発的に活動し、様々な経験を積んでいくことができるよう配慮すること。

イ　子どもの活動が豊かに展開されるよう、保育所の設備や環境を整え、保育所の保健的環境や安全の確保などに努めること。

ウ　保育室は、温かな親しみとくつろぎの場となるとともに、生き生きと活動できる場となるように配慮すること。

エ　子どもが人と関わる力を育てていくため、子ども自らが周囲の子どもや大人と関わっていくことができる環境を整えること。

(5)　保育所の社会的責任

ア　保育所は、子どもの人権に十分配慮するとともに、子ども一人一人の人格を尊重して保育を行わなければならない。

イ　保育所は、地域社会との交流や連携を図り、保護者や地域社会に、当該保育所が行う保育の内容を適切に説明するよう努めなければならない。

ウ　保育所は、入所する子ども等の個人情報を適切に取り扱うとともに、保護者の苦情などに対し、その解決を図るよう努めなければならない。

2　養護に関する基本的事項

(1)　養護の理念

保育における養護とは、子どもの生命の保持及び情緒の安定を図るために保育士等が行う援助や関わりであり、保育所における保育は、養護及び教育を一体的に行うことをその特性とするものである。保育所における保育全体を通じて、養護に関するねらい及び内容を踏まえた保育が展開されなければならない。

旧　保育所保育指針

どの環境が相互に関連し合い、子どもの生活が豊かなものとなるよう、次の事項に留意しつつ、計画的に環境を構成し、工夫して保育しなければならない。

ア　子ども自らが環境に関わり、自発的に活動し、様々な経験を積んでいくことができるよう配慮すること。

イ　子どもの活動が豊かに展開されるよう、保育所の設備や環境を整え、保育所の保健的環境や安全の確保などに努めること。

ウ　保育室は、温かな親しみとくつろぎの場となるとともに、生き生きと活動できる場となるように配慮すること。

エ　子どもが人と関わる力を育てていくため、子ども自らが周囲の子どもや大人と関わっていくことができる環境を整えること。

4　保育所の社会的責任

(1)　保育所は、子どもの人権に十分配慮するとともに、子ども一人一人の人格を尊重して保育を行わなければならない。

(2)　保育所は、地域社会との交流や連携を図り、保護者や地域社会に、当該保育所が行う保育の内容を適切に説明するよう努めなければならない。

(3)　保育所は、入所する子ども等の個人情報を適切に取り扱うとともに、保護者の苦情などに対し、その解決を図るよう努めなければならない。

第3章　保育の内容

保育の内容は、「ねらい」及び「内容」で構成される。「ねらい」は、第1章（総則）に示された保育の目標をより具体化したものであり、子どもが保育所において、安定した生活を送り、充実した活動ができるように、保育士等が行わなければならない事項及び子どもが身に付けることが望まれる心情、意欲、態度などの事項を示したものである。また、「内容」は、「ねらい」を達成するために、子どもの生活やその状況に応じて保育士等が適切に行う事項と、保育士等が援助して子どもが環境に関わって経験する事項を示したものである。

保育士等が、「ねらい」及び「内容」を具体的に把握するための視点として、「養護に関わるねらい及び内容」と「教育に関わるねらい及び内容」との両面から示しているが、実際の保育においては、養護と教育が一体となって展開されることに留意することが必要である。

ここにいう「養護」とは、子どもの生命の保持及び情緒の安定を図るために保育士等が行う援助や関わりである。また、「教育」とは、子どもが健やかに成長し、その活動がより豊かに展開されるための発達の援助であり、「健康」、

新　保育所保育指針

(2) 養護に関わるねらい及び内容
　ア　生命の保持
　　(ア) ねらい
　　　① 一人一人の子どもが、快適に生活できるようにする。
　　　② 一人一人の子どもが、健康で安全に過ごせるようにする。
　　　③ 一人一人の子どもの生理的欲求が、十分に満たされるようにする。
　　　④ 一人一人の子どもの健康増進が、積極的に図られるようにする。
　　(イ) 内容
　　　① 一人一人の子どもの平常の健康状態や発育及び発達状態を的確に把握し、異常を感じる場合は、速やかに適切に対応する。
　　　② 家庭との連携を密にし、嘱託医等との連携を図りながら、子どもの疾病や事故防止に関する認識を深め、保健的で安全な保育環境の維持及び向上に努める。
　　　③ 清潔で安全な環境を整え、適切な援助や応答的な関わりを通して子どもの生理的欲求を満たしていく。また、家庭と協力しながら、子どもの発達過程等に応じた適切な生活のリズムがつくられていくようにする。
　　　④ 子どもの発達過程等に応じて、適度な運動と休息を取ることができるようにする。また、食事、排泄、衣類の着脱、身の回りを清潔にすることなどについて、子どもが意欲的に生活できるよう適切に援助する。
　イ　情緒の安定
　　(ア) ねらい
　　　① 一人一人の子どもが、安定感をもって過ごせるようにする。
　　　② 一人一人の子どもが、自分の気持ちを安心して表すことができるようにする。
　　　③ 一人一人の子どもが、周囲から主体として受け止められ、主体として育ち、自分を肯定する気持ちが育まれていくようにする。
　　　④ 一人一人の子どもがくつろいで共に過ごし、心身の疲れが癒されるようにする。

旧　保育所保育指針

「人間関係」、「環境」、「言葉」及び「表現」の５領域から構成される。この５領域並びに「生命の保持」及び「情緒の安定」に関わる保育の内容は、子どもの生活や遊びを通して相互に関連を持ちながら、総合的に展開されるものである。

1　保育のねらい及び内容
(1) 養護に関わるねらい及び内容
　ア　生命の保持
　　(ア) ねらい
　　　① 一人一人の子どもが、快適に生活できるようにする。
　　　② 一人一人の子どもが、健康で安全に過ごせるようにする。
　　　③ 一人一人の子どもの生理的欲求が、十分に満たされるようにする。
　　　④ 一人一人の子どもの健康増進が、積極的に図られるようにする。
　　(イ) 内容
　　　① 一人一人の子どもの平常の健康状態や発育及び発達状態を的確に把握し、異常を感じる場合は、速やかに適切に対応する。
　　　② 家庭との連絡を密にし、嘱託医等との連携を図りながら、子どもの疾病や事故防止に関する認識を深め、保健的で安全な保育環境の維持及び向上に努める。
　　　③ 清潔で安全な環境を整え、適切な援助や応答的な関わりを通して、子どもの生理的欲求を満たしていく。また、家庭と協力しながら、子どもの発達過程等に応じた適切な生活リズムが作られていくようにする。
　　　④ 子どもの発達過程等に応じて、適度な運動と休息を取ることができるようにする。また、食事、排泄、睡眠、衣類の着脱、身の回りを清潔にすることなどについて、子どもが意欲的に生活できるよう適切に援助する。

　イ　情緒の安定
　　(ア) ねらい
　　　① 一人一人の子どもが、安定感を持って過ごせるようにする。
　　　② 一人一人の子どもが、自分の気持ちを安心して表すことができるようにする。
　　　③ 一人一人の子どもが、周囲から主体として受け止められ、主体として育ち、自分を肯定する気持ちが育まれていくようにする。
　　　④ 一人一人の子どもの心身の疲れが癒されるようにする。

新　保育所保育指針

(イ)　内容

① 一人一人の子どもの置かれている状態や発達過程などを的確に把握し、子どもの欲求を適切に満たしながら、応答的な触れ合いや言葉がけを行う。

② 一人一人の子どもの気持ちを受容し、共感しながら、子どもとの継続的な信頼関係を築いていく。

③ 保育士等との信頼関係を基盤に、一人一人の子どもが主体的に活動し、自発性や探索意欲などを高めるとともに、自分への自信をもつことができるよう成長の過程を見守り、適切に働きかける。

④ 一人一人の子どもの生活のリズム、発達過程、保育時間などに応じて、活動内容のバランスや調和を図りながら、適切な食事や休息が取れるようにする。

3 保育の計画及び評価

(1) 全体的な計画の作成

ア 保育所は、1の(2)に示した保育の目標を達成するために、各保育所の保育の方針や目標に基づき、子どもの発達過程を踏まえて、保育の内容が組織的・計画的に構成され、保育所の生活の全体を通して、総合的に展開されるよう、全体的な計画を作成しなければならない。

イ 全体的な計画は、子どもや家庭の状況、地域の実態、保育時間などを考慮し、子どもの育ちに関する長期的見通しをもって適切に作成されなければならない。

ウ 全体的な計画は、保育所保育の全体像を包括的に示すものとし、これに基づく指導計画、保健計画、食育計画等を通じて、各保育所が創意工夫して保育できるよう、作成されなければならない。

旧　保育所保育指針

(イ)　内容

① 一人一人の子どもの置かれている状態や発達過程などを的確に把握し、子どもの欲求を適切に満たしながら、応答的な触れ合いや言葉がけを行う。

② 一人一人の子どもの気持ちを受容し、共感しながら、子どもとの継続的な信頼関係を築いていく。

③ 保育士等との信頼関係を基盤に、一人一人の子どもが主体的に活動し、自発性や探索意欲などを高めるとともに、自分への自信を持つことができるよう成長の過程を見守り、適切に働きかける。

④ 一人一人の子どもの生活リズム、発達過程、保育時間などに応じて、活動内容のバランスや調和を図りながら、適切な食事や休息が取れるようにする。

第4章　保育の計画及び評価

保育所は、第1章（総則）に示された保育の目標を達成するために、保育の基本となる「保育課程」を編成するとともに、これを具体化した「指導計画」を作成しなければならない。

保育課程及び指導計画（以下「保育の計画」という。）は、すべての子どもが、入所している間、安定した生活を送り、充実した活動ができるように、柔軟で発展的なものとし、また、一貫性のあるものとなるよう配慮することが重要である。

また、保育所は、保育の計画に基づいて保育し、保育の内容の評価及びこれに基づく改善に努め、保育の質の向上を図るとともに、その社会的責任を果たさなければならない。

1 保育の計画

(1) 保育課程

ア 保育課程は、各保育所の保育の方針や目標に基づき、第2章（子どもの発達）に示された子どもの発達過程を踏まえ、前章（保育の内容）に示されたねらい及び内容が保育所生活の全体を通して、総合的に展開されるよう、編成されなければならない。

イ 保育課程は、地域の実態、子どもや家庭の状況、保育時間などを考慮し、子どもの育ちに関する長期的見通しを持って適切に編成されなければならない。

ウ 保育課程は、子どもの生活の連続性や発達の連続性に留意し、各保育所が創意工夫して保育できるよう、編成されなければならない。

新　保育所保育指針

(2) 指導計画の作成

ア　保育所は、全体的な計画に基づき、具体的な保育が適切に展開されるよう、子どもの生活や発達を見通した長期的な指導計画と、それに関連しながら、より具体的な子どもの日々の生活に即した短期的な指導計画を作成しなければならない。

イ　指導計画の作成に当たっては、第2章及びその他の関連する章に示された事項のほか、子ども一人一人の発達過程や状況を十分に踏まえるとともに、次の事項に留意しなければならない。

(ア)　3歳未満児については、一人一人の子どもの生育歴、心身の発達、活動の実態等に即して、個別的な計画を作成すること。

(イ)　3歳以上児については、個の成長と、子ども相互の関係や協同的な活動が促されるよう配慮すること。

(ウ)　異年齢で構成される組やグループでの保育においては、一人一人の子どもの生活や経験、発達過程などを把握し、適切な援助や環境構成ができるよう配慮すること。

ウ　指導計画においては、保育所の生活における子どもの発達過程を見通し、生活の連続性、季節の変化などを考慮し、子どもの実態に即した具体的なねらい及び内容を設定すること。また、具体的なねらいが達成されるよう、子どもの生活する姿や発想を大切にして適切な環境を構成し、子どもが主体的に活動できるようにすること。

エ　一日の生活のリズムや在園時間が異なる子どもが共に過ごすことを踏まえ、活動と休息、緊張感と解放感等の調和を図るよう配慮すること。

オ　午睡は生活のリズムを構成する重要な要素であり、安心して眠ることのできる安全な睡眠環境を確保するとともに、在園時間が異なることや、睡眠時間は子どもの発達の状況や個人によって差があることから、一律とならないよう配慮すること。

カ　長時間にわたる保育については、子どもの発達過程、生活のリズム及び心身の状態に十分配慮して、保育の内容や方法、職員の協力体制、家庭との連携などを指導計画に位置付けること。

キ　障害のある子どもの保育については、一人一人の子どもの発達過程や障害の状態を把握し、適切な環境の下で、障害のある子どもが他の子どもとの生活を通して共に成長できるよう、指導計画の中に位置付けること。また、子どもの状況に応じた保育を実施する観点から、家庭や関係機関と連携した支援のための計画を個別に作成するなど適切な対応を図ること。

旧　保育所保育指針

(2) 指導計画

ア　指導計画の作成

指導計画の作成に当たっては、次の事項に留意しなければならない。

(ア)　保育課程に基づき、子どもの生活や発達を見通した長期的な指導計画と、それに関連しながら、より具体的な子どもの日々の生活に即した短期的な指導計画を作成して、保育が適切に展開されるようにすること。

(イ)　子ども一人一人の発達過程や状況を十分に踏まえること。

(ウ)　保育所の生活における子どもの発達過程を見通し、生活の連続性、季節の変化などを考慮し、子どもの実態に即した具体的なねらい及び内容を設定すること。

(エ)　具体的なねらいが達成されるよう、子どもの生活する姿や発想を大切にして適切な環境を構成し、子どもが主体的に活動できるようにすること。

(3) 指導計画の作成上、特に留意すべき事項

指導計画の作成に当たっては、第2章（子どもの発達）、前章（保育の内容）及びその他の関連する章に示された事項を踏まえ、特に次の事項に留意しなければならない。

ア　発達過程に応じた保育

(ア)　3歳未満児については、一人一人の子どもの生育歴、心身の発達、活動の実態等に即して、個別的な計画を作成すること。

(イ)　3歳以上児については、個の成長と、子ども相互の関係や協同的な活動が促されるよう配慮すること。

(ウ)　異年齢で構成される組やグループでの保育においては、一人一人の子どもの生活や経験、発達過程などを把握し、適切な援助や環境構成ができるよう配慮すること。

イ　長時間にわたる保育

長時間にわたる保育については、子どもの発達過程、生活のリズム及び心身の状態に十分配慮して、保育の内容や方法、職員の協力体制、家庭との連携などを指導計画に位置付けること。

ウ　障害のある子どもの保育

(ア)　障害のある子どもの保育については、一人一人の子どもの発達過程や障害の状態を把握し、適切な環境の下で、障害のある子どもが他の子どもとの生活を通して共に成長できるよう、指導計画の中に位置付けること。また、子どもの状況に応じた保育を実施する観点から、家庭や関係機関と連携した支援のための計画を個別に作成するなど適切な対応を図ること。

(イ)　保育の展開に当たっては、その子どもの発達の状況や日々の状態によっては、指導計画にとらわれず、柔軟に保育したり、職員の連携体制の中で個別の関わりが十分行えるようにすること。

新　保育所保育指針

(3) 指導計画の展開
　指導計画に基づく保育の実施に当たっては、次の事項に留意しなければならない。
ア　施設長、保育士など、全職員による適切な役割分担と協力体制を整えること。
イ　子どもが行う具体的な活動は、生活の中で様々に変化することに留意して、子どもが望ましい方向に向かって自ら活動を展開できるよう必要な援助を行うこと。
ウ　子どもの主体的な活動を促すためには、保育士等が多様な関わりをもつことが重要であることを踏まえ、子どもの情緒の安定や発達に必要な豊かな体験が得られるよう援助すること。
エ　保育士等は、子どもの実態や子どもを取り巻く状況の変化などに即して保育の過程を記録するとともに、これらを踏まえ、指導計画に基づく保育の内容の見直しを行い、改善を図ること。
(4) 保育内容等の評価
ア　保育士等の自己評価
　(ア)　保育士等は、保育の計画や保育の記録を通して、自らの保育実践を振り返り、自己評価することを通して、その専門性の向上や保育実践の改善に努めなければならない。
　(イ)　保育士等による自己評価に当たっては、子どもの活動内容やその結果だけでなく、子どもの心の育ちや意欲、取り組む過程などにも十分配慮するよう留意すること。
　(ウ)　保育士等は、自己評価における自らの保育実践の振り返りや職員相互の話し合い等を通じて、専門性の向上及び保育の質の向上のための課題を明確にするとともに、保育所全体の保育の内容に関する認識を深めること。
イ　保育所の自己評価
　(ア)　保育所は、保育の質の向上を図るため、保育の計画の展開や保育士等の自己評価を踏まえ、当該保育所の保育の内容等について、自ら評価を行い、その結果を公表するよう努めなければならない。
　(イ)　保育所が自己評価を行うに当たっては、地域の実情や保育所の実態に即して、適切に評価の観点や項目等を設定し、全職員による共通理解をもって取り組むよう留意すること。
　(ウ)　設備運営基準第36条の趣旨を踏まえ、保育の内容等の評価に関し、保護者及び地域住民等の意見を聴くことが望ましいこと。

旧　保育所保育指針

　(ウ)　家庭との連携を密にし、保護者との相互理解を図りながら、適切に対応すること。
　(エ)　専門機関との連携を図り、必要に応じて助言等を得ること。

イ　指導計画の展開
　指導計画に基づく保育の実施に当たっては、次の事項に留意しなければならない。
　(ア)　施設長、保育士などすべての職員による適切な役割分担と協力体制を整えること。
　(イ)　子どもが行う具体的な活動は、生活の中で様々に変化することに留意して、子どもが望ましい方向に向かって自ら活動を展開できるよう必要な援助を行うこと。
　(ウ)　子どもの主体的な活動を促すためには、保育士等が多様な関わりを持つことが重要であることを踏まえ、子どもの情緒の安定や発達に必要な豊かな体験が得られるよう援助すること。
　(エ)　保育士等は、子どもの実態や子どもを取り巻く状況の変化などに即して保育の過程を記録するとともに、これらを踏まえ、指導計画に基づく保育の内容の見直しを行い、改善を図ること。

2　保育の内容等の自己評価
(1) 保育士等の自己評価
ア　保育士等は、保育の計画や保育の記録を通して、自らの保育実践を振り返り、自己評価することを通して、その専門性の向上や保育実践の改善に努めなければならない。
イ　保育士等による自己評価に当たっては、次の事項に留意しなければならない。
　(ア)　子どもの活動内容やその結果だけでなく、子どもの心の育ちや意欲、取り組む過程などに十分配慮すること。
　(イ)　自らの保育実践の振り返りや職員相互の話し合い等を通じて、専門性の向上及び保育の質の向上のための課題を明確にするとともに、保育所全体の保育の内容に関する認識を深めること。
(2) 保育所の自己評価
ア　保育所は、保育の質の向上を図るため、保育の計画の展開や保育士等の自己評価を踏まえ、当該保育所の保育の内容等について、自ら評価を行い、その結果を公表するよう努めなければならない。
イ　保育所の自己評価を行うに当たっては、次の事項に留意しなければならない。
　(ア)　地域の実情や保育所の実態に即して、適切に評価の観点や項目等を設定し、全職員による共通理解を持って取り組むとともに、評価の

新　保育所保育指針

(5)　評価を踏まえた計画の改善
　　ア　保育所は、評価の結果を踏まえ、当該保育所の
　　　保育の内容等の改善を図ること。
　　イ　保育の計画に基づく保育、保育の内容の評価及
　　　びこれに基づく改善という一連の取組により、保育
　　　の質の向上が図られるよう、全職員が共通理解を
　　　もって取り組むことに留意すること。

4　幼児教育を行う施設として共有すべき事項
(1)　育みたい資質・能力
　　ア　保育所においては、生涯にわたる生きる力の基礎を
　　　培うため、1の(2)に示す保育の目標を踏まえ、次に掲
　　　げる資質・能力を一体的に育むよう努めるものとする。
　　　(ア)　豊かな体験を通じて、感じたり、気付いたり、
　　　　分かったり、できるようになったりする「知識及び
　　　　技能の基礎」
　　　(イ)　気付いたことや、できるようになったことなど
　　　　を使い、考えたり、試したり、工夫したり、表現し
　　　　たりする「思考力、判断力、表現力等の基礎」
　　　(ウ)　心情、意欲、態度が育つ中で、よりよい生活を
　　　　営もうとする「学びに向かう力、人間性等」
　　イ　アに示す資質・能力は、第2章に示すねらい及び
　　　内容に基づく保育活動全体によって育むものである。
(2)　幼児期の終わりまでに育ってほしい姿
　　　次に示す「幼児期の終わりまでに育ってほしい姿」
　　は、第2章に示すねらい及び内容に基づく保育活動全
　　体を通して資質・能力が育まれている子どもの小学校
　　就学時の具体的な姿であり、保育士等が指導を行う
　　際に考慮するものである。
　　ア　健康な心と体
　　　　保育所の生活の中で、充実感をもって自分のやりたい
　　　ことに向かって心と体を十分に働かせ、見通しをもって
　　　行動し、自ら健康で安全な生活をつくり出すようになる。
　　イ　自立心
　　　　身近な環境に主体的に関わり様々な活動を楽しむ
　　　中で、しなければならないことを自覚し、自分の力
　　　で行うために考えたり、工夫したりしながら、諦め
　　　ずにやり遂げることで達成感を味わい、自信をもっ
　　　て行動するようになる。
　　ウ　協同性
　　　　友達と関わる中で、互いの思いや考えなどを共有
　　　し、共通の目的の実現に向けて、考えたり、工夫したり、
　　　協力したりし、充実感をもってやり遂げるようになる。
　　エ　道徳性・規範意識の芽生え
　　　　友達と様々な体験を重ねる中で、してよいことや悪
　　　いことが分かり、自分の行動を振り返ったり、友達の
　　　気持ちに共感したりし、相手の立場に立って行動す
　　　るようになる。また、きまりを守る必要性が分かり、

旧　保育所保育指針

　　　結果を踏まえ、当該保育所の保育の内容等の
　　　改善を図ること。
　　(イ)　児童福祉施設最低基準第36条の趣旨を踏ま
　　　え、保育の内容等の評価に関し、保護者及び
　　　地域住民等の意見を聴くことが望ましいこと。

第4章-2

凡例

『保育所保育指針』の新旧比較表
の下線は、記述の仕方、および、
内容上の変更があったと考えられ
る箇所を編集部で検討し、記入し
たものです。

(6)　安全に関する指導に当たっては、情緒の安定を図り、
遊びを通して安全についての構えを身に付け、危険な場所
や事物などが分かり、安全についての理解を深めるように
すること。また、交通安全の習慣を身に付けるようにする
とともに、避難訓練などを通して、災害などの緊急時に適
切な行動がとれるようにすること。

人間関係
〔他の人々と親しみ、支え合って生活するために、自立心
を育て、人と関わる力を養う。〕

・・・

旧条文の右側には、
旧条文中の掲載場所を
表示しています。

第1　指導計画の作成に当たっての留意事項

2　特に留意する事項
(1)　安全に関する指導に当たっては、情緒の安定を図り、
遊びを通して状況に応じて機敏に自分の体を動かすこ
とができるようにするとともに、危険な場所や事物な
どが分かり、安全についての理解を深めるようにする
こと。また、交通安全の習慣を身に付けるようにする
とともに、災害などの緊急時に適切な行動がとれるよ
うにするための訓練なども行うようにすること。

第3章・第1-2

新　保育所保育指針	旧　保育所保育指針

自分の気持ちを調整し、友達と折り合いを付けながら、きまりをつくったり、守ったりするようになる。

オ　社会生活との関わり

　家族を大切にしようとする気持ちをもつとともに、地域の身近な人と触れ合う中で、人との様々な関わり方に気付き、相手の気持ちを考えて関わり、自分が役に立つ喜びを感じ、地域に親しみをもつようになる。また、保育所内外の様々な環境に関わる中で、遊びや生活に必要な情報を取り入れ、情報に基づき判断したり、情報を伝え合ったり、活用したりするなど、情報を役立てながら活動するようになるとともに、公共の施設を大切に利用するなどして、社会とのつながりなどを意識するようになる。

カ　思考力の芽生え

　身近な事象に積極的に関わる中で、物の性質や仕組みなどを感じ取ったり、気付いたりし、考えたり、予想したり、工夫したりするなど、多様な関わりを楽しむようになる。また、友達の様々な考えに触れる中で、自分と異なる考えがあることに気付き、自ら判断したり、考え直したりするなど、新しい考えを生み出す喜びを味わいながら、自分の考えをよりよいものにするようになる。

キ　自然との関わり・生命尊重

　自然に触れて感動する体験を通して、自然の変化などを感じ取り、好奇心や探究心をもって考え言葉などで表現しながら、身近な事象への関心が高まるとともに、自然への愛情や畏敬の念をもつようになる。また、身近な動植物に心を動かされる中で、生命の不思議さや尊さに気付き、身近な動植物への接し方を考え、命あるものとしていたわり、大切にする気持ちをもって関わるようになる。

ク　数量や図形、標識や文字などへの関心・感覚

　遊びや生活の中で、数量や図形、標識や文字などに親しむ体験を重ねたり、標識や文字の役割に気付いたりし、自らの必要感に基づきこれらを活用し、興味や関心、感覚をもつようになる。

ケ　言葉による伝え合い

　保育士等や友達と心を通わせる中で、絵本や物語などに親しみながら、豊かな言葉や表現を身に付け、経験したことや考えたことなどを言葉で伝えたり、相手の話を注意して聞いたりし、言葉による伝え合いを楽しむようになる。

コ　豊かな感性と表現

　心を動かす出来事などに触れ感性を働かせる中で、様々な素材の特徴や表現の仕方などに気付き、感じたことや考えたことを自分で表現したり、友達同士で表現する過程を楽しんだりし、表現する喜びを味わい、意欲をもつようになる。

新　保育所保育指針	旧　保育所保育指針

第2章　保育の内容

　この章に示す「ねらい」は、第1章の1の(2)に示された保育の目標をより具体化したものであり、子どもが保育所において、安定した生活を送り、充実した活動ができるように、保育を通じて育みたい資質・能力を、子どもの生活する姿から捉えたものである。また、「内容」は、「ねらい」を達成するために、子どもの生活やその状況に応じて保育士等が適切に行う事項と、保育士等が援助して子どもが環境に関わって経験する事項を示したものである。保育における「養護」とは、子どもの生命の保持及び情緒の安定を図るために保育士等が行う援助や関わりであり、「教育」とは、子どもが健やかに成長し、その活動がより豊かに展開されるための発達の援助である。本章では、保育士等が、「ねらい」及び「内容」を具体的に把握するため、主に教育に関わる側面からの視点を示しているが、実際の保育においては、養護と教育が一体となって展開されることに留意する必要がある。

1　乳児保育に関わるねらい及び内容

　(1)　基本的事項

　　ア　乳児期の発達については、視覚、聴覚などの感覚や、座る、はう、歩くなどの運動機能が著しく発達し、特定の大人との応答的な関わりを通じて、情緒的な絆が形成されるといった特徴がある。これらの発達の特徴を踏まえて、乳児保育は、愛情豊かに、応答的に行われることが特に必要である。

　　イ　本項においては、この時期の発達の特徴を踏まえ、乳児保育の「ねらい」及び「内容」については、身体的発達に関する視点「健やかに伸び伸びと育つ」、社会的発達に関する視点「身近な人と気持ちが通じ合う」及び精神的発達に関する視点「身近なものと関わり感性が育つ」としてまとめ、示している。

　　ウ　本項の各視点において示す保育の内容は、第1章の2に示された養護における「生命の保持」及び「情緒の安定」に関わる保育の内容と、一体となって展開されるものであることに留意が必要である。

　(2)　ねらい及び内容

　　ア　健やかに伸び伸びと育つ

　　　健康な心と体を育て、自ら健康で安全な生活をつくり出す力の基盤を培う。

　　　(ｱ)　ねらい

　　　①　身体感覚が育ち、快適な環境に心地よさを感じる。

　　　②　伸び伸びと体を動かし、はう、歩くなどの運動をしようとする。

　　　③　食事、睡眠等の生活のリズムの感覚が芽生える。

　　　(ｲ)　内容

　　　①　保育士等の愛情豊かな受容の下で、生理的・

151

新　保育所保育指針	旧　保育所保育指針

心理的欲求を満たし、心地よく生活をする。

② 一人一人の発育に応じて、はう、立つ、歩くなど、十分に体を動かす。

③ 個人差に応じて授乳を行い、離乳を進めていく中で、様々な食品に少しずつ慣れ、食べることを楽しむ。

④ 一人一人の生活のリズムに応じて、安全な環境の下で十分に午睡をする。

⑤ おむつ交換や衣服の着脱などを通じて、清潔になることの心地よさを感じる。

(ウ) 内容の取扱い

上記の取扱いに当たっては、次の事項に留意する必要がある。

① 心と体の健康は、相互に密接な関連があるものであることを踏まえ、温かい触れ合いの中で、心と体の発達を促すこと。特に、寝返り、お座り、はいはい、つかまり立ち、伝い歩きなど、発育に応じて、遊びの中で体を動かす機会を十分に確保し、自ら体を動かそうとする意欲が育つようにすること。

② 健康な心と体を育てるためには望ましい食習慣の形成が重要であることを踏まえ、離乳食が完了期へと徐々に移行する中で、様々な食品に慣れるようにするとともに、和やかな雰囲気の中で食べる喜びや楽しさを味わい、進んで食べようとする気持ちが育つようにすること。なお、食物アレルギーのある子どもへの対応については、嘱託医等の指示や協力の下に適切に対応すること。

イ　身近な人と気持ちが通じ合う

受容的・応答的な関わりの下で、何かを伝えようとする意欲や身近な大人との信頼関係を育て、人と関わる力の基盤を培う。

(ア) ねらい

① 安心できる関係の下で、身近な人と共に過ごす喜びを感じる。

② 体の動きや表情、発声等により、保育士等と気持ちを通わせようとする。

③ 身近な人と親しみ、関わりを深め、愛情や信頼感が芽生える。

(イ) 内容

① 子どもからの働きかけを踏まえた、応答的な触れ合いや言葉がけによって、欲求が満たされ、安定感をもって過ごす。

② 体の動きや表情、発声、喃語等を優しく受け止めてもらい、保育士等とのやり取りを楽しむ。

③ 生活や遊びの中で、自分の身近な人の存在に気付き、親しみの気持ちを表す。

④ 保育士等による語りかけや歌いかけ、発声や喃語等への応答を通じて、言葉の理解や発語の意欲が育つ。

新　保育所保育指針	旧　保育所保育指針

⑤　温かく、受容的な関わりを通じて、自分を肯定する気持ちが芽生える。

(ウ)　内容の取扱い

　　上記の取扱いに当たっては、次の事項に留意する必要がある。

①　保育士等との信頼関係に支えられて生活を確立していくことが人と関わる基盤となることを考慮して、子どもの多様な感情を受け止め、温かく受容的・応答的に関わり、一人一人に応じた適切な援助を行うようにすること。

②　身近な人に親しみをもって接し、自分の感情などを表し、それに相手が応答する言葉を聞くことを通して、次第に言葉が獲得されていくことを考慮して、楽しい雰囲気の中での保育士等との関わり合いを大切にし、ゆっくりと優しく話しかけるなど、積極的に言葉のやり取りを楽しむことができるようにすること。

ウ　身近なものと関わり感性が育つ

　　身近な環境に興味や好奇心をもって関わり、感じたこと考えたことを表現する力の基盤を培う。

(ア)　ねらい

①　身の回りのものに親しみ、様々なものに興味や関心をもつ。

②　見る、触れる、探索するなど、身近な環境に自分から関わろうとする。

③　身体の諸感覚による認識が豊かになり、表情や手足、体の動き等で表現する。

(イ)　内容

①　身近な生活用具、玩具や絵本などが用意された中で、身の回りのものに対する興味や好奇心をもつ。

②　生活や遊びの中で様々なものに触れ、音、形、色、手触りなどに気付き、感覚の働きを豊かにする。

③　保育士等と一緒に様々な色彩や形のものや絵本などを見る。

④　玩具や身の回りのものを、つまむ、つかむ、たたく、引っ張るなど、手や指を使って遊ぶ。

⑤　保育士等のあやし遊びに機嫌よく応じたり、歌やリズムに合わせて手足や体を動かして楽しんだりする。

(ウ)　内容の取扱い

　　上記の取扱いに当たっては、次の事項に留意する必要がある。

①　玩具などは、音質、形、色、大きさなど子どもの発達状態に応じて適切なものを選び、その時々の子どもの興味や関心を踏まえるなど、遊びを通して感覚の発達が促されるものとなるように工夫すること。なお、安全な環境の下で、子どもが探索意欲を満たして自由に遊べるよう、身の回りのものについては、常に十分な点検を行うこと。

②　乳児期においては、表情、発声、体の動きな

新　保育所保育指針

どで、感情を表現することが多いことから、これらの表現しようとする意欲を積極的に受け止めて、子どもが様々な活動を楽しむことを通して表現が豊かになるようにすること。

（3）　保育の実施に関わる配慮事項

　ア　乳児は疾病への抵抗力が弱く、心身の機能の未熟さに伴う疾病の発生が多いことから、一人一人の発育及び発達状態や健康状態についての適切な判断に基づく保健的な対応を行うこと。

　イ　一人一人の子どもの生育歴の違いに留意しつつ、欲求を適切に満たし、特定の保育士が応答的に関わるように努めること。

　ウ　乳児保育に関わる職員間の連携や嘱託医との連携を図り、第3章に示す事項を踏まえ、適切に対応すること。栄養士及び看護師等が配置されている場合は、その専門性を生かした対応を図ること。

　エ　保護者との信頼関係を築きながら保育を進めるとともに、保護者からの相談に応じ、保護者への支援に努めていくこと。

　オ　担当の保育士が替わる場合には、子どものそれまでの生育歴や発達過程に留意し、職員間で協力して対応すること。

2　1歳以上3歳未満児の保育に関わるねらい及び内容

（1）　基本的事項

　ア　この時期においては、歩き始めから、歩く、走る、跳ぶなどへと、基本的な運動機能が次第に発達し、排泄の自立のための身体的機能も整うようになる。つまむ、めくるなどの指先の機能も発達し、食事、衣類の着脱なども、保育士等の援助の下で自分で行うようになる。発声も明瞭になり、語彙も増加し、自分の意思や欲求を言葉で表出できるようになる。このように自分でできることが増えてくる時期であることから、保育士等は、子どもの生活の安定を図りながら、自分でしようとする気持ちを尊重し、温かく見守るとともに、愛情豊かに、応答的に関わることが必要である。

　イ　本項においては、この時期の発達の特徴を踏まえ、保育の「ねらい」及び「内容」について、心身の健康に関する領域「健康」、人との関わりに関する領域「人間関係」、身近な環境との関わりに関する領域「環境」、言葉の獲得に関する領域「言葉」及び感性と表現に関する領域「表現」としてまとめ、示している。

　ウ　本項の各領域において示す保育の内容は、第1章の2に示された養護における「生命の保持」及び「情緒の安定」に関わる保育の内容と、一体となって展開されるものであることに留意が必要である。

（2）　ねらい及び内容

　ア　健康

旧　保育所保育指針

（2）　乳児保育に関わる配慮事項

　ア　乳児は疾病への抵抗力が弱く、心身の機能の未熟さに伴う疾病の発生が多いことから、一人一人の発育及び発達状態や健康状態についての適切な判断に基づく保健的な対応を行うこと。

　イ　一人一人の子どもの生育歴の違いに留意しつつ、欲求を適切に満たし、特定の保育士が応答的に関わるように努めること。

　ウ　乳児保育に関わる職員間の連携や嘱託医との連携を図り、第5章（健康及び安全）に示された事項を踏まえ、適切に対応すること。栄養士及び看護師等が配置されている場合は、その専門性を生かした対応を図ること。

　エ　保護者との信頼関係を築きながら保育を進めるとともに、保護者からの相談に応じ、保護者への支援に努めていくこと。

　オ　担当の保育士が替わる場合には、子どものそれまでの経験や発達過程に留意し、職員間で協力して対応すること。

新　保育所保育指針

健康な心と体を育て、自ら健康で安全な生活をつくり出す力を養う。

(ｱ)　ねらい

①　明るく伸び伸びと生活し、自分から体を動かすことを楽しむ。

②　自分の体を十分に動かし、様々な動きをしようとする。

③　健康、安全な生活に必要な習慣に気付き、自分でしてみようとする気持ちが育つ。

(ｲ)　内容

①　保育士等の愛情豊かな受容の下で、安定感をもって生活をする。

②　食事や午睡、遊びと休息など、保育所における生活のリズムが形成される。

③　走る、跳ぶ、登る、押す、引っ張るなど全身を使う遊びを楽しむ。

④　様々な食品や調理形態に慣れ、ゆったりとした雰囲気の中で食事や間食を楽しむ。

⑤　身の回りを清潔に保つ心地よさを感じ、その習慣が少しずつ身に付く。

⑥　保育士等の助けを借りながら、衣類の着脱を自分でしようとする。

⑦　便器での排泄に慣れ、自分で排泄ができるようになる。

(ｳ)　内容の取扱い

上記の取扱いに当たっては、次の事項に留意する必要がある。

①　心と体の健康は、相互に密接な関連があるものであることを踏まえ、子どもの気持ちに配慮した温かい触れ合いの中で、心と体の発達を促すこと。特に、一人一人の発育に応じて、体を動かす機会を十分に確保し、自ら体を動かそうとする意欲が育つようにすること。

②　健康な心と体を育てるためには望ましい食習慣の形成が重要であることを踏まえ、ゆったりとした雰囲気の中で食べる喜びや楽しさを味わい、進んで食べようとする気持ちが育つようにすること。なお、食物アレルギーのある子どもへの対応については、嘱託医等の指示や協力の下に適切に対応すること。

③　排泄の習慣については、一人一人の排尿間隔等を踏まえ、おむつが汚れていないときに便器に座らせるなどにより、少しずつ慣れさせるようにすること。

④　食事、排泄、睡眠、衣類の着脱、身の回りを清潔にすることなど、生活に必要な基本的な習慣については、一人一人の状態に応じ、落ち着いた雰囲気の中で行うようにし、子どもが自分でしようとする気持ちを尊重すること。また、基本的な生活習慣の形成に当たっては、家庭での生活経験に配慮し、家庭との適切な連携の下で行うようにすること。

旧　保育所保育指針

イ　食事、排泄、睡眠、衣類の着脱、身の回りを清潔にすることなど、生活に必要な基本的な習慣については、一人一人の状態に応じ、落ち着いた雰囲気の中で行うようにし、子どもが自分でしようとする気持ちを尊重すること。

新　保育所保育指針

イ　人間関係

　他の人々と親しみ、支え合って生活するために、自立心を育て、人と関わる力を養う。

(ｱ)　ねらい

　①　保育所での生活を楽しみ、身近な人と関わる心地よさを感じる。

　②　周囲の子ども等への興味や関心が高まり、関わりをもとうとする。

　③　保育所の生活の仕方に慣れ、きまりの大切さに気付く。

(ｲ)　内容

　①　保育士等や周囲の子ども等との安定した関係の中で、共に過ごす心地よさを感じる。

　②　保育士等の受容的・応答的な関わりの中で、欲求を適切に満たし、安定感をもって過ごす。

　③　身の回りに様々な人がいることに気付き、徐々に他の子どもと関わりをもって遊ぶ。

　④　保育士等の仲立ちにより、他の子どもとの関わり方を少しずつ身につける。

　⑤　保育所の生活の仕方に慣れ、きまりがあることや、その大切さに気付く。

　⑥　生活や遊びの中で、年長児や保育士等の真似をしたり、ごっこ遊びを楽しんだりする。

(ｳ)　内容の取扱い

　上記の取扱いに当たっては、次の事項に留意する必要がある。

　①　保育士等との信頼関係に支えられて生活を確立するとともに、自分で何かをしようとする気持ちが旺盛になる時期であることに鑑み、そのような子どもの気持ちを尊重し、温かく見守るとともに、愛情豊かに、応答的に関わり、適切な援助を行うようにすること。

　②　思い通りにいかない場合等の子どもの不安定な感情の表出については、保育士等が受容的に受け止めるとともに、そうした気持ちから立ち直る経験や感情をコントロールすることへの気付き等につなげていけるように援助すること。

　③　この時期は自己と他者との違いの認識がまだ十分ではないことから、子どもの自我の育ちを見守るとともに、保育士等が仲立ちとなって、自分の気持ちを相手に伝えることや相手の気持ちに気付くことの大切さなど、友達の気持ちや友達との関わり方を丁寧に伝えていくこと。

ウ　環境

　周囲の様々な環境に好奇心や探究心をもって関わり、それらを生活に取り入れていこうとする力を養う。

(ｱ)　ねらい

　①　身近な環境に親しみ、触れ合う中で、様々なものに興味や関心をもつ。

旧　保育所保育指針

(3)　3歳未満児の保育に関する配慮事項

　エ　子どもの自我の育ちを見守り、その気持ちを受け止めるとともに、保育士等が仲立ちとなって、友達の気持ちや友達との関わり方を丁寧に伝えていくこと。

第3章・2・(3)

新　保育所保育指針

② 様々なものに関わる中で、発見を楽しんだり、考えたりしようとする。

③ 見る、聞く、触るなどの経験を通して、感覚の働きを豊かにする。

(イ) 内容

① 安全で活動しやすい環境での探索活動等を通して、見る、聞く、触れる、嗅ぐ、味わうなどの感覚の働きを豊かにする。

② 玩具、絵本、遊具などに興味をもち、それらを使った遊びを楽しむ。

③ 身の回りの物に触れる中で、形、色、大きさ、量などの物の性質や仕組みに気付く。

④ 自分の物と人の物の区別や、場所的感覚など、環境を捉える感覚が育つ。

⑤ 身近な生き物に気付き、親しみをもつ。

⑥ 近隣の生活や季節の行事などに興味や関心をもつ。

(ウ) 内容の取扱い

上記の取扱いに当たっては、次の事項に留意する必要がある。

① 玩具などは、音質、形、色、大きさなど子どもの発達状態に応じて適切なものを選び、遊びを通して感覚の発達が促されるように工夫すること。

② 身近な生き物との関わりについては、子どもが命を感じ、生命の尊さに気付く経験へとつながるものであることから、そうした気付きを促すような関わりとなるようにすること。

③ 地域の生活や季節の行事などに触れる際には、社会とのつながりや地域社会の文化への気付きにつながるものとなることが望ましいこと。その際、保育所内外の行事や地域の人々との触れ合いなどを通して行うこと等も考慮すること。

エ　言葉

経験したことや考えたことなどを自分なりの言葉で表現し、相手の話す言葉を聞こうとする意欲や態度を育て、言葉に対する感覚や言葉で表現する力を養う。

(ア) ねらい

① 言葉遊びや言葉で表現する楽しさを感じる。

② 人の言葉や話などを聞き、自分でも思ったことを伝えようとする。

③ 絵本や物語等に親しむとともに、言葉のやり取りを通じて身近な人と気持ちを通わせる。

(イ) 内容

① 保育士等の応答的な関わりや話しかけにより、自ら言葉を使おうとする。

② 生活に必要な簡単な言葉に気付き、聞き分ける。

③ 親しみをもって日常の挨拶に応じる。

④ 絵本や紙芝居を楽しみ、簡単な言葉を繰り返したり、模倣をしたりして遊ぶ。

旧　保育所保育指針

新　保育所保育指針	旧　保育所保育指針

⑤　保育士等とごっこ遊びをする中で、言葉のやり取りを楽しむ。

⑥　保育士等を仲立ちとして、生活や遊びの中で友達との言葉のやり取りを楽しむ。

⑦　保育士等や友達の言葉や話に興味や関心をもって、聞いたり、話したりする。

(ｳ)　内容の取扱い

上記の取扱いに当たっては、次の事項に留意する必要がある。

①　身近な人に親しみをもって接し、自分の感情などを伝え、それに相手が応答し、その言葉を聞くことを通して、次第に言葉が獲得されていくものであることを考慮して、楽しい雰囲気の中で保育士等との言葉のやり取りができるようにすること。

②　子どもが自分の思いを言葉で伝えるとともに、他の子どもの話などを聞くことを通して、次第に話を理解し、言葉による伝え合いができるようになるよう、気持ちや経験等の言語化を行うことを援助するなど、子ども同士の関わりの仲立ちを行うようにすること。

③　この時期は、片言から、二語文、ごっこ遊びでのやり取りができる程度へと、大きく言葉の習得が進む時期であることから、それぞれの子どもの発達の状況に応じて、遊びや関わりの工夫など、保育の内容を適切に展開することが必要であること。

オ　表　現

感じたことや考えたことを自分なりに表現することを通して、豊かな感性や表現する力を養い、創造性を豊かにする。

(ｱ)　ねらい

①　身体の諸感覚の経験を豊かにし、様々な感覚を味わう。

②　感じたことや考えたことなどを自分なりに表現しようとする。

③　生活や遊びの様々な体験を通して、イメージや感性が豊かになる。

(ｲ)　内　容

①　水、砂、土、紙、粘土など様々な素材に触れて楽しむ。

②　音楽、リズムやそれに合わせた体の動きを楽しむ。

③　生活の中で様々な音、形、色、手触り、動き、味、香りなどに気付いたり、感じたりして楽しむ。

④　歌を歌ったり、簡単な手遊びや全身を使う遊びを楽しんだりする。

⑤　保育士等からの話や、生活や遊びの中での出来事を通して、イメージを豊かにする。

⑥　生活や遊びの中で、興味のあることや経験したことなどを自分なりに表現する。

(ｳ)　内容の取扱い

上記の取扱いに当たっては、次の事項に留意する必要がある。

158

新　保育所保育指針

①　子どもの表現は、遊びや生活の様々な場面で表出されているものであることから、それらを積極的に受け止め、様々な表現の仕方や感性を豊かにする経験となるようにすること。
②　子どもが試行錯誤しながら様々な表現を楽しむことや、自分の力でやり遂げる充実感などに気付くよう、温かく見守るとともに、適切に援助を行うようにすること。
③　様々な感情の表現等を通じて、子どもが自分の感情や気持ちに気付くようになる時期であることに鑑み、受容的な関わりの中で自信をもって表現をすることや、諦めずに続けた後の達成感等を感じられるような経験が蓄積されるようにすること。
④　身近な自然や身の回りの事物に関わる中で、発見や心が動く経験が得られるよう、諸感覚を働かせることを楽しむ遊びや素材を用意するなど保育の環境を整えること。

(3)　保育の実施に関わる配慮事項
ア　特に感染症にかかりやすい時期であるので、体の状態、機嫌、食欲などの日常の状態の観察を十分に行うとともに、適切な判断に基づく保健的な対応を心がけること。
イ　探索活動が十分できるように、事故防止に努めながら活動しやすい環境を整え、全身を使う遊びなど様々な遊びを取り入れること。
ウ　自我が形成され、子どもが自分の感情や気持ちに気付くようになる重要な時期であることに鑑み、情緒の安定を図りながら、子どもの自発的な活動を尊重するとともに促していくこと。
エ　担当の保育士が替わる場合には、子どものそれまでの経験や発達過程に留意し、職員間で協力して対応すること。

3　3歳以上児の保育に関するねらい及び内容
(1)　基本的事項
ア　この時期においては、運動機能の発達により、基本的な動作が一通りできるようになるとともに、基本的な生活習慣もほぼ自立できるようになる。理解する語彙数が急激に増加し、知的興味や関心も高まってくる。仲間と遊び、仲間の中の一人という自覚が生じ、集団的な遊びや協同的な活動も見られるようになる。これらの発達の特徴を踏まえて、この時期の保育においては、個の成長と集団としての活動の充実が図られるようにしなければならない。
イ　本項においては、この時期の発達の特徴を踏まえ、保育の「ねらい」及び「内容」について、心身の健康に関する領域「健康」、人との関わりに関する領域「人間関係」、身近な環境との関わりに関する領域「環境」、言葉の獲得に関する領域「言葉」及び感性と表現に関

旧　保育所保育指針

(3)　3歳未満児の保育に関わる配慮事項
ア　特に感染症にかかりやすい時期であるので、体の状態、機嫌、食欲などの日常の状態の観察を十分に行うとともに、適切な判断に基づく保健的な対応を心がけること。
〔第3章-2-(3)〕

ウ　探索活動が十分できるように、事故防止に努めながら活動しやすい環境を整え、全身を使う遊びなど様々な遊びを取り入れること。
〔第3章-2-(3)〕

オ　情緒の安定を図りながら、子どもの自発的な活動を促していくこと。
〔第3章-2-(3)〕
カ　担当の保育士が替わる場合には、子どものそれまでの経験や発達過程に留意し、職員間で協力して対応すること。
〔第3章-2-(3)〕

新　保育所保育指針

する領域「表現」としてまとめ、示している。
ウ　本項の各領域において示す保育の内容は、第1
章の2に示された養護における「生命の保持」及び
「情緒の安定」に関わる保育の内容と、一体となっ
て展開されるものであることに留意が必要である。
(2)　ねらい及び内容
ア　健康
　　健康な心と体を育て、自ら健康で安全な生活をつ
くり出す力を養う。
(ア)　ねらい
①　明るく伸び伸びと行動し、充実感を味わう。
②　自分の体を十分に動かし、進んで運動しようとする。
③　健康、安全な生活に必要な習慣や態度を身に
付け、見通しをもって行動する。
(イ)　内容
①　保育士等や友達と触れ合い、安定感をもって行動する。
②　いろいろな遊びの中で十分に体を動かす。
③　進んで戸外で遊ぶ。
④　様々な活動に親しみ、楽しんで取り組む。
⑤　保育士等や友達と食べることを楽しみ、食べ
物への興味や関心をもつ。
⑥　健康な生活のリズムを身に付ける。
⑦　身の回りを清潔にし、衣服の着脱、食事、排
泄などの生活に必要な活動を自分でする。
⑧　保育所における生活の仕方を知り、自分たちで
生活の場を整えながら見通しをもって行動する。
⑨　自分の健康に関心をもち、病気の予防などに
必要な活動を進んで行う。
⑩　危険な場所、危険な遊び方、災害時などの行
動の仕方が分かり、安全に気を付けて行動する。
(ウ)　内容の取扱い
　　上記の取扱いに当たっては、次の事項に留意す
る必要がある。
①　心と体の健康は、相互に密接な関連があるものであ
ることを踏まえ、子どもが保育士等や他の子どもとの
温かい触れ合いの中で自己の存在感や充実感を味わう
ことなどを基盤として、しなやかな心と体の発達を促
すこと。特に、十分に体を動かす気持ちよさを体験し、
自ら体を動かそうとする意欲が育つようにすること。
②　様々な遊びの中で、子どもが興味や関心、能力に
応じて全身を使って活動することにより、体を動かす
楽しさを味わい、自分の体を大切にしようとする気持
ちが育つようにすること。その際、多様な動きを経験
する中で、体の動きを調整するようにすること。
③　自然の中で伸び伸びと体を動かして遊ぶことにより、
体の諸機能の発達が促されることに留意し、子どもの興
味や関心が戸外にも向くようにすること。その際、子ども
の動線に配慮した園庭や遊具の配置などを工夫すること。

旧　保育所保育指針

(2)　教育に関わるねらい及び内容
ア　健康
　　健康な心と体を育て、自ら健康で安全な生活を
つくり出す力を養う。
(ア)　ねらい
①　明るく伸び伸びと行動し、充実感を味わう。
②　自分の体を十分に動かし、進んで運動しよ
うとする。
③　健康、安全な生活に必要な習慣や態度を身
に付ける。
(イ)　内容
①　保育士等や友達と触れ合い、安定感を持っ
て生活する。
②　いろいろな遊びの中で十分に体を動かす。
③　進んで戸外で遊ぶ。
④　様々な活動に親しみ、楽しんで取り組む。
⑤　健康な生活のリズムを身に付け、楽しんで
食事をする。
⑥　身の回りを清潔にし、衣類の着脱、食事、
排泄など生活に必要な活動を自分でする。
⑦　保育所における生活の仕方を知り、自分た
ちで生活の場を整えながら見通しを持って行
動する。
⑧　自分の健康に関心を持ち、病気の予防など
に必要な活動を進んで行う。
⑨　危険な場所や災害時などの行動の仕方が分
かり、安全に気を付けて行動する。

ウ　様々な遊びの中で、全身を動かして意欲的に活
動することにより、体の諸機能の発達が促されるこ
とに留意し、子どもの興味や関心が戸外にも向くよ
うにすること。

新　保育所保育指針

　　その際、子どもの動線に配慮した園庭や遊具の配置などを工夫すること

④　健康な心と体を育てるためには食育を通じた望ましい食習慣の形成が大切であることを踏まえ、子どもの食生活の実情に配慮し、和やかな雰囲気の中で保育士等や他の子どもと食べる喜びや楽しさを味わったり、様々な食べ物への興味や関心をもったりするなどし、食の大切さに気付き、進んで食べようとする気持ちが育つようにすること。

⑤　基本的な生活習慣の形成に当たっては、家庭での生活経験に配慮し、子どもの自立心を育て、子どもが他の子どもと関わりながら主体的な活動を展開する中で、生活に必要な習慣を身に付け、次第に見通しをもって行動できるようにすること。

⑥　安全に関する指導に当たっては、情緒の安定を図り、遊びを通して安全についての構えを身に付け、危険な場所や事物などが分かり、安全についての理解を深めるようにすること。また、交通安全の習慣を身に付けるようにするとともに、避難訓練などを通して、災害などの緊急時に適切な行動がとれるようにすること。

イ　人間関係

　　他の人々と親しみ、支え合って生活するために、自立心を育て、人と関わる力を養う。

(ｱ)　ねらい

①　保育所の生活を楽しみ、自分の力で行動することの充実感を味わう。

②　身近な人と親しみ、関わりを深め、工夫したり、協力したりして一緒に活動する楽しさを味わい、愛情や信頼感をもつ。

③　社会生活における望ましい習慣や態度を身に付ける。

(ｲ)　内容

①　保育士等や友達と共に過ごすことの喜びを味わう。

②　自分で考え、自分で行動する。

③　自分でできることは自分でする。

④　いろいろな遊びを楽しみながら物事をやり遂げようとする気持ちをもつ。

⑤　友達と積極的に関わりながら喜びや悲しみを共感し合う。

⑥　自分の思ったことを相手に伝え、相手の思っていることに気付く。

⑦　友達のよさに気付き、一緒に活動する楽しさを味わう。

⑧　友達と楽しく活動する中で、共通の目的を見いだし、工夫したり、協力したりなどする。

⑨　よいことや悪いことがあることに気付き、考えながら行動する。

⑩　友達との関わりを深め、思いやりをもつ。

⑪　友達と楽しく生活する中できまりの大切さに

旧　保育所保育指針

(4)　3歳以上児の保育に関わる配慮事項

ア　生活に必要な基本的な習慣や態度を身に付けることの大切さを理解し、適切な行動を選択できるよう配慮すること。

> 第3章・2・(4)

イ　人間関係

　　他の人々と親しみ、支え合って生活するために、自立心を育て、人と関わる力を養う。

(ｱ)　ねらい

①　保育所生活を楽しみ、自分の力で行動することの充実感を味わう。

②　身近な人と親しみ、関わりを深め、愛情や信頼感を持つ。

③　社会生活における望ましい習慣や態度を身に付ける。

(ｲ)　内容

①　安心できる保育士等との関係の下で、身近な大人や友達に関心を持ち、模倣して遊んだり、親しみを持って自ら関わろうとする。

②　保育士等や友達との安定した関係の中で、共に過ごすことの喜びを味わう。

③　自分で考え、自分で行動する。

④　自分でできることは自分でする。

⑤　友達と積極的に関わりながら喜びや悲しみを共感し合う。

⑥　自分の思ったことを相手に伝え、相手の思っていることに気付く。

⑦　友達の良さに気付き、一緒に活動する楽しさを味わう。

⑧　友達と一緒に活動する中で、共通の目的を見いだし、協力して物事をやり遂げようとする気持ちを持つ。

⑨　良いことや悪いことがあることに気付き、

> 第3章・1・(2)

新　保育所保育指針

気付き、守ろうとする。

⑫　共同の遊具や用具を大切にし、皆で使う。

⑬　高齢者をはじめ地域の人々などの自分の生活に関係の深いいろいろな人に親しみをもつ。

(ｳ)　内容の取扱い

上記の取扱いに当たっては、次の事項に留意する必要がある。

①　保育士等との信頼関係に支えられて自分自身の生活を確立していくことが人と関わる基盤となることを考慮し、子どもが自ら周囲に働き掛けることにより多様な感情を体験し、試行錯誤しながら諦めずにやり遂げることの達成感や、前向きな見通しをもって自分の力で行うことの充実感を味わうことができるよう、子どもの行動を見守りながら適切な援助を行うようにすること。

②　一人一人を生かした集団を形成しながら人と関わる力を育てていくようにすること。その際、集団の生活の中で、子どもが自己を発揮し、保育士等や他の子どもに認められる体験をし、自分のよさや特徴に気付き、自信をもって行動できるようにすること。

③　子どもが互いに関わりを深め、協同して遊ぶようになるため、自ら行動する力を育てるとともに、他の子どもと試行錯誤しながら活動を展開する楽しさや共通の目的が実現する喜びを味わうことができるようにすること。

④　道徳性の芽生えを培うに当たっては、基本的な生活習慣の形成を図るとともに、子どもが他の子どもとの関わりの中で他人の存在に気付き、相手を尊重する気持ちをもって行動できるようにし、また、自然や身近な動植物に親しむことなどを通して豊かな心情が育つようにすること。特に、人に対する信頼感や思いやりの気持ちは、葛藤やつまずきをも体験し、それらを乗り越えることにより次第に芽生えてくることに配慮すること。

⑤　集団の生活を通して、子どもが人との関わりを深め、規範意識の芽生えが培われることを考慮し、子どもが保育士等との信頼関係に支えられて自己を発揮する中で、互いに思いを主張し、折り合いを付ける体験をし、きまりの必要性などに気付き、自分の気持ちを調整する力が育つようにすること。

⑥　高齢者をはじめ地域の人々などの自分の生活に関係の深いいろいろな人と触れ合い、自分の感情や意志を表現しながら共に楽しみ、共感し合う体験を通して、これらの人々などに親しみをもち、人と関わることの楽しさや人の役に立つ喜びを味わうことができるようにすること。また、生活を通して親や祖父母などの家族の愛情に気付き、家族を大切にしようとする気持ちが育つようにすること。

旧　保育所保育指針

考えながら行動する。

⑩　身近な友達との関わりを深めるとともに、異年齢の友達など、様々な友達と関わり、思いやりや親しみを持つ。

⑪　友達と楽しく生活する中で決まりの大切さに気付き、守ろうとする。

⑫　共同の遊具や用具を大切にし、みんなで使う。

⑬　高齢者を始め地域の人々など自分の生活に関係の深いいろいろな人に親しみを持つ。

⑭　外国人など、自分とは異なる文化を持った人に親しみを持つ。

（第3章-1-(2)）

(4)　3歳以上児の保育に関する配慮事項

イ　子どもの情緒が安定し、自己を十分に発揮して活動することを通して、やり遂げる喜びや自信を持つことができるように配慮すること。

（第3章-2-(4)）

エ　けんかなど葛藤を経験しながら次第に相手の気持ちを理解し、相互に必要な存在であることを実感できるよう配慮すること。

（第3章-2-(4)）

オ　生活や遊びを通して、決まりがあることの大切さに気付き、自ら判断して行動できるよう配慮すること。

（第3章-2-(4)）

新　保育所保育指針

ウ　環境

　　周囲の様々な環境に好奇心や探究心をもって関わり、それらを生活に取り入れていこうとする力を養う。

(ア)　ねらい

　①　身近な環境に親しみ、自然と触れ合う中で様々な事象に興味や関心をもつ。

　②　身近な環境に自分から関わり、発見を楽しんだり、考えたりし、それを生活に取り入れようとする。

　③　身近な事象を見たり、考えたり、扱ったりする中で、物の性質や数量、文字などに対する感覚を豊かにする。

(イ)　内容

　①　自然に触れて生活し、その大きさ、美しさ、不思議さなどに気付く。

　②　生活の中で、様々な物に触れ、その性質や仕組みに興味や関心をもつ。

　③　季節により自然や人間の生活に変化のあることに気付く。

　④　自然などの身近な事象に関心をもち、取り入れて遊ぶ。

　⑤　身近な動植物に親しみをもって接し、生命の尊さに気付き、いたわったり、大切にしたりする。

　⑥　日常生活の中で、我が国や地域社会における様々な文化や伝統に親しむ。

　⑦　身近な物を大切にする。

　⑧　身近な物や遊具に興味をもって関わり、自分なりに比べたり、関連付けたりしながら考えたり、試したりして工夫して遊ぶ。

　⑨　日常生活の中で数量や図形などに関心をもつ。

　⑩　日常生活の中で簡単な標識や文字などに関心をもつ。

　⑪　生活に関係の深い情報や施設などに興味や関心をもつ。

　⑫　保育所内外の行事において国旗に親しむ。

(ウ)　内容の取扱い

　　上記の取扱いに当たっては、次の事項に留意する必要がある。

　①　子どもが、遊びの中で周囲の環境と関わり、次第に周囲の世界に好奇心を抱き、その意味や操作の仕方に関心をもち、物事の法則性に気付き、自分なりに考えることができるようになる過程を大切にすること。また、他の子どもの考えなどに触れて新しい考えを生み出す喜びや楽しさを味わい、自分の考えをよりよいものにしようとする気持ちが育つようにすること。

　②　幼児期において自然のもつ意味は大きく、自然の大きさ、美しさ、不思議さなどに直接触れる体験を通して、子どもの心が安らぎ、豊かな感情、好奇心、思考力、表現力の基礎が培われることを踏まえ、子どもが自然との関わりを深めることができるよう工夫すること。

旧　保育所保育指針

ウ　環境

　　周囲の様々な環境に好奇心や探究心を持って関わり、それらを生活に取り入れていこうとする力を養う。

(ア)　ねらい

　①　身近な環境に親しみ、自然と触れ合う中で様々な事象に興味や関心を持つ。

　②　身近な環境に自分から関わり、発見を楽しんだり、考えたりし、それを生活に取り入れようとする。

　③　身近な事物を見たり、考えたり、扱ったりする中で、物の性質や数量、文字などに対する感覚を豊かにする。

(イ)　内容

　①　安心できる人的及び物的環境の下で、聞く、見る、触れる、嗅ぐ、味わうなどの感覚のか働きを豊かにする。

　②　好きな玩具や遊具に興味を持って関わり、様々な遊びを楽しむ。

　③　自然に触れて生活し、その大きさ、美しさ、不思議さなどに気付く。

　④　生活の中で、様々な物に触れ、その性質や仕組みに興味や関心を持つ。

　⑤　季節により自然や人間の生活に変化のあることに気付く。

　⑥　自然などの身近な事象に関心を持ち、遊びや生活に取り入れようとする。

　⑦　身近な動植物に親しみを持ち、いたわったり、大切にしたり、作物を育てたり、味わうなどして、生命の尊さに気付く。

　⑧　身近な物を大切にする。

　⑨　身近な物や遊具に興味を持って関わり、考えたり、試したりして工夫して遊ぶ。

　⑩　日常生活の中で数量や図形などに関心を持つ。

　⑪　日常生活の中で簡単な標識や文字などに関心を持つ。

　⑫　近隣の生活に興味や関心を持ち、保育所内外の行事などに喜んで参加する。

カ　自然との触れ合いにより、子どもの豊かな感性や認識力、思考力及び表現力が培われることを踏まえ、自然との関わりを深めることができるよう工夫すること。

新　保育所保育指針

③　身近な事象や動植物に対する感動を伝え合い、共感し合うことなどを通して自分から関わろうとする意欲を育てるとともに、様々な関わり方を通してそれに対する親しみや畏敬の念、生命を大切にする気持ち、公共心、探究心などが養われるようにすること。

④　文化や伝統に親しむ際には、正月や節句など我が国の伝統的な行事、国歌、唱歌、わらべうたや我が国の伝統的な遊びに親しんだり、異なる文化に触れる活動に親しんだりすることを通じて、社会とのつながりの意識や国際理解の意識の芽生えなどが養われるようにすること。

⑤　数量や文字などに関しては、日常生活の中で子ども自身の必要感に基づく体験を大切にし、数量や文字などに関する興味や関心、感覚が養われるようにすること。

エ　言葉

経験したことや考えたことなどを自分なりの言葉で表現し、相手の話す言葉を聞こうとする意欲や態度を育て、言葉に対する感覚や言葉で表現する力を養う。

(ｱ)　ねらい

①　自分の気持ちを言葉で表現する楽しさを味わう。

②　人の言葉や話などをよく聞き、自分の経験したことや考えたことを話し、伝え合う喜びを味わう。

③　日常生活に必要な言葉が分かるようになるとともに、絵本や物語などに親しみ、言葉に対する感覚を豊かにし、保育士等や友達と心を通わせる。

(ｲ)　内容

①　保育士等や友達の言葉や話に興味や関心をもち、親しみをもって聞いたり、話したりする。

②　したり、見たり、聞いたり、感じたり、考えたりなどしたことを自分なりに言葉で表現する。

③　したいこと、してほしいことを言葉で表現したり、分からないことを尋ねたりする。

④　人の話を注意して聞き、相手に分かるように話す。

⑤　生活の中で必要な言葉が分かり、使う。

⑥　親しみをもって日常の挨拶をする。

⑦　生活の中で言葉の楽しさや美しさに気付く。

⑧　いろいろな体験を通じてイメージや言葉を豊かにする。

⑨　絵本や物語などに親しみ、興味をもって聞き、想像をする楽しさを味わう。

⑩　日常生活の中で、文字などで伝える楽しさを味わう。

(ｳ)　内容の取扱い

上記の取扱いに当たっては、次の事項に留意する必要がある。

①　言葉は、身近な人に親しみをもって接し、自分の感情や意志などを伝え、それに相手が応答し、その言葉を聞くことを通して次第に獲得されていくものであることを考慮して、子どもが保育士等や他の子

旧　保育所保育指針

エ　言葉

経験したことや考えたことなどを自分なりの言葉で表現し、相手の話す言葉を聞こうとする意欲や態度を育て、言葉に対する感覚や言葉で表現する力を養う。

(ｱ)　ねらい

①　自分の気持ちを言葉で表現する楽しさを味わう。

②　人の言葉や話などをよく聞き、自分の経験したことや考えたことを話し、伝え合う喜びを味わう。

③　日常生活に必要な言葉が分かるようになるとともに、絵本や物語などに親しみ、保育士等や友達と心を通わせる。

(ｲ)　内容

①　保育士等の応答的な関わりや話しかけにより、自ら言葉を使おうとする。

②　保育士等と一緒にごっこ遊びなどをする中で、言葉のやり取りを楽しむ。

③　保育士等や友達の言葉や話に興味や関心を持ち、親しみを持って聞いたり、話したりする。

④　したこと、見たこと、聞いたこと、味わったこと、感じたこと、考えたことを自分なりに言葉で表現する。

⑤　したいこと、してほしいことを言葉で表現したり、分からないことを尋ねたりする。

⑥　人の話を注意して聞き、相手に分かるように話す。

⑦　生活の中で必要な言葉が分かり、使う。

⑧　親しみを持って日常のあいさつをする。

⑨　生活の中で言葉の楽しさや美しさに気付く。

⑩　いろいろな体験を通じてイメージや言葉を豊かにする。

⑪　絵本や物語などに親しみ、興味を持って聞き、想像する楽しさを味わう。

⑫　日常生活の中で、文字などで伝える楽しさを味わう。

新　保育所保育指針

どもと関わることにより心を動かされるような体験をし、言葉を交わす喜びを味わえるようにすること。

② 子どもが自分の思いを言葉で伝えるとともに、保育士等や他の子どもなどの話を興味をもって注意して聞くことを通して、次第に話を理解するようになっていき、言葉による伝え合いができるようにすること。

③ 絵本や物語などで、その内容と自分の経験とを結び付けたり、想像を巡らせたりするなど、楽しみを十分に味わうことによって、次第に豊かなイメージをもち、言葉に対する感覚が養われるようにすること。

④ 子どもが生活の中で、言葉の響きやリズム、新しい言葉や表現などに触れ、これらを使う楽しさを味わえるようにすること。その際、絵本や物語に親しんだり、言葉遊びなどをしたりすることを通して、言葉が豊かになるようにすること。

⑤ 子どもが日常生活の中で、文字などを使いながら思ったことや考えたことを伝える喜びや楽しさを味わい、文字に対する興味や関心をもつようにすること。

オ　表現

感じたことや考えたことを自分なりに表現することを通して、豊かな感性や表現する力を養い、創造性を豊かにする。

(7) ねらい

① いろいろなものの美しさなどに対する豊かな感性をもつ。

② 感じたことや考えたことを自分なりに表現して楽しむ。

③ 生活の中でイメージを豊かにし、様々な表現を楽しむ。

(イ) 内容

① 生活の中で様々な音、形、色、手触り、動きなどに気付いたり、感じたりするなどして楽しむ。

② 生活の中で美しいものや心を動かす出来事に触れ、イメージを豊かにする。

③ 様々な出来事の中で、感動したことを伝え合う楽しさを味わう。

④ 感じたこと、考えたことなどを音や動きなどで表現したり、自由にかいたり、つくったりなどする。

⑤ いろいろな素材に親しみ、工夫して遊ぶ。

⑥ 音楽に親しみ、歌を歌ったり、簡単なリズム楽器を使ったりなどする楽しさを味わう。

⑦ かいたり、つくったりすることを楽しみ、遊びに使ったり、飾ったりなどする。

⑧ 自分のイメージを動きや言葉などで表現したり、演じて遊んだりするなどの楽しさを味わう。

(ウ) 内容の取扱い

上記の取扱いに当たっては、次の事項に留意する必要がある。

旧　保育所保育指針

(4) 3歳以上児の保育に関する配慮事項

キ 自分の気持ちや経験を自分なりの言葉で表現することの大切さに留意し、子どもの話しかけに応じるよう心がけること。また、子どもが仲間と伝え合ったり、話し合うことの楽しさが味わえるようにすること。　第3章・2・(4)

ク 感じたことや思ったこと、想像したことなどを、様々な方法で創意工夫を凝らして自由に表現できるよう、保育に必要な素材や用具を始め、様々な環境の設定に留意すること。　第3章・2・(4)

オ　表現

感じたことや考えたことを自分なりに表現することを通して、豊かな感性や表現する力を養い、創造性を豊かにする。　第3章・1・(2)

(ア) ねらい

① いろいろな物の美しさなどに対する豊かな感性を持つ。

② 感じたことや考えたことを自分なりに表現して楽しむ。

③ 生活の中でイメージを豊かにし、様々な表現を楽しむ。

(イ) 内容

① 水、砂、土、紙、粘土など様々な素材に触れて楽しむ。

② 保育士等と一緒に歌ったり、手遊びをしたり、リズムに合わせて体を動かしたりして遊ぶ。

③ 生活の中で様々な音、色、形、手触り、動き、味、香りなどに気付いたり、感じたりして楽しむ。

④ 生活の中で様々な出来事に触れ、イメージを豊かにする。

⑤ 様々な出来事の中で、感動したことを伝え合う楽しさを味わう。

⑥ 感じたこと、考えたことなどを音や動きなどで表現したり、自由にかいたり、つくったりする。

⑦ いろいろな素材や用具に親しみ、工夫して遊ぶ。

⑧ 音楽に親しみ、歌を歌ったり、簡単なリズム楽器を使ったりする楽しさを味わう。

⑨ かいたり、つくったりすることを楽しみ、それを遊びに使ったり、飾ったりする。

⑩ 自分のイメージを動きや言葉などで表現したり、演じて遊んだりする楽しさを味わう。

新　保育所保育指針

① 豊かな感性は、身近な環境と十分に関わる中で美しいもの、優れたもの、心を動かす出来事などに出会い、そこから得た感動を他の子どもや保育士等と共有し、様々に表現することなどを通して養われるようにすること。その際、風の音や雨の音、身近にある草や花の形や色など自然の中にある音、形、色などに気付くようにすること。

② 子どもの自己表現は素朴な形で行われることが多いので、保育士等はそのような表現を受容し、子ども自身の表現しようとする意欲を受け止めて、子どもが生活の中で子どもらしい様々な表現を楽しむことができるようにすること。

③ 生活経験や発達に応じ、自ら様々な表現を楽しみ、表現する意欲を十分に発揮させることができるように、遊具や用具などを整えたり、様々な素材や表現の仕方に親しんだり、他の子どもの表現に触れられるよう配慮したりし、表現する過程を大切にして自己表現を楽しめるように工夫すること。

(3) 保育の実施に関わる配慮事項

ア　第1章の4の(2)に示す「幼児期の終わりまでに育ってほしい姿」が、ねらい及び内容に基づく活動全体を通して資質・能力が育まれている子どもの小学校就学時の具体的な姿であることを踏まえ、指導を行う際には適宜考慮すること。

イ　子どもの発達や成長の援助をねらいとした活動の時間については、意識的に保育の計画等において位置付けて、実施することが重要であること。なお、そのような活動の時間については、保護者の就労状況等に応じて子どもが保育所で過ごす時間がそれぞれ異なることに留意して設定すること。

ウ　特に必要な場合には、各領域に示すねらいの趣旨に基づいて、具体的な内容を工夫し、それを加えても差し支えないが、その場合には、それが第1章の1に示す保育所保育に関する基本原則を逸脱しないよう慎重に配慮する必要があること。

4　保育の実施に関して留意すべき事項

(1) 保育全般に関わる配慮事項

ア　子どもの心身の発達及び活動の実態などの個人差を踏まえるとともに、一人一人の子どもの気持ちを受け止め、援助すること。

イ　子どもの健康は、生理的・身体的な育ちとともに、自主性や社会性、豊かな感性の育ちとがあいまってもたらされることに留意すること。

ウ　子どもが自ら周囲に働きかけ、試行錯誤しつつ自分の力で行う活動を見守りながら、適切に援助すること。

エ　子どもの入所時の保育に当たっては、できるだけ

旧　保育所保育指針

2　保育の実施上の配慮事項

保育士等は、一人一人の子どもの発達過程やその連続性を踏まえ、ねらいや内容を柔軟に取り扱うとともに、特に、次の事項に配慮して保育しなければならない。

(1) 保育に関わる全般的な配慮事項

ア　子どもの心身の発達及び活動の実態などの個人差を踏まえるとともに、一人一人の子どもの気持ちを受け止め、援助すること。

イ　子どもの健康は、生理的、身体的な育ちとともに、自主性や社会性、豊かな感性の育ちとがあいまってもたらされることに留意すること。

ウ　子どもが自ら周囲に働きかけ、試行錯誤しつつ自

新　保育所保育指針

　　個別的に対応し、子どもが安定感を得て、次第に保育所の生活になじんでいくようにするとともに、既に入所している子どもに不安や動揺を与えないようにすること。

　オ　子どもの国籍や文化の違いを認め、互いに尊重する心を育てるようにすること。

　カ　子どもの性差や個人差にも留意しつつ、性別などによる固定的な意識を植え付けることがないようにすること。

（2）　小学校との連携

　ア　保育所においては、保育所保育が、小学校以降の生活や学習の基盤の育成につながることに配慮し、幼児期にふさわしい生活を通じて、創造的な思考や主体的な生活態度などの基礎を培うようにすること。

　イ　保育所保育において育まれた資質・能力を踏まえ、小学校教育が円滑に行われるよう、小学校教師との意見交換や合同の研究の機会などを設け、第1章の4の(2)に示す「幼児期の終わりまでに育って欲しい姿」を共有するなど連携を図り、保育所保育と小学校教育との円滑な接続を図るよう努めること。

　ウ　子どもに関する情報共有に関して、保育所に入所している子どもの就学に際し、市町村の支援の下に、子どもの育ちを支えるための資料が保育所から小学校へ送付されるようにすること。

（3）　家庭及び地域社会との連携

　　子どもの生活の連続性を踏まえ、家庭及び地域社会と連携して保育が展開されるよう配慮すること。その際、家庭や地域の機関及び団体の協力を得て、地域の自然、高齢者や異年齢の子ども等を含む人材、行事、施設等の地域の資源を積極的に活用し、豊かな生活体験をはじめ保育内容の充実が図られるよう配慮すること。

第3章　健康及び安全

　保育所保育において、子どもの健康及び安全の確保は、子どもの生命の保持と健やかな生活の基本であり、一人一人の子どもの健康の保持及び増進並びに安全の確保とともに、保育所全体における健康及び安全の確保に努めることが重要となる。

　また、子どもが、自らの体や健康に関心をもち、心身の機能を高めていくことが大切である。

　このため、第1章及び第2章等の関連する事項に留意し、次に示す事項を踏まえ、保育を行うこととする。

1　子どもの健康支援

（1）　子どもの健康状態並びに発育及び発達状態の把握

　ア　子どもの心身の状態に応じて保育するために、子どもの健康状態並びに発育及び発達状態について、定期

旧　保育所保育指針

　　分の力で行う活動を見守りながら、適切に援助すること。

　エ　子どもの入所時の保育に当たっては、できるだけ個別的に対応し、子どもが安定感を得て、次第に保育所の生活になじんでいくようにするとともに、既に入所している子どもに不安や動揺を与えないよう配慮すること。

　オ　子どもの国籍や文化の違いを認め、互いに尊重する心を育てるよう配慮すること。

　カ　子どもの性差や個人差にも留意しつつ、性別などによる固定的な意識を植え付けることがないよう配慮すること。

　ケ　保育所の保育が、小学校以降の生活や学習の基盤の育成につながることに留意し、幼児期にふさわしい生活を通して、創造的な思考や主体的な生活態度などの基礎を培うようにすること。

　エ　小学校との連携

　（ア）　子どもの生活や発達の連続性を踏まえ、保育の内容の工夫を図るとともに、就学に向けて、保育所の子どもと小学校の児童との交流、職員同士の交流、情報共有や相互理解など小学校との積極的な連携を図るよう配慮すること。

　（イ）　子どもに関する情報共有に関して、保育所に入所している子どもの就学に際し、市町村の支援の下に、子どもの育ちを支えるための資料が保育所から小学校へ送付されるようにすること。

　オ　家庭及び地域社会との連携

　　子どもの生活の連続性を踏まえ、家庭及び地域社会と連携して保育が展開されるよう配慮すること。その際、家庭や地域の機関及び団体の協力を得て、地域の自然、人材、行事、施設等の資源を積極的に活用し、豊かな生活体験を始め保育内容の充実が図られるよう配慮すること。

第5章　健康及び安全

　子どもの健康及び安全は、子どもの生命の保持と健やかな生活の基本であり、保育所においては、一人一人の子どもの健康の保持及び増進並びに安全の確保とともに、保育所の子ども集団全体の健康及び安全の確保に努めなければならない。また、子どもが、自らの体や健康に関心を持ち、心身の機能を高めていくことが大切である。このため、保育所は、第1章（総則）、第3章（保育の内容）等の関連する事項に留意し、次に示す事項を踏まえ、保育しなければならない。

1 子どもの健康支援

（1）　子どもの健康状態並びに発育及び発達状態の把握

　ア　子どもの心身の状態に応じて保育するために、子どもの健康状態並びに発育及び発達状態について、定期

新　保育所保育指針

的・継続的に、また、必要に応じて随時、把握すること。

イ　保護者からの情報とともに、登所時及び保育中を通じて子どもの状態を観察し、何らかの疾病が疑われる状態や傷害が認められた場合には、保護者に連絡するとともに、嘱託医と相談するなど適切な対応を図ること。看護師等が配置されている場合には、その専門性を生かした対応を図ること。

ウ　子どもの心身の状態等を観察し、不適切な養育の兆候が見られる場合には、市町村や関係機関と連携し、児童福祉法第25条に基づき、適切な対応を図ること。また、虐待が疑われる場合には、速やかに市町村又は児童相談所に通告し、適切な対応を図ること。

(2)　健康増進

ア　子どもの健康に関する保健計画を全体的な計画に基づいて作成し、全職員がそのねらいや内容を踏まえ、一人一人の子どもの健康の保持及び増進に努めていくこと。

イ　子どもの心身の健康状態や疾病等の把握のために、嘱託医等により定期的に健康診断を行い、その結果を記録し、保育に活用するとともに、保護者が子どもの状態を理解し、日常生活に活用できるようにすること。

(3)　疾病等への対応

ア　保育中に体調不良や傷害が発生した場合には、その子どもの状態等に応じて、保護者に連絡するとともに、適宜、嘱託医や子どものかかりつけ医等と相談し、適切な処置を行うこと。看護師等が配置されている場合には、その専門性を生かした対応を図ること。

イ　感染症やその他の疾病の発生予防に努め、その発生や疑いがある場合には、必要に応じて嘱託医、市町村、保健所等に連絡し、その指示に従うとともに、保護者や全職員に連絡し、予防等について協力を求めること。また、感染症に関する保育所の対応方法等について、あらかじめ関係機関の協力を得ておくこと。看護師等が配置されている場合には、その専門性を生かした対応を図ること。

ウ　アレルギー疾患を有する子どもの保育については、保護者と連携し、医師の診断及び指示に基づき、適切な対応を行うこと。また、食物アレルギーに関して、関係機関と連携して、当該保育所の体制構築など、安全な環境の整備を行うこと。看護師や栄養士等が配置されている場合には、その専門性を生かした対応を図ること。

エ　子どもの疾病等の事態に備え、医務室等の環境を整え、救急用の薬品、材料等を適切な管理の下に常備し、全職員が対応できるようにしておくこと。

2　食育の推進

(1)　保育所の特性を生かした食育

ア　保育所における食育は、健康な生活の基本としての「食を営む力」の育成に向け、その基礎を培うこ

旧　保育所保育指針

的、継続的に、また、必要に応じて随時、把握すること。

イ　保護者からの情報とともに、登所時及び保育中を通じて子どもの状態を観察し、何らかの疾病が疑われる状態や傷害が認められた場合には、保護者に連絡するとともに、嘱託医と相談するなど適切な対応を図ること。

ウ　子どもの心身の状態等を観察し、不適切な養育の兆候が見られる場合には、市町村や関係機関と連携し、児童福祉法第25条の2第1項に規定する要保護児童対策地域協議会（以下「要保護児童対策地域協議会」という。）で検討するなど適切な対応を図ること。また、虐待が疑われる場合には、速やかに市町村又は児童相談所に通告し、適切な対応を図ること。

(2)　健康増進

ア　子どもの健康に関する保健計画を作成し、全職員がそのねらいや内容を明確にしながら、一人一人の子どもの健康の保持及び増進に努めていくこと。

イ　子どもの心身の健康状態や疾病等の把握のために、嘱託医等により定期的に健康診断を行い、その結果を記録し、保育に活用するとともに、保護者に連絡し、保護者が子どもの状態を理解し、日常生活に活用できるようにすること。

(3)　疾病等への対応

ア　保育中に体調不良や傷害が発生した場合には、その子どもの状態等に応じて、保護者に連絡するとともに、適宜、嘱託医や子どものかかりつけ医等と相談し、適切な処置を行うこと。看護師等が配置されている場合には、その専門性を生かした対応を図ること。

イ　感染症やその他の疾病の発生予防に努め、その発生や疑いがある場合には、必要に応じて嘱託医、市町村、保健所等に連絡し、その指示に従うとともに、保護者や全職員に連絡し、協力を求めること。また、感染症に関する保育所の対応方法等について、あらかじめ関係機関の協力を得ておくこと。看護師等が配置されている場合には、その専門性を生かした対応を図ること。

ウ　子どもの疾病等の事態に備え、医務室等の環境を整え、救急用の薬品、材料等を常備し、適切な管理の下に全職員が対応できるようにしておくこと。

3　食育の推進

保育所における食育は、健康な生活の基本としての「食を営む力」の育成に向け、その基礎を培うことを目標として、次の事項に留意して実施しなければならない。

新　保育所保育指針

とを目標とすること。

イ　子どもが生活と遊びの中で、意欲をもって食に関わる体験を積み重ね、食べることを楽しみ、食事を楽しみ合う子どもに成長していくことを期待するものであること。

ウ　乳幼児期にふさわしい食生活が展開され、適切な援助が行われるよう、食事の提供を含む食育計画を全体的な計画に基づいて作成し、その評価及び改善に努めること。栄養士が配置されている場合は、専門性を生かした対応を図ること。

(2)　食育の環境の整備等

ア　子どもが自らの感覚や体験を通して、自然の恵みとしての食材や食の循環・環境への意識、調理する人への感謝の気持ちが育つように、子どもと調理員等との関わりや、調理室など食に関わる保育環境に配慮すること。

イ　保護者や地域の多様な関係者との連携及び協働の下で、食に関する取組が進められること。また、市町村の支援の下に、地域の関係機関等との日常的な連携を図り、必要な協力が得られるよう努めること。

ウ　体調不良、食物アレルギー、障害のある子どもなど、一人一人の子どもの心身の状態等に応じ、嘱託医、かかりつけ医等の指示や協力の下に適切に対応すること。栄養士が配置されている場合は、専門性を生かした対応を図ること。

3　環境及び衛生管理並びに安全管理

(1)　環境及び衛生管理

ア　施設の温度、湿度、換気、採光、音などの環境を常に適切な状態に保持するとともに、施設内外の設備及び用具等の衛生管理に努めること。

イ　施設内外の適切な環境の維持に努めるとともに、子ども及び全職員が清潔を保つようにすること。また、職員は衛生知識の向上に努めること。

(2)　事故防止及び安全対策

ア　保育中の事故防止のために、子どもの心身の状態等を踏まえつつ、施設内外の安全点検に努め、安全対策のために全職員の共通理解や体制づくりを図るとともに、家庭や地域の関係機関の協力の下に安全指導を行うこと。

イ　事故防止の取組を行う際には、特に、睡眠中、プール活動・水遊び中、食事中等の場面では重大事故が発生しやすいことを踏まえ、子どもの主体的な活動を大切にしつつ、施設内外の環境の配慮や指導の工夫を行うなど、必要な対策を講じること。

ウ　保育中の事故の発生に備え、施設内外の危険箇所の点検や訓練を実施するとともに、外部からの不審者等の侵入防止のための措置や訓練など不測の事態に備えて必要な対応を行うこと。また、子どもの精神保健面における対応に留意すること。

旧　保育所保育指針

(1)　子どもが生活と遊びの中で、意欲を持って食に関わる体験を積み重ね、食べることを楽しみ、食事を楽しみ合う子どもに成長していくことを期待するものであること。

(2)　乳幼児期にふさわしい食生活が展開され、適切な援助が行われるよう、食事の提供を含む食育の計画を作成し、保育の計画に位置付けるとともに、その評価及び改善に努めること。

(3)　子どもが自らの感覚や体験を通して、自然の恵みとしての食材や調理する人への感謝の気持ちが育つように、子どもと調理員との関わりや、調理室など食に関わる保育環境に配慮すること。

(4)　体調不良、食物アレルギー、障害のある子どもなど、一人一人の子どもの心身の状態等に応じ、嘱託医、かかりつけ医等の指示や協力の下に適切に対応すること。栄養士が配置されている場合は、専門性を生かした対応を図ること。

2　環境及び衛生管理並びに安全管理

(1)　環境及び衛生管理

ア　施設の温度、湿度、換気、採光、音などの環境を常に適切な状態に保持するとともに、施設内外の設備、用具等の衛生管理に努めること。

イ　子ども及び職員が、手洗い等により清潔を保つようにするとともに、施設内外の保健的環境の維持及び向上に努めること。

(2)　事故防止及び安全対策

ア　保育中の事故防止のために、子どもの心身の状態等を踏まえつつ、保育所内外の安全点検に努め、安全対策のために職員の共通理解や体制作りを図るとともに、家庭や地域の諸機関の協力の下に安全指導を行うこと。

イ　災害や事故の発生に備え、危険箇所の点検や避難訓練を実施するとともに、外部からの不審者等の侵入防止のための措置や訓練など不測の事態に備えて必要な対応を図ること。また、子どもの精神保健面における対応に留意すること。

169

新　保育所保育指針

4 災害への備え

(1) 施設・設備等の安全確保

ア　防火設備、避難経路等の安全性が確保されるよう、定期的にこれらの安全点検を行うこと。

イ　備品、遊具等の配置、保管を適切に行い、日頃から、安全環境の整備に努めること。

(2) 災害発生時の対応体制及び避難への備え

ア　火災や地震などの災害の発生に備え、緊急時の対応の具体的内容及び手順、職員の役割分担、避難訓練計画等に関するマニュアルを作成すること。

イ　定期的に避難訓練を実施するなど、必要な対応を図ること。

ウ　災害の発生時に、保護者等への連絡及び子どもの引渡しを円滑に行うため、日頃から保護者との密接な連携に努め、連絡体制や引渡し方法等について確認をしておくこと。

(3) 地域の関係機関等との連携

ア　市町村の支援の下に、地域の関係機関との日常的な連携を図り、必要な協力が得られるよう努めること。

イ　避難訓練については、地域の関係機関や保護者との連携の下に行うなど工夫すること。

第4章　子育て支援

　保育所における保護者に対する子育て支援は、全ての子どもの健やかな育ちを実現することができるよう、第1章及び第2章等の関連する事項を踏まえ、子どもの育ちを家庭と連携して支援していくとともに、保護者及び地域が有する子育てを自ら実践する力の向上に資するよう、次の事項に留意するものとする。

1　保育所における子育て支援に関する基本的事項

(1) 保育所の特性を生かした子育て支援

ア　保護者に対する子育て支援を行う際には、各地域や家庭の実態等を踏まえるとともに、保護者の気持ちを受け止め、相互の信頼関係を基本に、保護者の自己決定を尊重すること。

イ　保育及び子育てに関する知識や技術など、保育士等の専門性や、子どもが常に存在する環境など、保育所の特性を生かし、保護者が子どもの成長に気付き子育ての喜びを感じられるように努めること。

(2) 子育て支援に関して留意すべき事項

ア　保護者に対する子育て支援における地域の関係機関等との連携及び協働を図り、保育所全体の体制構築に努めること。

イ　子どもの利益に反しない限りにおいて、保護者や子どものプライバシーを保護し、知り得た事柄の秘密を保持をすること。

旧　保育所保育指針

4　健康及び安全の実施体制等

　施設長は、入所する子どもの健康及び安全に最終的な責任を有することにかんがみ、この章の1から3までに規定する事項が保育所において適切に実施されるように、次の事項に留意し、保育所における健康及び安全の実施体制等の整備に努めなければならない。

(1) 全職員が健康及び安全に関する共通理解を深め、適切な分担と協力の下に年間を通じて計画的に取り組むこと。

(2) 取組の方針や具体的な活動の企画立案及び保育所内外の連絡調整の業務について、専門的職員が担当することが望ましいこと。栄養士及び看護師等が配置されている場合には、その専門性を生かして業務に当たること。

(3) 保護者と常に密接な連携を図るとともに、保育所全体の方針や取組について、周知するよう努めること。

(4) 市町村の支援の下に、地域の関係機関等との日常的な連携を図り、必要な協力が得られるよう努めること。

第6章　保護者に対する支援

　保育所における保護者への支援は、保育士等の業務であり、その専門性を生かした子育て支援の役割は、特に重要なものである。保育所は、第1章（総則）に示されているように、その特性を生かし、保育所に入所する子どもの保護者に対する支援及び地域の子育て家庭への支援について、職員間の連携を図りながら、次の事項に留意して、積極的に取り組むことが求められる。

1　保育所における保護者に対する支援の基本

(1) 子どもの最善の利益を考慮し、子どもの福祉を重視すること。

(2) 保護者とともに、子どもの成長の喜びを共有すること。

(3) 保育に関する知識や技術などの保育士の専門性や、子どもの集団が常に存在する環境など、保育所の特性を生かすこと。

(4) 一人一人の保護者の状況を踏まえ、子どもと保護者の安定した関係に配慮して、保護者の養育力の向上に資するよう、適切に支援すること。

(5) 子育て等に関する相談や助言に当たっては、保護者の気持ちを受け止め、相互の信頼関係を基本に、保護者一人一人の自己決定を尊重すること。

(6) 子どもの利益に反しない限りにおいて、保護者や子どものプライバシーの保護、知り得た事柄の秘密保持に留意すること。

新　保育所保育指針

2　保育所を利用している保護者に対する子育て支援
　(1)　保護者との相互理解
　　ア　日常の保育に関連した様々な機会を活用し子ども
　　　の日々の様子の伝達や収集、保育所保育の意図の
　　　説明などを通じて、保護者との相互理解を図るよう
　　　努めること。
　　イ　保育の活動に対する保護者の積極的な参加は、
　　　保護者の子育てを自ら実践する力の向上に寄与する
　　　ことから、これを促すこと。
　(2)　保護者の状況に配慮した個別の支援
　　ア　保護者の就労と子育ての両立等を支援するため、
　　　保護者の多様化した保育の需要に応じ、病児保育
　　　事業など多様な事業を実施する場合には、保護者の
　　　状況に配慮するとともに、子どもの福祉が尊重され
　　　るよう努め、子どもの生活の連続性を考慮すること。
　　イ　子どもに障害や発達上の課題が見られる場合に
　　　は、市町村や関係機関と連携及び協力を図りつつ、
　　　保護者に対する個別の支援を行うよう努めること。
　　ウ　外国籍家庭など、特別な配慮を必要とする家庭の
　　　場合には、状況等に応じて個別の支援を行うよう努
　　　めること。
　(3)　不適切な養育等が疑われる家庭への支援
　　ア　保護者に育児不安等が見られる場合には、保護者の
　　　希望に応じて個別の支援を行うよう努めること。
　　イ　保護者に不適切な養育等が疑われる場合には、
　　　市町村や関係機関と連携し、要保護児童対策地域
　　　協議会で検討するなど適切な対応を図ること。また、
　　　虐待が疑われる場合には、速やかに市町村又は児
　　　童相談所に通告し、適切な対応を図ること。

3　地域の保護者等に対する子育て支援
　(1)　地域に開かれた子育て支援
　　ア　保育所は、児童福祉法第48条の4の規定に基づ
　　　き、その行う保育に支障がない限りにおいて、地域
　　　の実情や当該保育所の体制等を踏まえ、地域の保
　　　護者等に対して、保育所保育の専門性を生かした子
　　　育て支援を積極的に行うよう努めること。
　　イ　地域の子どもに対する一時預かり事業などの活動
　　　を行う際には、一人一人の子どもの心身の状態など
　　　を考慮するとともに、日常の保育との関連に配慮す
　　　るなど、柔軟に活動を展開できるようにすること。
　(2)　地域の関係機関等との連携
　　ア　市町村の支援を得て、地域の関係機関等との積極的
　　　な連携及び協働を図るとともに、子育て支援に関する
　　　地域の人材と積極的に連携を図るよう努めること。
　　イ　地域の要保護児童への対応など、地域の子どもを巡
　　　る諸課題に対し、要保護児童対策地域協議会など関係
　　　機関等と連携及び協力して取り組むよう努めること。

旧　保育所保育指針

　(7)　地域の子育て支援に関する資源を積極的に活用する
　　とともに、子育て支援に関する地域の関係機関、団体
　　等との連携及び協力を図ること。

2　保育所に入所している子どもの保護者に対する支援
　(1)　保育所に入所している子どもの保護者に対する支援
　　は、子どもの保育との密接な関連の中で、子どもの送
　　迎時の対応、相談や助言、連絡や通信、会合や行事
　　など様々な機会を活用して行うこと。
　(2)　保護者に対し、保育所における子どもの様子や日々
　　の保育の意図などを説明し、保護者との相互理解を図
　　るよう努めること。
　(3)　保育所において、保護者の仕事と子育ての両立等を支
　　援するため、通常の保育に加えて、保育時間の延長、休日、
　　夜間の保育、病児・病後児に対する保育など多様な保育
　　を実施する場合には、保護者の状況に配慮するとともに、
　　子どもの福祉が尊重されるよう努めること。
　(4)　子どもに障害や発達上の課題が見られる場合には、
　　市町村や関係機関と連携及び協力を図りつつ、保護者
　　に対する個別の支援を行うよう努めること。
　(5)　保護者に育児不安等が見られる場合には、保護者
　　の希望に応じて個別の支援を行うよう努めること。
　(6)　保護者に不適切な養育等が疑われる場合には、市
　　町村や関係機関と連携し、要保護児童対策地域協議
　　会で検討するなど適切な対応を図ること。また、虐待
　　が疑われる場合には、速やかに市町村又は児童相談
　　所に通告し、適切な対応を図ること。

3　地域における子育て支援
　(1)　保育所は、児童福祉法第48条の3の規定に基づき、
　　その行う保育に支障がない限りにおいて、地域の実情
　　や当該保育所の体制等を踏まえ、次に掲げるような地
　　域の保護者等に対する子育て支援を積極的に行うよう
　　努めること。
　　ア　地域の子育ての拠点としての機能
　　　(ア)　子育て家庭への保育所機能の開放（施設及
　　　　び設備の開放、体験保育等）
　　　(イ)　子育て等に関する相談や援助の実施
　　　(ウ)　子育て家庭の交流の場の提供及び交流の促進
　　　(エ)　地域の子育て支援に関する情報の提供
　　イ　一時保育
　(2)　市町村の支援を得て、地域の関係機関、団体等との
　　積極的な連携及び協力を図るとともに、子育て支援に関
　　わる地域の人材の積極的な活用を図るよう努めること。
　(3)　地域の要保護児童への対応など、地域の子どもをめ
　　ぐる諸課題に対し、要保護児童対策地域協議会など関
　　係機関等と連携、協力して取り組むよう努めること。

171

新　保育所保育指針

第5章　職員の資質向上

第1章から前章までに示された事項を踏まえ、保育所は、質の高い保育を展開するため、絶えず、一人一人の職員についての資質向上及び職員全体の専門性の向上を図るよう努めなければならない。

1　職員の資質向上に関する基本的事項
（1）保育所職員に求められる専門性
　子どもの最善の利益を考慮し、人権に配慮した保育を行うためには、職員一人一人の倫理観、人間性並びに保育所職員としての職務及び責任の理解と自覚が基盤となる。
　各職員は、自己評価に基づく課題等を踏まえ、保育所内外の研修等を通じて、保育士・看護師・調理員・栄養士等、それぞれの職務内容に応じた専門性を高めるため、必要な知識及び技術の修得、維持及び向上に努めなければならない。
（2）保育の質の向上に向けた組織的な取組
　保育所においては、保育の内容等に関する自己評価等を通じて把握した、保育の質の向上に向けた課題に組織的に対応するため、保育内容の改善や保育士等の役割分担の見直し等に取り組むとともに、それぞれの職位や職務内容等に応じて、各職員が必要な知識及び技能を身につけられるよう努めなければならない。

2　施設長の責務
（1）施設長の責務と専門性の向上
　施設長は、保育所の役割や社会的責任を遂行するために、法令等を遵守し、保育所を取り巻く社会情勢等を踏まえ、施設長としての専門性等の向上に努め、当該保育所における保育の質及び職員の専門性向上のために必要な環境の確保に努めなければならない。
（2）職員の研修機会の確保等
　施設長は、保育所の全体的な計画や、各職員の研修の必要性等を踏まえて、体系的・計画的な研修機会を確保するとともに、職員の勤務体制の工夫等により、職員が計画的に研修等に参加し、その専門性の向上が図られるよう努めなければならない。

3　職員の研修等
（1）職場における研修
　職員が日々の保育実践を通じて、必要な知識及び技術の修得、維持及び向上を図るとともに、保育の課題等への共通理解や協働性を高め、保育所全体としての保育の質の向上を図っていくためには、日常的に職員同士が主体的に学び合う姿勢と環境が重要であり、職場内での研修の充実が図られなければならない。

旧　保育所保育指針

第7章　職員の資質向上

第一章（総則）から前章（保護者に対する支援）までに示された事項を踏まえ、保育所は、質の高い保育を展開するため、絶えず、一人一人の職員についての資質向上及び職員全体の専門性の向上を図るよう努めなければならない。

1　職員の資質向上に関する基本的事項
　職員の資質向上に関しては、次の事項に留意して取り組むよう努めなければならない。
(1)　子どもの最善の利益を考慮し、人権に配慮した保育を行うためには、職員一人一人の倫理観、人間性並びに保育所職員としての職務及び責任の理解と自覚が基盤となること。
(2)　保育所全体の保育の質の向上を図るため、職員一人一人が、保育実践や研修などを通じて保育の専門性などを高めるとともに、保育実践や保育の内容に関する職員の共通理解を図り、協働性を高めていくこと。
(3)　職員同士の信頼関係とともに、職員と子ども及び職員と保護者との信頼関係を形成していく中で、常に自己研鑽に努め、喜びや意欲を持って保育に当たること。

2　施設長の責務
　施設長は、保育の質及び職員の資質の向上のため、次の事項に留意するとともに、必要な環境の確保に努めなければならない。
(1)　施設長は、保育所の役割や社会的責任を遂行するために、法令等を遵守し、保育所を取り巻く社会情勢などを踏まえ、その専門性等の向上に努めること。
(2)　第4章（保育の計画及び評価）の2の(1)（保育士等の自己評価）及び(2)（保育所の自己評価）等を踏まえ、職員が保育所の課題について共通理解を深め、協力して改善に努めることができる体制を作ること。
(3)　職員及び保育所の課題を踏まえた保育所内外の研修を体系的、計画的に実施するとともに、職員の自己研鑽に対する援助や助言に努めること。

3　職員の研修等
(1)　職員は、子どもの保育及び保護者に対する保育に関する指導が適切に行われるように、自己評価に基づく課題等を踏まえ、保育所内外の研修等を通じて、必要な知識及び技術の修得、維持及び向上に努めなければならない。
(2)　職員一人一人が課題を持って主体的に学ぶとともに、他の職員や地域の関係機関など、様々な人や場との関わりの中で共に学び合う環境を醸成していくことにより、保育所の活性化を図っていくことが求められる。

新　保育所保育指針

(2)　外部研修の活用

　　　各保育所における保育の課題への的確な対応や、保育士等の専門性の向上を図るためには、職場内での研修に加え、関係機関等による研修の活用が有効であることから、必要に応じて、こうした外部研修への参加機会が確保されるよう努めなければならない。

4　研修の実施体制等

(1)　体系的な研修計画の作成

　　　保育所においては、当該保育所における保育の課題や各職員のキャリアパス等も見据えて、初任者から管理職員までの職位や職務内容等を踏まえた体系的な研修計画を作成しなければならない。

(2)　組織内での研修成果の活用

　　　外部研修に参加する職員は、自らの専門性の向上を図るとともに、保育所における保育の課題を理解し、その解決を実践できる力を身に付けることが重要である。また、研修で得た知識及び技能を他の職員と共有することにより、保育所全体としての保育実践の質及び専門性の向上につなげていくことが求められる。

(3)　研修の実施に関する留意事項

　　　施設長等は保育所全体としての保育実践の質及び専門性の向上のために、研修の受講は特定の職員に偏ることなく行われるよう、配慮する必要がある。また、研修を修了した職員については、その職務内容等において、当該研修の成果等が適切に勘案されることが望ましい。

旧　保育所保育指針

《該当無し》

第2章　子どもの発達

　子どもは、様々な環境との相互作用により発達していく。すなわち、子どもの発達は、子どもがそれまでの体験を基にして、環境に働きかけ、環境との相互作用を通して、豊かな心情、意欲及び態度を身に付け、新たな能力を獲得していく過程である。特に大切なのは、人との関わりであり、愛情豊かで思慮深い大人による保護や世話などを通して、大人と子どもの相互の関わりが十分に行われることが重要である。この関係を起点として、次第に他の子どもとの間でも相互に働きかけ、関わりを深め、人への信頼感と自己の主体性を形成していくのである。

　これらのことを踏まえ、保育士等は、次に示す子どもの発達の特性や発達過程を理解し、発達及び生活の連続性に配慮して保育しなければならない。その際、保育士等は、子どもと生活や遊びを共にする中で、一人一人の子どもの心身の状態を把握しながら、その発達の援助を行うことが必要である。

1　乳幼児期の発達の特性

(1)　子どもは、大人によって生命を守られ、愛され、信頼されることにより、情緒が安定するとともに、人への信頼感が育つ。そして、身近な環境（人、自然、事物、出来事など）に興味や関心を持ち、自発的に働きかけるなど、次第に自我が芽生える。

(2)　子どもは、子どもを取り巻く環境に主体的に関わることにより、心身の発達が促される。

(3)　子どもは、大人との信頼関係を基にして、子ども同士の関係を持つようになる。この相互の関わりを通じて、身体的な発達及び知的な発達とともに、情緒的、社会的及び道徳的な発達が促される。

(4)　乳幼児期は、生理的、身体的な諸条件や生育環境の違いにより、一人一人の心身の発達の個人差が大きい。

(5)　子どもは、遊びを通して、仲間との関係を育み、その中で個の成長も促される。

(6)　乳幼児期は、生涯にわたる生きる力の基礎が培われる時期であり、特に身体感覚を伴う多様な経験が積み重なることにより、豊かな感性とともに好奇心、探究心や思考力が養われる。また、それらがその後の生活や学びの基礎になる。

2　発達過程

　子どもの発達過程は、おおむね次に示す8つの区分としてとらえられる。ただし、この区分は、同年齢の子どもの均一的な発達の基準ではなく、一人一人の子どもの発達過程としてとらえるべきものである。また、様々な

旧　保育所保育指針 《該当無し》

条件により、子どもに発達上の課題や保育所の生活になじみにくいなどの状態が見られても、保育士等は、子ども自身の力を十分に認め、一人一人の発達過程や心身の状態に応じた適切な援助及び環境構成を行うことが重要である。

(1) おおむね6か月未満

誕生後、母体内から外界への急激な環境の変化に適応し、著しい発達が見られる。首がすわり、手足の動きが活発になり、その後、寝返り、腹ばいなど全身の動きが活発になる。視覚、聴覚などの感覚の発達はめざましく、泣く、笑うなどの表情の変化や体の動き、喃語などで自分の欲求を表現し、これに応答的に関わる特定の大人との間に情緒的な絆が形成される。

(2) おおむね6か月から1歳3か月未満

座る、はう、立つ、つたい歩きといった運動機能が発達すること、及び腕や手先を意図的に動かせるようになることにより、周囲の人や物に興味を示し、探索活動が活発になる。特定の大人との応答的な関わりにより、情緒的な絆が深まり、あやしてもらうと喜ぶなどやり取りが盛んになる一方で、人見知りをするようになる。また、身近な大人との関係の中で、自分の意思や欲求を身振りなどで伝えようとし、大人から自分に向けられた気持ちや簡単な言葉が分かるようになる。食事は、離乳食から幼児食へ徐々に移行する。

(3) おおむね1歳3か月から2歳未満

歩き始め、手を使い、言葉を話すようになることにより、身近な人や身の回りの物に自発的に働きかけていく。歩く、押す、つまむ、めくるなど様々な運動機能の発達や新しい行動の獲得により、環境に働きかける意欲を一層高める。その中で、物をやり取りしたり、取り合ったりする姿が見られるとともに、玩具等を実物に見立てるなどの象徴機能が発達し、人や物との関わりが強まる。また、大人の言うことが分かるようになり、自分の意思を親しい大人に伝えたいという欲求が高まる。指差し、身振り、片言などを盛んに使うようになり、二語文を話し始める。

(4) おおむね2歳

歩く、走る、跳ぶなどの基本的な運動機能や、指先の機能が発達する。それに伴い、食事、衣類の着脱など身の回りのことを自分でしようとする。また、排泄の自立のための身体的機能も整ってくる。発声が明瞭になり、語彙も著しく増加し、自分の意思や欲求を言葉で表出できるようになる。行動範囲が広がり探索活動が盛んになる中、自我の育ちの表れとして、強く自己主張する姿が見られる。盛んに模倣し、物事の間の共通性を見いだすことができるようになるとともに、象徴機能の発達により、大人と一緒に簡単なごっこ遊びを楽しむようになる。

(5) おおむね3歳

基本的な運動機能が伸び、それに伴い、食事、排泄、衣類の着脱などもほぼ自立できるようになる。話し言葉の基礎ができて、盛んに質問するなど知的興味や関心が高まる。自我がよりはっきりしてくるとともに、友達との関わりが多くなるが、実際には、同じ場所で同じような遊びをそれぞれが楽しんでいる平行遊びであることが多い。大人の行動や日常生活において経験したことをごっこ遊びに取り入れたり、象徴機能や観察力を発揮して、遊びの内容に発展性が見られるようになる。予想や意図、期待を持って行動できるようになる。

(6) おおむね4歳

全身のバランスを取る能力が発達し、体の動きが巧みになる。自然など身近な環境に積極的に関わり、様々な物の特性を知り、それらとの関わり方や遊び方を体得していく。想像力が豊かになり、目的を持って行動し、つくったり、かいたり、試したりするようになるが、自分の行動やその結果を予測して不安になるなどの葛藤も経験する。仲間とのつながりが強くなる中で、けんかとうかも増えてくる。その一方で、決まりの大切さに気付き、守ろうとするようになる。感情が豊かになり、身近な人の気持ちを察し、少しずつ自分の気持ちを抑えられたり、我慢ができるようになってくる。

(7) おおむね5歳

基本的な生活習慣が身に付き、運動機能はますます伸び、喜んで運動遊びをしたり、仲間とともに活発に遊ぶ。言葉により共通のイメージを持って遊んだり、目的に向かって集団で行動することが増える。さらに、遊びを発展させ、楽しむために、自分たちで決まりを作ったりする。また、自分なりに考えて判断したり、批判する力が生まれ、けんかを自分たちで解決しようとするなど、お互いに相手を許したり、異なる思いや考えを認めたりといった社会生活に必要な基本的な力を身に付けていく。他人の役に立つことを嬉しく感じたりして、仲間の中の一人としての自覚が生まれる。

(8) おおむね6歳

全身運動が滑らかで巧みになり、快活に跳び回るようになる。これまでの体験から、自信や、予想や見通しを立てる力が育ち、心身ともに力があふれ、意欲が旺盛になる。仲間の意思を大切にしようとし、役割の分担が生まれるような協同遊びやごっこ遊びを行い、満足するまで取り組もうとする。様々な知識や経験を生かし、創意工夫を重ね、遊びを発展させる。思考力や認識力も高まり、自然事象や社会事象、文字などへの興味や関心も深まっていく。身近な大人に甘え、気持ちを休めることもあるが、様々な経験を通して自立心が一層高まっていく。

174

『幼保連携型認定こども園 教育・保育要領』

解説：砂上史子

『幼保連携型認定こども園教育・保育要領』改訂の趣旨

　幼保連携型認定こども園は、保護者の就労状況等に関わらず、就学前の子ども
に対して教育・保育を一体的に行うとともに、園に通っていない子どもの家庭も
含めて地域で必要とされる子育ての支援を行う施設です。そのような施設の特性
を踏まえ、『幼保連携型認定こども園教育・保育要領』の改訂では、認定こども園
の実態や実践現場での多様な取り組みの積み重ねとその成果を踏まえつつ、主に、
『幼稚園教育要領』の改訂及び『保育所保育指針』の改定の方向性との整合性を
図ること、幼保連携型認定こども園として特に配慮すべき事項の充実を図ること
の２点に基づいて、改訂の方向性と内容が検討されました。

　具体的には、『幼稚園教育要領』の改訂との整合性に関しては、幼児教育にお
いて育みたい資質・能力の整理、幼児の終わりまでに育ってほしい姿の明確化等
を反映させました。『保育所保育指針』の改定方向性との整合性に関しては、乳児・
１歳以上３歳未満児の保育に関する記載の充実、保育所保育における幼児教育の
積極的位置付け、子どもの育ちをめぐる健康及び安全の記載の見直し等を反映さ
せました。

　また、幼保連携型認定こども園として特に配慮すべき事項の充実に関しては、
在園時間や日数が異なる多様な子どもがいることへの配慮、２歳児から３歳児へ
の移行に当たっての配慮、子育て支援に当たっての配慮について、記載をより充
実させました。

　以上に加え、全体的構成においては、子育て環境の変化や災害に対する危機管
理等の今日的課題を受けて、「健康及び安全」と「子育ての支援」がそれぞれ新
たに章立てされるなどして、現行の３章構成から４章構成となりました。

新旧 章立て 比較表
幼保連携型認定こども園教育・保育要領

平成29年告示

第1章　総則
第1　幼保連携型認定こども園における教育及び保育の基本及び目標等
第2　教育及び保育の内容並びに子育ての支援等に関する全体的な計画等
第3　幼保連携型認定こども園として特に配慮すべき事項

第2章　ねらい及び内容並びに配慮事項
第1　乳児期の園児の保育に関するねらい及び内容
　　健やかに伸び伸びと育つ
　　身近な人と気持ちが通じ合う
　　身近なものと関わり感性が育つ
第2　満1歳以上満3歳未満の園児の保育に関するねらい及び内容
　　健康　人間関係　環境　言葉　表現
第3　満3歳以上の園児の教育及び保育に関するねらい及び内容
　　健康　人間関係　環境　言葉　表現
第4　教育及び保育の実施に関する配慮事項

第3章　健康及び安全
第1　健康支援
第2　食育の推進
第3　環境及び衛生管理並びに安全管理
第4　災害への備え

第4章　子育ての支援
第1　子育ての支援全般に関わる事項
第2　幼保連携型認定こども園の園児の保護者に対する子育ての支援
第3　地域における子育て家庭の保護者等に対する支援

平成26年告示

第1章　総則
第1　幼保連携型認定こども園における教育及び保育の基本及び目標
第2　教育及び保育の内容に関する全体的な計画の作成
第3　幼保連携型認定こども園として特に配慮すべき事項

第2章　ねらい及び内容並びに配慮事項
第1　ねらい及び内容
　　健康　人間関係　環境　言葉　表現
第2　保育の実施上の配慮事項

第3章　指導計画作成に当たって配慮すべき事項
第1　一般的な配慮事項
第2　特に配慮すべき事項

第1章 幼保連携型認定こども園教育・保育要領

第1章　総則

第1　幼保連携型認定こども園における教育及び保育の基本及び目標等

1　幼保連携型認定こども園における教育及び保育の基本

　乳幼児期の教育及び保育は、子どもの健全な心身の発達を図りつつ生涯にわたる人格形成の基礎を培う重要なものであり、幼保連携型認定こども園における教育及び保育は、就学前の子どもに関する教育、保育等の総合的な提供の推進に関する法律（平成18年法律第77号。以下「認定こども園法」という。）第2条第7項に規定する目的及び第9条に掲げる目標を達成するため、乳幼児期全体を通して、その特性及び保護者や地域の実態を踏まえ、環境を通して行うものであることを基本とし、家庭や地域での生活を含めた園児の生活全体が豊かなものとなるように努めなければならない。

　このため保育教諭等は、園児との信頼関係を十分に築き、園児が自ら安心して身近な環境に主体的に関わり、環境との関わり方や意味に気付き、これらを取り込もうとして、試行錯誤したり、考えたりするようになる幼児期の教育における見方・考え方を生かし、その活動が豊かに展開されるよう環境を整え、園児と共によりよい教育及び保育の環境を創造するように努めるものとする。これらを踏まえ、次に示す事項を重視して教育及び保育を行わなければならない。

(1)　乳幼児期は周囲への依存を基盤にしつつ自立に向かうものであることを考慮して、周囲との信頼関係に支えられた生活の中で、園児一人一人が安心感と信頼感をもっていろいろな活動に取り組む体験を十分に積み重ねられるようにすること。

(2)　乳幼児期においては生命の保持が図られ安定した情緒の下で自己を十分に発揮することにより発達に必要な体験を得ていくものであることを考慮して、園児の主体的な活動を促し、乳幼児期にふさわしい生活が展開されるようにすること。

(3)　乳幼児期における自発的な活動としての遊びは、心身の調和のとれた発達の基礎を培う重要な学習であることを考慮して、遊びを通しての指導を中心として第2章に示すねらいが総合的に達成されるようにすること。

ここがポイント！

① 発達の連続性とそれに応じた学びの連続性

解説 一人一人の子どもの気持ちや状態に寄り添いながら適切に援助を

　幼保連携型認定こども園には、3歳以上の子どもと3歳未満の保育を必要とする子どもが入園します。集団生活の経験年数や在園時間などの異なる背景を持つ子どもたちが、一緒に生活する中で、互いに刺激し合い育ち合っていく点に、幼保連携型認定こども園の特性があります。また、幼保連携型認定こども園の**「教育及び保育」**は、子どもが登園してから降園するまでの1日を通して、かつ、入園から修了までの在園期間全体を通して行われます。

　したがって、在園時間や期間等の異なる多様な子ども一人一人の乳児期からの発達の連続性と学びの連続性を捉えて、それぞれの発達の課題に即した指導を行わなくてはなりません。

　例えば、3歳児の学級では、2歳児の学級から移行してくる集団生活経験の長い子どもと、新入園で集団生活が初めてとなる子どもなどが、同じ学級で生活することになります。その際に、同じ年齢であっても、登園時における保護者との別れがたさや、保育教諭等への甘え方、遊びや生活習慣に関わる活動への取り組み方などに、様々な姿が見られることが予想されます。その場合には、集団生活に早く慣れることや、活発に遊び出すといった、望ましい姿を子どもに一律に当てはめるのではなく、子どもの今の気持ちや状態に、子どものこれまでの育ちの積み重ねと、これからの育ちに必要な通過点が表れていると理解することが重要です。保育教諭が、そのような理解に上に立って、一人一人の子どもの気持ちや状態に寄り添いながら適切に援助することで、子どもは集団生活の中で安心・安定し、主体的に身近な環境に関わるなど自己を十分に発揮して、発達に必要な経験を積み重ねていくことができます。

　さらに、園での環境と家庭や入園前に利用していた他の保育施設等との連携を図り、園と家庭・他の保育施設等における環境が子どもにとって適切につながることで、子ども一人一人の発達と学びの連続性をより一層確かなものにすることができます。

(4) 乳幼児期における発達は、心身の諸側面が相互に関連し合い、多様な経過をたどって成し遂げられていくものであること、また、園児の生活経験がそれぞれ異なることなどを考慮して、園児一人一人の特性や発達の過程に応じ、発達の課題に即した指導を行うようにすること。

その際、保育教諭等は、園児の主体的な活動が確保されるよう、園児一人一人の行動の理解と予想に基づき、計画的に環境を構成しなければならない。この場合において、保育教諭等は、園児と人やものとの関わりが重要であることを踏まえ、教材を工夫し、物的・空間的環境を構成しなければならない。また、園児一人一人の活動の場面に応じて、様々な役割を果たし、その活動を豊かにしなければならない。

なお、幼保連携型認定こども園における教育及び保育は、園児が入園してから修了するまでの在園期間全体を通して行われるものであり、この章の第3に示す幼保連携型認定こども園として特に配慮すべき事項を十分に踏まえて行うものとする。

ここがポイント！
② 教材研究

解説 子どもの興味・関心などの実態や発達に即しながら、保育のねらいを踏まえての検討を

幼⑱

　幼保連携型認定こども園では、小学校とは違い、教科書などを用いずに、子どもが環境と関わって主体的に活動を展開しながら、体験的に学びます。そのためには、保育教諭等による計画的な環境構成が不可欠です。保育教諭等が、日常的かつ継続的に教材研究を行うことがとても重要です。その際、保育教諭等一人一人の取り組みを充実させるだけではなく、教材研究を園全体の「**カリキュラム・マネジメント**」と関連付けるなどの園内の体制作りも重要となります。

　「**教材**」とは、予めかつ明瞭に「**教材**」として認識され存在しているものばかりではありません。子どもにとっての「**教材**」は、子どもの主体的な関わりを通して、おもしろさや楽しさを感じたり、工夫したり試したりすることができるといった潜在的な意味が顕在化するものでもあります。また、その対象との関わりを通して発達に必要な経験をすることができ、保育のねらいを達成する有効な媒介となるものとしても捉えられます。そのような教材の質を高めることで、子どもの身近な環境との主体的な関わりと、その関わりにおける様々な気付きや、諸感覚を働かせたり試行錯誤したりするなどの過程を充実させることができるのです。

　教材研究においては、子どもの興味・関心などの実態や発達に即しながら、保育のねらいを踏まえて、子どもの経験に必要な遊具や用具、素材等の検討及び環境構成の検討などを行います。

　また、幼保連携型認定こども園では、**「教育課程に係る時間」**と、それ以外の時間等の指導計画の違いを踏まえて教材研究を行うと共に、それらの時間におけるねらいの違いや関連について、保育教諭等が共通理解を図るように努めることが重要です。

2　幼保連携型認定こども園における教育及び保育の目標

　幼保連携型認定こども園は、家庭との連携を図りながら、この章の第1の1に示す幼保連携型認定こども園における教育及び保育の基本に基づいて一体的に展開される幼保連携型認定こども園における生活を通して、生きる力の基礎を育成するよう認定こども園法第9条に規定する幼保連携型認定こども園の教育及び保育の目標の達成に努めなければならない。幼保連携型認定こども園は、このことにより、義務教育及びその後の教育の基礎を培うとともに、子どもの最善の利益を考慮しつつ、その生活を保障し、保護者と共に園児を心身ともに健やかに育成するものとする。

　なお、認定こども園法第9条に規定する幼保連携型認定こども園の教育及び保育の目標については、発達や学びの連続性及び生活の連続性の観点から、小学校就学の始期に達するまでの時期を通じ、その達成に向けて努力すべき目当てとなるものであることから、満3歳未満の園児の保育にも当てはまることに留意するものとする。

幼保連携型認定こども園教育・保育要領

ここがポイント！
③「幼保連携型認定こども園の教育及び保育の目標」

解説 『認定こども園法』第2条、第9条を確認

幼②
保④

　『幼保連携型認定こども園教育・保育要領』（以下、『**教育・保育要領**』）では、幼保連携型認定こども園は、第1章「**総則**」の第1の1に示す「**幼保連携型認定こども園における教育及び保育の基本**」に基づいて一体的に展開される幼保連携型認定こども園の生活を通して、生きる力の基礎を育成するよう述べられています。

　同時に、幼保連携型認定こども園は、『**認定こども園法**』第9条に規定する幼保連携型認定こども園の「教育及び保育」の「**目標**」の達成に努めなければならないとしています。この「**目標**」は、発達や学びの連続性及び生活の連続性の観点から、小学校就学の始期に達するまでの時期を通じて目当てとなるため、満3歳未満の子どもの保育にも当てはまります。この『**認定こども園法**』第9条で規定された「**目標**」の達成は、同法第2条7項に規定された幼保連携型認定こども園の目的を実現するものであり、義務教育及びその後の教育の基礎を培うこと、子どもの最善の利益を考慮しつつ、その生活を保障し、保護者と共に子どもを心身ともに健やかに育成することにつながります。

　また、『**教育・保育要領**』では、第2章において、子どもの発達の側面から、「健康」「人間関係」「環境」「言葉」「表現」の領域ごとに「**ねらい**」を示しています。これらの「**ねらい**」は園の生活全体を通じて相互に関連を持ちながら次第に達成されるものであり、子どもが環境に関わって展開する具体的な活動を通して総合的に指導されるものです。

＊『認定こども園法』第2条、第9条は、p 278、279を参照。

183

3 幼保連携型認定こども園の教育及び保育において育みたい資質・能力及び「幼児期の終わりまでに育ってほしい姿」

(1) 幼保連携型認定こども園においては、生きる力の基礎を育むため、この章の1に示す幼保連携型認定こども園の教育及び保育の基本を踏まえ、次に掲げる資質・能力を一体的に育むよう努めるものとする。

　ア　豊かな体験を通じて、感じたり、気付いたり、分かったり、できるようになったりする「知識及び技能の基礎」

　イ　気付いたことや、できるようになったことなどを使い、考えたり、試したり、工夫したり、表現したりする「思考力、判断力、表現力等の基礎」

　ウ　心情、意欲、態度が育つ中で、よりよい生活を営もうとする「学びに向かう力、人間性等」

(2) (1)に示す資質・能力は、第2章に示すねらい及び内容に基づく活動全体によって育むものである。

(3) 次に示す「幼児期の終わりまでに育ってほしい姿」は、第2章に示すねらい及び内容に基づく活動全体を通して資質・能力が育まれている園児の幼保連携型認定こども園修了時の具体的な姿であり、保育教諭等が指導を行う際に考慮するものである。

　ア　健康な心と体

　　幼保連携型認定こども園における生活の中で、充実感をもって自分のやりたいことに向かって心と体を十分に働かせ、見通しをもって行動し、自ら健康で安全な生活をつくり出すようになる。

　イ　自立心

　　身近な環境に主体的に関わり様々な活動を楽しむ中で、しなければならないことを自覚し、自分の力で行うために考えたり、工夫したりしながら、諦めずにやり遂げることで達成感を味わい、自信をもって行動するようになる。

　ウ　協同性

　　友達と関わる中で、互いの思いや考えなどを共有し、共通の目的の実現に向けて、考えたり、工夫したり、協力したりし、充実感をもってやり遂げるようになる。

　エ　道徳性・規範意識の芽生え

　　友達と様々な体験を重ねる中で、してよいことや悪いことが分かり、自分の行動を振り返ったり、友達の気持ちに共感したりし、相手の立場に立って行動するようになる。また、きまりを守る必要性が分かり、自分の気持ちを調整し、友達と折り合いを付けながら、きまりをつくったり、守ったりするようになる。

ここがポイント！
④ 幼児期の終わりまでに育ってほしい10の姿

解説 他の子どもとの比較や、一定の基準に対する達成度の評定を行うものではないことに留意

幼③-⑬
保⑩

『幼稚園教育要領』の改訂及び『保育所保育指針』の改定と同様、『教育・保育要領』においても、幼児教育と小学校教育との接続の一層の強化を図ることなどを期待して、5歳児修了時までに育ってほしい具体的な姿を**「幼児期の終わりまでに育ってほしい姿」**として示しました。これを活かして、小学校との接続において幼児教育の学びの成果が小学校と共有されるようにします。

「幼児期の終わりまでに育ってほしい姿」は、『教育・保育要領』の第2章に示す5領域の**「ねらい及び内容」**に基づく活動全体を通して、幼児教育において育みたい三つの資質・能力（**「知識・技能の基礎」「思考力・判断力・表現力等の基礎」「学びに向かう力、人間性等」**）が育まれている具体的な姿として、特に5歳児の後半に保育教諭等が指導する際に考慮するものを10項目に整理したものです。その指導にあたっては、『教育・保育要領』の第1章**「総則」**の**「幼保連携型認定こども園における教育及び保育の基本」**にあるように（p.178）、子どもの自発的な活動である遊びを通して総合的に指導し、それぞれの項目を個別に取り出して指導するものではないことに留意する必要があります。また、5歳児より前の各年齢・時期にふさわしい指導の積み重ねが、**「幼児期の終わりまでに育ってほしい姿」**につながっていきます。そのため、3歳児、4歳児においてもこれを念頭に置きながら総合的に指導が行われることが望まれます。

「幼児期の終わりまでに育ってほしい姿」は、5歳児後半の評価の手立てとなるものです。5歳児後半の評価において、**「幼児期の終わりまでに育ってほしい姿」**を踏まえた視点を加える際には、従来通り、子ども一人一人のよさや可能性を評価するという評価の考え方を維持し、他の子どもとの比較や、一定の基準に対する達成度の評定を行うことのないように留意する必要があります。

オ　社会生活との関わり

　　家族を大切にしようとする気持ちをもつとともに、地域の身近な人と触れ合う中で、人との様々な関わり方に気付き、相手の気持ちを考えて関わり、自分が役に立つ喜びを感じ、地域に親しみをもつようになる。また、幼保連携型認定こども園内外の様々な環境に関わる中で、遊びや生活に必要な情報を取り入れ、情報に基づき判断したり、情報を伝え合ったり、活用したりするなど、情報を役立てながら活動するようになるとともに、公共の施設を大切に利用するなどして、社会とのつながりなどを意識するようになる。

カ　思考力の芽生え

　　身近な事象に積極的に関わる中で、物の性質や仕組みなどを感じ取ったり、気付いたりし、考えたり、予想したり、工夫したりするなど、多様な関わりを楽しむようになる。また、友達の様々な考えに触れる中で、自分と異なる考えがあることに気付き、自ら判断したり、考え直したりするなど、新しい考えを生み出す喜びを味わいながら、自分の考えをよりよいものにするようになる。

キ　自然との関わり・生命尊重

　　自然に触れて感動する体験を通して、自然の変化などを感じ取り、好奇心や探究心をもって考え言葉などで表現しながら、身近な事象への関心が高まるとともに、自然への愛情や畏敬の念をもつようになる。また、身近な動植物に心を動かされる中で、生命の不思議さや尊さに気付き、身近な動植物への接し方を考え、命あるものとしていたわり、大切にする気持ちをもって関わるようになる。

ク　数量や図形、標識や文字などへの関心・感覚

　　遊びや生活の中で、数量や図形、標識や文字などに親しむ体験を重ねたり、標識や文字の役割に気付いたりし、自らの必要感に基づきこれらを活用し、興味や関心、感覚をもつようになる。

ケ　言葉による伝え合い

　　保育教諭等や友達と心を通わせる中で、絵本や物語などに親しみながら、豊かな言葉や表現を身に付け、経験したことや考えたことなどを言葉で伝えたり、相手の話を注意して聞いたりし、言葉による伝え合いを楽しむようになる。

コ　豊かな感性と表現

　　心を動かす出来事などに触れ感性を働かせる中で、様々な素材の特徴や表現の仕方などに気付き、感じたことや考えたことを自分で表現したり、友達同士で表現する過程を楽しんだりし、表現する喜びを味わい、意欲をもつようになる。

「幼児期の終わりまでに育ってほしい姿」の10項目

①健康な心と体
②自立心
③協同性
④道徳性・規範意識の芽生え
⑤社会生活との関わり
⑥思考力の芽生え
⑦自然との関わり・生命尊重
⑧数量や図形、標識や文字などへの関心・感覚
⑨言葉による伝え合い
⑩豊かな感性と表現

第2 教育及び保育の内容並びに子育ての支援等に関する 全体的な計画等

1 教育及び保育の内容並びに子育ての支援等に関する 全体的な計画の作成等

(1) 教育及び保育の内容並びに子育ての支援等に関する全体的な計画の役割

　　各幼保連携型認定こども園においては、教育基本法（平成 18 年法律第 120 号）、児童福祉法（昭和 22 年法律第 164 号）及び認定こども園法その他の法令並びにこの幼保連携型認定こども園教育・保育要領の示すところに従い、教育と保育を一体的に提供するため、創意工夫を生かし、園児の心身の発達と幼保連携型認定こども園、家庭及び地域の実態に即応した適切な教育及び保育の内容並びに子育ての支援等に関する全体的な計画を作成するものとする。

　　教育及び保育の内容並びに子育ての支援等に関する全体的な計画とは、教育と保育を一体的に捉え、園児の入園から修了までの在園期間の全体にわたり、幼保連携型認定こども園の目標に向かってどのような過程をたどって教育及び保育を進めていくかを明らかにするものであり、子育ての支援と有機的に連携し、園児の園生活全体を捉え、作成する計画である。

　　各幼保連携型認定こども園においては、「幼児期の終わりまでに育ってほしい姿」を踏まえ教育及び保育の内容並びに子育ての支援等に関する全体的な計画を作成すること、その実施状況を評価して改善を図っていくこと、また実施に必要な人的又は物的な体制を確保するとともにその改善を図っていくことなどを通して、教育及び保育の内容並びに子育ての支援等に関する全体的な計画に基づき組織的かつ計画的に各幼保連携型認定こども園の教育及び保育活動の質の向上を図っていくこと（以下「カリキュラム・マネジメント」という。）に努めるものとする。

ここがポイント！
⑤ 全体的な計画の作成（指導計画の作成を含む）

解説 子どもが「おもしろそう」「やってみよう」と思える環境を構成するために

幼⑰
保⑥

　幼保連携型認定こども園は、就学前の子どもに対する**「教育及び保育」**、**「子育ての支援」**を総合的に提供する施設です。そのため様々な関連する法律や政令等に従って、入園から修了までの在園期間全体にわたる**「教育及び保育」**の道筋と、子どもの園生活全体における**「教育及び保育」**の内容を捉えた**「全体的な計画」**を、園長の責任の下で全職員が協力して作成しなくてはなりません。

　具体的には、満3歳以上の子どもの教育課程に係る指導計画、満3歳未満と満3歳以上の保育を必要とする子どもの保育のための計画、子育ての支援等の計画、学校保健計画、学校安全計画などを、ばらばらにではなく相互に関連させながら一体的に展開するように作成します。その際、園や地域等の条件や特性を踏まえたり活かしたりしながら、創意工夫することが求められます。また、在園時間や在園期間が異なる多様な子どもがいることなどを前提にしつつ、**「幼児期の終わりまでに育ってほしい姿」**を踏まえて作成することが重要です。

　「全体的な計画」に基づく具体的な指導計画の作成においては、一日の様々な時間を担当する保育教諭等が**「教育及び保育」**の方向性や子どもについての理解と共有を図りながら、協力することが必要です。具体的には、子どもが「おもしろそう」「やってみたい」と感じ意欲的、主体的に関われるような豊かな環境を保育教諭等が意図的、計画的に構成することが求められます。また、満3歳未満の子どもに対しては情緒の安定や身近な大人との情緒的な絆を深めること、満3歳以上の子どもに対しても一人一人の子どもに対する理解と配慮を大切にして指導計画を作成することが重要です。

189

(2)　各幼保連携型認定こども園の教育及び保育の目標と教育及び保育の内容
並びに子育ての支援等に関する全体的な計画の作成

　　教育及び保育の内容並びに子育ての支援等に関する全体的な計画の作成に当
たっては、幼保連携型認定こども園の教育及び保育において育みたい資質・能力
を踏まえつつ、各幼保連携型認定こども園の教育及び保育の目標を明確にすると
ともに、教育及び保育の内容並びに子育ての支援等に関する全体的な計画の作
成についての基本的な方針が家庭や地域とも共有されるよう努めるものとする。

(3)　教育及び保育の内容並びに子育ての支援等に関する全体的な計画の作成
上の基本的事項

　　ア　幼保連携型認定こども園における生活の全体を通して第2章に示すねら
いが総合的に達成されるよう、教育課程に係る教育期間や園児の生活経
験や発達の過程などを考慮して具体的なねらいと内容を組織するものとす
る。この場合においては、特に、自我が芽生え、他者の存在を意識し、自
己を抑制しようとする気持ちが生まれるなどの乳幼児期の発達の特性を踏
まえ、入園から修了に至るまでの長期的な視野をもって充実した生活が展
開できるように配慮するものとする。

　　イ　幼保連携型認定こども園の満3歳以上の園児の教育課程に係る教育週数
は、特別の事情のある場合を除き、39週を下ってはならない。

　　ウ　幼保連携型認定こども園の1日の教育課程に係る教育時間は、4時間を
標準とする。ただし、園児の心身の発達の程度や季節などに適切に配慮す
るものとする。

　　エ　幼保連携型認定こども園の保育を必要とする子どもに該当する園児に対
する教育及び保育の時間（満3歳以上の保育を必要とする子どもに該当す
る園児については、この章の第2の1の (3) ウに規定する教育時間を含む。）
は、1日につき8時間を原則とし、園長がこれを定める。ただし、その地
方における園児の保護者の労働時間その他家庭の状況等を考慮するものと
する。

(4)　教育及び保育の内容並びに子育ての支援等に関する全体的な計画の実施
上の留意事項

　　各幼保連携型認定こども園においては、園長の方針の下に、園務分掌に基
づき保育教諭等職員が適切に役割を分担しつつ、相互に連携しながら、教育
及び保育の内容並びに子育ての支援等に関する全体的な計画や指導の改善を
図るものとする。また、各幼保連携型認定こども園が行う教育及び保育等に
係る評価については、教育及び保育の内容並びに子育ての支援等に関する全
体的な計画の作成、実施、改善が教育及び保育活動や園運営の中核となるこ
とを踏まえ、カリキュラム・マネジメントと関連付けながら実施するよう留

意するものとする。

(5) 小学校教育との接続に当たっての留意事項

ア　幼保連携型認定こども園においては、その教育及び保育が、小学校以降の生活や学習の基盤の育成につながることに配慮し、乳幼児期にふさわしい生活を通して、創造的な思考や主体的な生活態度などの基礎を培うようにするものとする。

イ　幼保連携型認定こども園の教育及び保育において育まれた資質・能力を踏まえ、小学校教育が円滑に行われるよう、小学校の教師との意見交換や合同の研究の機会などを設け、「幼児期の終わりまでに育ってほしい姿」を共有するなど連携を図り、幼保連携型認定こども園における教育及び保育と小学校教育との円滑な接続を図るよう努めるものとする。

2　指導計画の作成と園児の理解に基づいた評価

(1) 指導計画の考え方

　幼保連携型認定こども園における教育及び保育は、園児が自ら意欲をもって環境と関わることによりつくり出される具体的な活動を通して、その目標の達成を図るものである。

　幼保連携型認定こども園においてはこのことを踏まえ、乳幼児期にふさわしい生活が展開され、適切な指導が行われるよう、調和のとれた組織的、発展的な指導計画を作成し、園児の活動に沿った柔軟な指導を行わなければならない。

(2) 指導計画の作成上の基本的事項

ア　指導計画は、園児の発達に即して園児一人一人が乳幼児期にふさわしい生活を展開し、必要な体験を得られるようにするために、具体的に作成するものとする。

イ　指導計画の作成に当たっては、次に示すところにより、具体的なねらい及び内容を明確に設定し、適切な環境を構成することなどにより活動が選択・展開されるようにするものとする。

(ｱ)　具体的なねらい及び内容は、幼保連携型認定こども園の生活における園児の発達の過程を見通し、園児の生活の連続性、季節の変化などを考慮して、園児の興味や関心、発達の実情などに応じて設定すること。

(ｲ)　環境は、具体的なねらいを達成するために適切なものとなるように構成し、園児が自らその環境に関わることにより様々な活動を展開しつつ必要な体験を得られるようにすること。その際、園児の生活する姿や発想を大切にし、常にその環境が適切なものとなるようにすること。

(ｳ)　園児の行う具体的な活動は、生活の流れの中で様々に変化するもの
　　　であることに留意し、園児が望ましい方向に向かって自ら活動を展開
　　　していくことができるよう必要な援助をすること。
　　その際、園児の実態及び園児を取り巻く状況の変化などに即して指導の
　過程についての評価を適切に行い、常に指導計画の改善を図るものとする。

(3)　指導計画の作成上の留意事項
　　指導計画の作成に当たっては、次の事項に留意するものとする。
　ア　園児の生活は、入園当初の一人一人の遊びや保育教諭等との触れ合い
　　を通して幼保連携型認定こども園の生活に親しみ、安定していく時期から、
　　他の園児との関わりの中で園児の主体的な活動が深まり、園児が互いに必
　　要な存在であることを認識するようになる。その後、園児同士や学級全体
　　で目的をもって協同して幼保連携型認定こども園の生活を展開し、深めて
　　いく時期などに至るまでの過程を様々に経ながら広げられていくものであ
　　る。これらを考慮し、活動がそれぞれの時期にふさわしく展開されるよう
　　にすること。
　　　また、園児の入園当初の教育及び保育に当たっては、既に在園している
　　園児に不安や動揺を与えないようにしつつ、可能な限り個別的に対応し、
　　園児が安定感を得て、次第に幼保連携型認定こども園の生活になじんで
　　いくよう配慮すること。
　イ　長期的に発達を見通した年、学期、月などにわたる長期の指導計画やこ
　　れとの関連を保ちながらより具体的な園児の生活に即した週、日などの短
　　期の指導計画を作成し、適切な指導が行われるようにすること。特に、週、
　　日などの短期の指導計画については、園児の生活のリズムに配慮し、園児
　　の意識や興味の連続性のある活動が相互に関連して幼保連携型認定こども
　　園の生活の自然な流れの中に組み込まれるようにすること。
　ウ　園児が様々な人やものとの関わりを通して、多様な体験をし、心身の調
　　和のとれた発達を促すようにしていくこと。その際、園児の発達に即して
　　主体的・対話的で深い学びが実現するようにするとともに、心を動かされ
　　る体験が次の活動を生み出すことを考慮し、一つ一つの体験が相互に結び
　　付き、幼保連携型認定こども園の生活が充実するようにすること。
　エ　言語に関する能力の発達と思考力等の発達が関連していることを踏ま
　　え、幼保連携型認定こども園における生活全体を通して、園児の発達を踏
　　まえた言語環境を整え、言語活動の充実を図ること。

オ　園児が次の活動への期待や意欲をもつことができるよう、園児の実態を踏まえながら、保育教諭等や他の園児と共に遊びや生活の中で見通しをもったり、振り返ったりするよう工夫すること。

カ　行事の指導に当たっては、幼保連携型認定こども園の生活の自然な流れの中で生活に変化や潤いを与え、園児が主体的に楽しく活動できるようにすること。なお、それぞれの行事については教育及び保育における価値を十分検討し、適切なものを精選し、園児の負担にならないようにすること。

キ　乳幼児期は直接的な体験が重要であることを踏まえ、視聴覚教材やコンピュータなど情報機器を活用する際には、幼保連携型認定こども園の生活では得難い体験を補完するなど、園児の体験との関連を考慮すること。

ク　園児の主体的な活動を促すためには、保育教諭等が多様な関わりをもつことが重要であることを踏まえ、保育教諭等は、理解者、共同作業者など様々な役割を果たし、園児の情緒の安定や発達に必要な豊かな体験が得られるよう、活動の場面に応じて、園児の人権や園児一人一人の個人差等に配慮した適切な指導を行うようにすること。

ケ　園児の行う活動は、個人、グループ、学級全体などで多様に展開されるものであることを踏まえ、幼保連携型認定こども園全体の職員による協力体制を作りながら、園児一人一人が興味や欲求を十分に満足させるよう適切な援助を行うようにすること。

コ　園児の生活は、家庭を基盤として地域社会を通じて次第に広がりをもつものであることに留意し、家庭との連携を十分に図るなど、幼保連携型認定こども園における生活が家庭や地域社会と連続性を保ちつつ展開されるようにするものとする。その際、地域の自然、高齢者や異年齢の子どもなどを含む人材、行事や公共施設などの地域の資源を積極的に活用し、園児が豊かな生活体験を得られるように工夫するものとする。また、家庭との連携に当たっては、保護者との情報交換の機会を設けたり、保護者と園児との活動の機会を設けたりなどすることを通じて、保護者の乳幼児期の教育及び保育に関する理解が深まるよう配慮するものとする。

サ　地域や幼保連携型認定こども園の実態等により、幼保連携型認定こども園間に加え、幼稚園、保育所等の保育施設、小学校、中学校、高等学校及び特別支援学校などとの間の連携や交流を図るものとする。特に、小学校教育との円滑な接続のため、幼保連携型認定こども園の園児と小学校の児童との交流の機会を積極的に設けるようにするものとする。また、障害のある園児児童生徒との交流及び共同学習の機会を設け、共に尊重し合いながら協働して生活していく態度を育むよう努めるものとする。

(4) 園児の理解に基づいた評価の実施

　園児一人一人の発達の理解に基づいた評価の実施に当たっては、次の事項に配慮するものとする。

ア　指導の過程を振り返りながら園児の理解を進め、園児一人一人のよさや可能性などを把握し、指導の改善に生かすようにすること。その際、他の園児との比較や一定の基準に対する達成度についての評定によって捉えるものではないことに留意すること。

イ　評価の妥当性や信頼性が高められるよう創意工夫を行い、組織的かつ計画的な取組を推進するとともに、次年度又は小学校等にその内容が適切に引き継がれるようにすること。

3　特別な配慮を必要とする園児への指導

(1) 障害のある園児などへの指導

　障害のある園児などへの指導に当たっては、集団の中で生活することを通して全体的な発達を促していくことに配慮し、適切な環境の下で、障害のある園児が他の園児との生活を通して共に成長できるよう、特別支援学校などの助言又は援助を活用しつつ、個々の園児の障害の状態などに応じた指導内容や指導方法の工夫を組織的かつ計画的に行うものとする。また、家庭、地域及び医療や福祉、保健等の業務を行う関係機関との連携を図り、長期的な視点で園児への教育及び保育的支援を行うために、個別の教育及び保育支援計画を作成し活用することに努めるとともに、個々の園児の実態を的確に把握し、個別の指導計画を作成し活用することに努めるものとする。

(2) 海外から帰国した園児や生活に必要な日本語の習得に困難のある園児の幼保連携型認定こども園の生活への適応

　海外から帰国した園児や生活に必要な日本語の習得に困難のある園児については、安心して自己を発揮できるよう配慮するなど個々の園児の実態に応じ、指導内容や指導方法の工夫を組織的かつ計画的に行うものとする。

ここがポイント！
⑥ 指導計画の作成における保育教諭等の協力

解説 情報共有することで、より一層子どもの実態に即した指導計画の作成につながる

幼保連携型認定こども園の、長時間にわたる保育においては、子どもの発達の過程、生活のリズム及び心身の状態に十分配慮して、保育の内容や方法、職員の協力体制、家庭との連携などを指導計画に位置付けなくてはなりません。また、幼保連携認定こども園では、**「教育課程に係る教育時間」**と**「教育課程に係る教育時間」**外の時間との間で、または、**「教育課程に係る教育時間」**外の時間の中でも時間帯によって、担当する保育教諭等や保育の場所、共に過ごす子どもの年齢等が変わることがあります。

そのため、それぞれの時間帯を担当する保育教諭等が、自分が担当する以外の時間帯も含めて、子どもの一日の生活を見通して、指導計画を作成しなくてはなりません。その際、一日の様々な時間を担当する保育教諭等が話し合い、協力して作成することが望まれます。その過程で、保育教諭等が、一人一人の子どもやその関係、学級の集団についての理解を深め、それぞれの時間帯のねらい等を踏まえて、**「教育及び保育」**の方向性を共有することが重要になります。それぞれの時間帯で子どもがどのような遊びを楽しみ、どのような人間関係を築いているのかを保育教諭等が連携して共有することで、より一層子どもの実態に即した指導計画の作成につながります。

具体的には、**「教育課程に係る教育時間」**内で楽しんだ遊びの続きを、午後の**「教育課程に係る教育時間」**外の時間で行いたいと子どもが言った場合の対応などについて、保育教諭等の間で申し送りをしたり、相談したりすることが必要となります。

それぞれの時間帯における遊びの継続性や関連性の有無や在り方を、子どもの生活の充実と保育のねらいの達成の両方を踏まえて判断し、協力します。

第3　幼保連携型認定こども園として特に配慮すべき事項

　　幼保連携型認定こども園における教育及び保育を行うに当たっては、次の事項について特に配慮しなければならない。

1　当該幼保連携型認定こども園に入園した年齢により集団生活の経験年数が異なる園児がいることに配慮する等、０歳から小学校就学前までの一貫した教育及び保育を園児の発達や学びの連続性を考慮して展開していくこと。特に満３歳以上については入園する園児が多いことや同一学年の園児で編制される学級の中で生活することなどを踏まえ、家庭や他の保育施設等との連携や引継ぎを円滑に行うとともに、環境の工夫をすること。

2　園児の一日の生活の連続性及びリズムの多様性に配慮するとともに、保護者の生活形態を反映した園児の在園時間の長短、入園時期や登園日数の違いを踏まえ、園児一人一人の状況に応じ、教育及び保育の内容やその展開について工夫をすること。特に入園及び年度当初においては、家庭との連携の下、園児一人一人の生活の仕方やリズムに十分に配慮して一日の自然な生活の流れをつくり出していくようにすること。

> **👆 ここがポイント！**
>
> ⑦ 新入園児や他の保育施設等から移行してくる子どもに対する配慮

解説　発達の連続性を考慮した家庭や他の保育施設等との連携や引き継ぎ、環境の工夫が必要に

　幼保連携型認定こども園では、新入園児や他園から移行してくる子どもに対する配慮が必要となります。

　特に、満3歳以上では入園する子どもが多くなり、同一学年の子どもで編制される学級での生活が基本となります。このため、3歳児から入園する子どもや他の保育施設等から移行してくる子どもについて、3歳までの育ちの理解や発達の連続性を考慮した、家庭や他の保育施設等との連携や引き継ぎ、環境の工夫等が必要となります。

　具体的には、一時預かりや親子登園などの場を活用して、入園前の子どもが園に親しむなど、4月から円滑に園生活を開始できるようにするための工夫があります。これらの工夫は各園の状況に応じて行います。また、家庭から離れての集団生活が初めてとなる3歳児に対しては、その不安感や緊張感、戸惑い等を温かく受け止め、一人一人に応じた配慮をするなど、園生活のリズムや園での生活習慣に慣れるまでの個人差に配慮した対応が求められます。

　近年都市部で深刻化している保育所の待機児童対策として、家庭的保育や小規模保育施設で保育を受ける子どもも増えています。このため、家庭的保育や小規模保育から幼保連携型認定こども園に移行してくる子どももいます。それらの保育施設等との間で引き継ぎを円滑に行うことで、子どもの発達や学びの連続性を図ることが重要となります。その際には、保育所児童保育要録のような記録の活用等も検討します。また、移行してくる子どもがいると見込まれる保育施設等とは、日頃から情報交換を行ったり行事に招いたりなどして連携を図ることが望まれます。

3　環境を通して行う教育及び保育の活動の充実を図るため、幼保連携型認定こども園における教育及び保育の環境の構成に当たっては、乳幼児期の特性及び保護者や地域の実態を踏まえ、次の事項に留意すること。

(1)　0歳から小学校就学前までの様々な年齢の園児の発達の特性を踏まえ、満3歳未満の園児については特に健康、安全や発達の確保を十分に図るとともに、満3歳以上の園児については同一学年の園児で編制される学級による集団活動の中で遊びを中心とする園児の主体的な活動を通して発達や学びを促す経験が得られるよう工夫をすること。特に、満3歳以上の園児同士が共に育ち、学び合いながら、豊かな体験を積み重ねることができるよう工夫をすること。

ここがポイント！
⑧ 異年齢の子どもによる活動

解説　異年齢の子どもが関わる機会を、日常の園生活や行事等を通して様々に取り入れる工夫を

　幼保連携型認定こども園では、０歳から就学前までの子どもが共に生活します。少子化等により、家庭や地域で異年齢の子ども同士が関わる機会が減少している現代では、幼保連携型認定こども園はそれを保障する貴重な場です。異年齢の子ども同士の交流は、子どもの発達に重要な経験の機会となります。年上の子どもにとっては、年下の子どもを手伝うなどする中で思いやりの気持ち等を育む機会となります。年下の子どもにとっては、年上の子どもから様々な刺激を受け、あこがれ等を抱いたりする機会となります。

　したがって、幼保連携型認定こども園では、同一年齢の子どもからなる学級での活動だけでなく、異年齢の子どもが関わる機会を、日常の園生活や行事等を通して様々に取り入れる工夫をすることが必要です。**「教育課程に係る教育時間」**に園庭など広い空間で異なる年齢の子どもが共に遊んだり、**「教育課程に係る教育時間」**外に異年齢編制で過ごしたりする中で、自然と芽生える交流を大切にします。同時に、そのような交流が育まれる環境構成や保育教諭等の援助を意識的に行うことも必要になります。

　また、行事等の長期の指導計画に位置付く活動において、異年齢の子どもによる活動を意図的に計画することも重要です。その際、年間を通じて交流する異年齢のペアやグループを設定することも、継続的な交流と絆を深める一助となります。

　なお、異年齢の子どもによる活動では、発達段階の違いや、子ども一人一人の状態を踏まえて、子どもの負担にならないように適切な環境構成と援助を行うようにします。異年齢の子ども同士だからこそできる活動や経験は何かを吟味して指導計画を立て、援助します。

(2) 在園時間が異なる多様な園児がいることを踏まえ、園児の生活が安定するよう、家庭や地域、幼保連携型認定こども園における生活の連続性を確保するとともに、一日の生活のリズムを整えるよう工夫をすること。特に満3歳未満の園児については睡眠時間等の個人差に配慮するとともに、満3歳以上の園児については集中して遊ぶ場と家庭的な雰囲気の中でくつろぐ場との適切な調和等の工夫をすること。

(3) 家庭や地域において異年齢の子どもと関わる機会が減少していることを踏まえ、満3歳以上の園児については、学級による集団活動とともに、満3歳未満の園児を含む異年齢の園児による活動を、園児の発達の状況にも配慮しつつ適切に組み合わせて設定するなどの工夫をすること。

(4) 満3歳以上の園児については、特に長期的な休業中、園児が過ごす家庭や園などの生活の場が異なることを踏まえ、それぞれの多様な生活経験が長期的な休業などの終了後等の園生活に生かされるよう工夫をすること。

ここがポイント！

⑨ **在園時間が異なる子どもがいることへの配慮（子ども一人一人の園生活の流れを含む）**

解説 担当の保育教諭等の間で子どもの様子等を引き継ぐなどの、きめの細かい連携が必要に

幼保連携型認定こども園では、在園時間の異なる多様な子どもがいることを踏まえ、子ども一人一人の生活の仕方やリズムに配慮して、子どもの心身に負担のない一日の自然な生活の流れを作り出す必要があります。特に入園及び年度当初は、子どもの不安感や緊張感が増すことを考慮して、家庭と連携して、子ども一人一人に応じた生活の流れや環境の在り方を工夫します。

満3歳未満の子どもについては、睡眠時間等の個人差に配慮し、満3歳以上の子どもについては、集中して遊ぶ場と家庭的な雰囲気でくつろぐ場との調和等の工夫を行います。満3歳以上では、短時間で降園する子どもと長時間過ごす子どもが1つの学級を形成することから、**「教育課程に係る教育時間」**では、子ども同士が様々な刺激を受け合いながら、学級全体の活動が豊かになるような環境や活動等の工夫を、学級担任が計画的に見通しを持って行います。その際に、学級担任は、**「教育課程に係る教育時間」**外の時間における子ども一人一人の生活の仕方やリズムも把握し、それらに対する配慮を指導

計画に反映させる必要があります。

また、**「教育課程に係る教育時間」**外の時間では、子どもが安心してゆったりと過ごせる場所と時間を確保し、一日の園生活の中で活動と休息、緊張感と解放感等の調和を図るように工夫します。併せて、先に降園する子どもの姿や、活動する場所や担当の保育教諭等の変化等に、子どもが不安や動揺を感じないよう場所や時間等も含めた配慮を行います。そのためには、担当の保育教諭等の間で子どもの様子等を引き継ぐなどの、きめの細かい連携が必要となります。

なお、生活リズムにとって重要な午睡は、安全な午睡環境を確保すると共に、生活リズムや発達等の個人差を踏まえ、一律とはならないように配慮します。

● ここがポイント！
⑩ 登園する子どもと登園しない子どもがいる期間中の配慮

いわゆる「夏休み」「冬休み」といった、長期休業中の子どもたちの体験の差への配慮を

幼保連携型認定こども園の満３歳以上の子どもにおいては、いわゆる「夏休み」「冬休み」の長期的な休業中に、登園せず家庭や地域で過ごす子どもと、幼保連携型認定こども園で過ごす子どもとがいます。そのため、長期的な休業における、これらの子どもの間での体験には大きな違いが生じます。このことを踏まえ、幼保連携型認定こども園では、それぞれの子どもや保護者に対する配慮や工夫が必要となります。また、長期的な休業後にすべての子どもがそろって園生活を再開する際に、それぞれの多様な経験が活かされる工夫が必要となります。

具体的には、家庭や地域の実態や特色を踏まえ、その時期ならではの活動を計画したり、地域の人材や施設を活用したりするなどの工夫をします。例えば、夏休み期間中に、地域の農業者や料理サークルの人達と共に旬の食材を用いた調理をしたり、地域で活動する専門家や大学生等と共に音楽や造形活動のワークショップ的な活動をしたりするなどがあります。その場合、登園しない子どもとその保護者に対しても、多様な経験の機会となるように、参加の呼びかけを行うなど、長期的な休業中に登園していない子どもや保護者にも対する配慮も行うようにします。

また、長期休業中の期間も、園だよりやクラスだより、園のホームページ等によって園からの情報提供を行ったり、登園の機会を作ったりして、園と家庭との間で情報共有や連携を図るようにします。

4 指導計画を作成する際には、この章に示す指導計画の作成上の留意事項を踏まえるとともに、次の事項にも特に配慮すること。
(1) 園児の発達の個人差、入園した年齢の違いなどによる集団生活の経験年数の差、家庭環境等を踏まえ、園児一人一人の発達の特性や課題に十分留意すること。特に満3歳未満の園児については、大人への依存度が極めて高い等の特性があることから、個別的な対応を図ること。また、園児の集団生活への円滑な接続について、家庭等との連携及び協力を図る等十分留意すること。
(2) 園児の発達の連続性を考慮した教育及び保育を展開する際には、次の事項に留意すること。
　ア　満3歳未満の園児については、園児一人一人の生育歴、心身の発達、活動の実態等に即して、個別的な計画を作成すること。
　イ　満3歳以上の園児については、個の成長と、園児相互の関係や協同的な活動が促されるよう考慮すること。
　ウ　異年齢で構成されるグループ等での指導に当たっては、園児一人一人の生活や経験、発達の過程などを把握し、適切な指導や環境の構成ができるよう考慮すること。
(3) 一日の生活のリズムや在園時間が異なる園児が共に過ごすことを踏まえ、活動と休息、緊張感と解放感等の調和を図るとともに、園児に不安や動揺を与えないようにする等の配慮を行うこと。その際、担当の保育教諭等が替わる場合には、園児の様子等引継ぎを行い、十分な連携を図ること。
(4) 午睡は生活のリズムを構成する重要な要素であり、安心して眠ることのできる安全な午睡環境を確保するとともに、在園時間が異なることや、睡眠時間は園児の発達の状況や個人によって差があることから、一律とならないよう配慮すること。
(5) 長時間にわたる教育及び保育については、園児の発達の過程、生活のリズム及び心身の状態に十分配慮して、保育の内容や方法、職員の協力体制、家庭との連携などを指導計画に位置付けること。

ここがポイント！

⑪ 2歳児の学級から移行する子どもと
　3歳児から入園する子ども同士のつながり

解説　4月当初は、それぞれが安心して過ごす時間や空間を確保することが必要に

　幼保連携型認定こども園の3歳児の学級では、2歳児の学級から移行する子どもに対する配慮を行うと共に、2歳児学級から移行する子どもと3歳児から入園する子ども同士のつながりを作ることが重要となります。

　2歳児から3歳の学級へ移行する子どもに対する配慮としては、3歳児以上では学級集団の規模が大きくなるなどの環境の変化を考慮し、日常の保育や行事等の様々な機会を通じて、2歳児後半から3歳以上の子どもとの交流を図ります。そのことにより、子ども一人一人が期待感や安心感を持って3歳児の学級に移行できるようにします。また、2歳児から移行する子どもの安定は、新入園児の安定にもつながります。そのため、2歳児から3歳児の学級との間で、場所や人の連続、保育教諭等の連携などの配慮が望まれます。具体的には、2歳児で慣れ親しんだ遊具等を3歳児の学級にも設定したり、2歳児の学級の担任であった保育教諭等のうち1名を3歳児の学級・学年に配置したりすることなどがあります。

　新たな3歳児の学級では、子どもや保護者と保育教諭等との信頼関係を基盤にして、2歳児から移行する子どもと3歳児から入園する子ども同士のつながりを作っていくようにします。集団経験の違う子どもが出会う4月当初は、2歳児の学級から移行する子どもと3歳児から入園する子どもそれぞれが、安心して過ごす時間や空間を確保することが必要です。具体的には、それぞれの子どもが当初は異なる生活のリズムや空間で過ごしながら、段階を踏んで一緒に過ごせるようにすることなどがあります。学級全体が落ち着いて過ごすことができるように、子どもの実態に合わせた柔軟で弾力的な対応を行うようにします。

5　生命の保持や情緒の安定を図るなど養護の行き届いた環境の下、幼保連携型認定こども園における教育及び保育を展開すること。
　(1)　園児一人一人が、快適にかつ健康で安全に過ごせるようにするとともに、その生理的欲求が十分に満たされ、健康増進が積極的に図られるようにするため、次の事項に留意すること。
　　ア　園児一人一人の平常の健康状態や発育及び発達の状態を的確に把握し、異常を感じる場合は、速やかに適切に対応すること。
　　イ　家庭との連携を密にし、学校医等との連携を図りながら、園児の疾病や事故防止に関する認識を深め、保健的で安全な環境の維持及び向上に努めること。
　　ウ　清潔で安全な環境を整え、適切な援助や応答的な関わりを通して、園児の生理的欲求を満たしていくこと。また、家庭と協力しながら、園児の発達の過程等に応じた適切な生活のリズムがつくられていくようにすること。
　　エ　園児の発達の過程等に応じて、適度な運動と休息をとることができるようにすること。また、食事、排泄、睡眠、衣類の着脱、身の回りを清潔にすることなどについて、園児が意欲的に生活できるよう適切に援助すること。
　(2)　園児一人一人が安定感をもって過ごし、自分の気持ちを安心して表すことができるようにするとともに、周囲から主体として受け止められ主体として育ち、自分を肯定する気持ちが育まれていくようにし、くつろいで共に過ごし、心身の疲れが癒やされるようにするため、次の事項に留意すること。
　　ア　園児一人一人の置かれている状態や発達の過程などを的確に把握し、園児の欲求を適切に満たしながら、応答的な触れ合いや言葉掛けを行うこと。
　　イ　園児一人一人の気持ちを受容し、共感しながら、園児との継続的な信頼関係を築いていくこと。
　　ウ　保育教諭等との信頼関係を基盤に、園児一人一人が主体的に活動し、自発性や探索意欲などを高めるとともに、自分への自信をもつことができるよう成長の過程を見守り、適切に働き掛けること。
　　エ　園児一人一人の生活のリズム、発達の過程、在園時間などに応じて、活動内容のバランスや調和を図りながら、適切な食事や休息がとれるようにすること。
6　園児の健康及び安全は、園児の生命の保持と健やかな生活の基本であり、幼保連携型認定こども園の生活全体を通して健康や安全に関する管理や指導、食育の推進等に十分留意すること。
7　保護者に対する子育ての支援に当たっては、この章に示す幼保連携型認定こども園における教育及び保育の基本及び目標を踏まえ、子どもに対する学校としての教育及び児童福祉施設としての保育並びに保護者に対する子育ての支援

について相互に有機的な連携が図られるようにすること。また、幼保連携型認定こども園の目的の達成に資するため、保護者が子どもの成長に気付き子育ての喜びが感じられるよう、幼保連携型認定こども園の特性を生かした子育ての支援に努めること。

第2章 ねらい及び内容並びに配慮事項

幼保連携型認定こども園教育・保育要領

第2章　ねらい及び内容並びに配慮事項

　この章に示すねらいは、幼保連携型認定こども園の教育及び保育において育みたい資質・能力を園児の生活する姿から捉えたものであり、内容は、ねらいを達成するために指導する事項である。各視点や領域は、この時期の発達の特徴を踏まえ、教育及び保育のねらい及び内容を乳幼児の発達の側面から、乳児は三つの視点として、幼児は五つの領域としてまとめ、示したものである。内容の取扱いは、園児の発達を踏まえた指導を行うに当たって留意すべき事項である。

　各視点や領域に示すねらいは、幼保連携型認定こども園における生活の全体を通じ、園児が様々な体験を積み重ねる中で相互に関連をもちながら次第に達成に向かうものであること、内容は、園児が環境に関わって展開する具体的な活動を通して総合的に指導されるものであることに留意しなければならない。

　また、「幼児期の終わりまでに育ってほしい姿」が、ねらい及び内容に基づく活動全体を通して資質・能力が育まれている園児の幼保連携型認定こども園修了時の具体的な姿であることを踏まえ、指導を行う際に考慮するものとする。

　なお、特に必要な場合には、各視点や領域に示すねらいの趣旨に基づいて適切な、具体的な内容を工夫し、それを加えても差し支えないが、その場合には、それが第1章の第1に示す幼保連携型認定こども園の教育及び保育の基本及び目標を逸脱しないよう慎重に配慮する必要がある。

第1　乳児期の園児の保育に関するねらい及び内容

基本的事項

1　乳児期の発達については、視覚、聴覚などの感覚や、座る、はう、歩くなどの運動機能が著しく発達し、特定の大人との応答的な関わりを通じて、情緒的な絆（きずな）が形成されるといった特徴がある。これらの発達の特徴を踏まえて、乳児期の園児の保育は、愛情豊かに、応答的に行われることが特に必要である。

2　本項においては、この時期の発達の特徴を踏まえ、乳児期の園児の保育のねらい及び内容については、身体的発達に関する視点「健やかに伸び伸びと育つ」、社会的発達に関する視点「身近な人と気持ちが通じ合う」及び精神的発達に関する視点「身近なものと関わり感性が育つ」としてまとめ、示している。

幼保連携型認定こども園教育・保育要領

ねらい及び内容
健やかに伸び伸びと育つ
〔健康な心と体を育て、自ら健康で安全な生活をつくり出す力の基盤を培う。〕

1 ねらい
(1) 身体感覚が育ち、快適な環境に心地よさを感じる。
(2) 伸び伸びと体を動かし、はう、歩くなどの運動をしようとする。
(3) 食事、睡眠等の生活のリズムの感覚が芽生える。

2 内容
(1) 保育教諭等の愛情豊かな受容の下で、生理的・心理的欲求を満たし、心地よく生活をする。
(2) 一人一人の発育に応じて、はう、立つ、歩くなど、十分に体を動かす。
(3) 個人差に応じて授乳を行い、離乳を進めていく中で、様々な食品に少しずつ慣れ、食べることを楽しむ。
(4) 一人一人の生活のリズムに応じて、安全な環境の下で十分に午睡をする。
(5) おむつ交換や衣服の着脱などを通じて、清潔になることの心地よさを感じる。

3 内容の取扱い
上記の取扱いに当たっては、次の事項に留意する必要がある。
(1) 心と体の健康は、相互に密接な関連があるものであることを踏まえ、温かい触れ合いの中で、心と体の発達を促すこと。特に、寝返り、お座り、はいはい、つかまり立ち、伝い歩きなど、発育に応じて、遊びの中で体を動かす機会を十分に確保し、自ら体を動かそうとする意欲が育つようにすること。
(2) 健康な心と体を育てるためには望ましい食習慣の形成が重要であることを踏まえ、離乳食が完了期へと徐々に移行する中で、様々な食品に慣れるようにするとともに、和やかな雰囲気の中で食べる喜びや楽しさを味わい、進んで食べようとする気持ちが育つようにすること。なお、食物アレルギーのある園児への対応については、学校医等の指示や協力の下に適切に対応すること。

207

身近な人と気持ちが通じ合う

受容的・応答的な関わりの下で、何かを伝えようとする意欲や身近な大人との
信頼関係を育て、人と関わる力の基盤を培う。

1　ねらい

(1)　安心できる関係の下で、身近な人と共に過ごす喜びを感じる。

(2)　体の動きや表情、発声等により、保育教諭等と気持ちを通わせようとする。

(3)　身近な人と親しみ、関わりを深め、愛情や信頼感が芽生える。

2　内容

(1)　園児からの働き掛けを踏まえた、応答的な触れ合いや言葉掛けによって、
欲求が満たされ、安定感をもって過ごす。

(2)　体の動きや表情、発声、喃語等を優しく受け止めてもらい、保育教諭等
とのやり取りを楽しむ。

(3)　生活や遊びの中で、自分の身近な人の存在に気付き、親しみの気持ちを表す。

(4)　保育教諭等による語り掛けや歌い掛け、発声や喃語等への応答を通じ
て、言葉の理解や発語の意欲が育つ。

(5)　温かく、受容的な関わりを通じて、自分を肯定する気持ちが芽生える。

3　内容の取扱い

上記の取扱いに当たっては、次の事項に留意する必要がある。

(1)　保育教諭等との信頼関係に支えられて生活を確立していくことが人と関わ
る基盤となることを考慮して、園児の多様な感情を受け止め、温かく受容的・
応答的に関わり、一人一人に応じた適切な援助を行うようにすること。

(2)　身近な人に親しみをもって接し、自分の感情などを表し、それに相手が
応答する言葉を聞くことを通して、次第に言葉が獲得されていくことを考
慮して、楽しい雰囲気の中での保育教諭等との関わり合いを大切にし、ゆっ
くりと優しく話し掛けるなど、積極的に言葉のやり取りを楽しむことがで
きるようにすること。

身近なものと関わり感性が育つ

［身近な環境に興味や好奇心をもって関わり、感じたことや考えたことを表現する力の基盤を培う。］

1　ねらい

（1）　身の回りのものに親しみ、様々なものに興味や関心をもつ。

（2）　見る、触れる、探索するなど、身近な環境に自分から関わろうとする。

（3）　身体の諸感覚による認識が豊かになり、表情や手足、体の動き等で表現する。

2　内容

（1）　身近な生活用具、玩具や絵本などが用意された中で、身の回りのものに対する興味や好奇心をもつ。

（2）　生活や遊びの中で様々なものに触れ、音、形、色、手触りなどに気付き、感覚の働きを豊かにする。

（3）　保育教諭等と一緒に様々な色彩や形のものや絵本などを見る。

（4）　玩具や身の回りのものを、つまむ、つかむ、たたく、引っ張るなど、手や指を使って遊ぶ。

（5）　保育教諭等のあやし遊びに機嫌よく応じたり、歌やリズムに合わせて手足や体を動かして楽しんだりする。

3　内容の取扱い

上記の取扱いに当たっては、次の事項に留意する必要がある。

（1）　玩具などは、音質、形、色、大きさなど園児の発達状態に応じて適切なものを選び、その時々の園児の興味や関心を踏まえるなど、遊びを通して感覚の発達が促されるものとなるように工夫すること。なお、安全な環境の下で、園児が探索意欲を満たして自由に遊べるよう、身の回りのものについては常に十分な点検を行うこと。

（2）　乳児期においては、表情、発声、体の動きなどで、感情を表現することが多いことから、これらの表現しようとする意欲を積極的に受け止めて、園児が様々な活動を楽しむことを通して表現が豊かになるようにすること。

> **ここがポイント！**
> ⑫「乳児期の園児の保育に関するねらい及び内容」

解説　愛情豊かに、応答的に行われることが特に必要な時期

保⑪

『教育・保育要領』の今回の改訂では、0～2歳児の保育の利用率の上昇やこの時期の発達の重要性を踏まえ、乳児期の子どもの保育について、第2章の第1で「**ねらい及び内容**」等を発達の特性に合わせて記載しています。「**基本的事項**」では、乳児期の発達の姿を踏まえて、「乳児期の園児の保育は、愛情豊かに、応答的に行われることが特に必要である。」としています。

また、「ねらい及び内容」等は、「**健やかに伸び伸びと育つ**」「**身近な人と気持ちが通じ合う**」「**身近なものと関わり感性が育つ**」の3つの視点でまとめられています。これは、乳児期は現行の5領域の保育内容に関する発達が未分化であり、生活や遊びが充実することを通して子ども達の身体的・精神的・社会的発達の基盤を培うという考え方を踏まえたものです。

「**健やかに伸び伸び育つ**」は、「**健康な心と体を育て、自ら健康で安全な生活をつくり出す力の基盤を培う。**」ものです。「**身体感覚が育ち、快適な環境に心地よさを感じる。**」などの3つの「**ねらい**」と、5つの「**内容**」が示されています。「**内容の取扱い**」では、「**温かい触れ合いの中で、心と体の発達を促すこと。**」等が述べられています。

「**身近な人と気持ちが通じ合う**」は、「**受容的・応答的な関わりの下で、何かを伝えようとする意欲や身近な大人との信頼関係を育て、人と関わる力の基盤を培う。**」ものです。主に現行の領域「**言葉**」「**人間関係**」の保育内容との連続性を意識して、「**安心できる関係の下で、身近な人と共に過ごす喜びを感じる。**」などの3つの「**ねらい**」と5つの「**内容**」が示されています。「**内容の取扱い**」では、「**園児の多様な感情を受け止め、温かく受容的・応答的に関わ**」ること等が述べられています。

「**身近なものと関わり感性が育つ**」は、「**身近な環境に興味や好奇心をもって関わり、感じたことや考えたことを表現する力の基盤を培う。**」ものです。主に現行の領域「**表現**」「**環境**」の保育内容との連続性を意識して、「**身の回りのものに親しみ、様々なものに興味や関心をもつ。**」などの3つの「**ねらい**」と5つの「**内容**」が示されています。「**内容の取扱い**」では、「**安全な環境の下で、園児が探索意欲を満たして自由に遊べるよう**」、常に十分な点検を行うこと等が述べられています。

なお、第2章の第4「**教育及び保育の実施に関する配慮事項**」（p 226）では、乳児期の子どもの保育は、乳児の

特性に応じて行うべき配慮として、抵抗力が弱く疾病の発生が多いため、一人一人の子どもに応じた保健的な対応を行うことや、一人一人の子どもの生育歴の違いに留意しつつ欲求を適切に満たし、特定の保育教諭等が応答的に関わること、保育者との信頼関係を築くこと等を挙げています。

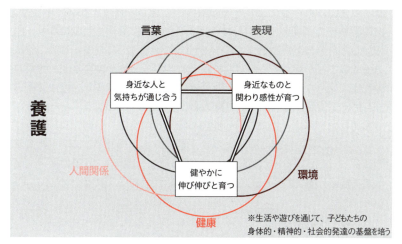

０歳児の保育内容の記載のイメージ

厚生労働省 保育所保育指針の改定に関する議論のとりまとめ（平成28年12月21日）より

第2　満1歳以上満3歳未満の園児の保育に関するねらい及び内容

基本的事項
1　この時期においては、歩き始めから、歩く、走る、跳ぶなどへと、基本的な運動機能が次第に発達し、排泄の自立のための身体的機能も整うようになる。つまむ、めくるなどの指先の機能も発達し、食事、衣類の着脱なども、保育教諭等の援助の下で自分で行うようになる。発声も明瞭になり、語彙も増加し、自分の意思や欲求を言葉で表出できるようになる。このように自分でできることが増えてくる時期であることから、保育教諭等は、園児の生活の安定を図りながら、自分でしようとする気持ちを尊重し、温かく見守るとともに、愛情豊かに、応答的に関わることが必要である。
2　本項においては、この時期の発達の特徴を踏まえ、保育のねらい及び内容について、心身の健康に関する領域「健康」、人との関わりに関する領域「人間関係」、身近な環境との関わりに関する領域「環境」、言葉の獲得に関する領域「言葉」及び感性と表現に関する領域「表現」としてまとめ、示している。

ねらい及び内容
健　康
〔健康な心と体を育て、自ら健康で安全な生活をつくり出す力を養う。〕
1　ねらい
(1)　明るく伸び伸びと生活し、自分から体を動かすことを楽しむ。
(2)　自分の体を十分に動かし、様々な動きをしようとする。
(3)　健康、安全な生活に必要な習慣に気付き、自分でしてみようとする気持ちが育つ。
2　内容
(1)　保育教諭等の愛情豊かな受容の下で、安定感をもって生活をする。
(2)　食事や午睡、遊びと休息など、幼保連携型認定こども園における生活のリズムが形成される。
(3)　走る、跳ぶ、登る、押す、引っ張るなど全身を使う遊びを楽しむ。
(4)　様々な食品や調理形態に慣れ、ゆったりとした雰囲気の中で食事や間食を楽しむ。
(5)　身の回りを清潔に保つ心地よさを感じ、その習慣が少しずつ身に付く。
(6)　保育教諭等の助けを借りながら、衣類の着脱を自分でしようとする。
(7)　便器での排泄に慣れ、自分で排泄ができるようになる。
3　内容の取扱い
上記の取扱いに当たっては、次の事項に留意する必要がある。

(1) 心と体の健康は、相互に密接な関連があるものであることを踏まえ、園児の気持ちに配慮した温かい触れ合いの中で、心と体の発達を促すこと。特に、一人一人の発育に応じて、体を動かす機会を十分に確保し、自ら体を動かそうとする意欲が育つようにすること。

(2) 健康な心と体を育てるためには望ましい食習慣の形成が重要であることを踏まえ、ゆったりとした雰囲気の中で食べる喜びや楽しさを味わい、進んで食べようとする気持ちが育つようにすること。なお、食物アレルギーのある園児への対応については、学校医等の指示や協力の下に適切に対応すること。

(3) 排泄の習慣については、一人一人の排尿間隔等を踏まえ、おむつが汚れていないときに便器に座らせるなどにより、少しずつ慣れさせるようにすること。

(4) 食事、排泄、睡眠、衣類の着脱、身の回りを清潔にすることなど、生活に必要な基本的な習慣については、一人一人の状態に応じ、落ち着いた雰囲気の中で行うようにし、園児が自分でしようとする気持ちを尊重すること。また、基本的な生活習慣の形成に当たっては、家庭での生活経験に配慮し、家庭との適切な連携の下で行うようにすること。

人間関係

他の人々と親しみ、支え合って生活するために、自立心を育て、人と関わる力を養う。

1 ねらい

(1) 幼保連携型認定こども園での生活を楽しみ、身近な人と関わる心地よさを感じる。

(2) 周囲の園児等への興味・関心が高まり、関わりをもとうとする。

(3) 幼保連携型認定こども園の生活の仕方に慣れ、きまりの大切さに気付く。

2 内容

(1) 保育教諭等や周囲の園児等との安定した関係の中で、共に過ごす心地よさを感じる。

(2) 保育教諭等の受容的・応答的な関わりの中で、欲求を適切に満たし、安定感をもって過ごす。

(3) 身の回りに様々な人がいることに気付き、徐々に他の園児と関わりをもって遊ぶ。

(4) 保育教諭等の仲立ちにより、他の園児との関わり方を少しずつ身につける。

(5) 幼保連携型認定こども園の生活の仕方に慣れ、きまりがあることや、その大切さに気付く。

(6) 生活や遊びの中で、年長児や保育教諭等の真似をしたり、ごっこ遊びを楽しんだりする。

3 内容の取扱い

上記の取扱いに当たっては、次の事項に留意する必要がある。

(1) 保育教諭等との信頼関係に支えられて生活を確立するとともに、自分で何かをしようとする気持ちが旺盛になる時期であることに鑑み、そのような園児の気持ちを尊重し、温かく見守るとともに、愛情豊かに、応答的に関わり、適切な援助を行うようにすること。

(2) 思い通りにいかない場合等の園児の不安定な感情の表出については、保育教諭等が受容的に受け止めるとともに、そうした気持ちから立ち直る経験や感情をコントロールすることへの気付き等につなげていけるように援助すること。

(3) この時期は自己と他者との違いの認識がまだ十分ではないことから、園児の自我の育ちを見守るとともに、保育教諭等が仲立ちとなって、自分の気持ちを相手に伝えることや相手の気持ちに気付くことの大切さなど、友達の気持ちや友達との関わり方を丁寧に伝えていくこと。

環 境

[周囲の様々な環境に好奇心や探究心をもって関わり、それらを生活に取り入れていこうとする力を養う。]

1 ねらい

(1) 身近な環境に親しみ、触れ合う中で、様々なものに興味や関心をもつ。

(2) 様々なものに関わる中で、発見を楽しんだり、考えたりしようとする。

(3) 見る、聞く、触るなどの経験を通して、感覚の働きを豊かにする。

2 内 容

(1) 安全で活動しやすい環境での探索活動等を通して、見る、聞く、触れる、嗅ぐ、味わうなどの感覚の働きを豊かにする。

(2) 玩具、絵本、遊具などに興味をもち、それらを使った遊びを楽しむ。

(3) 身の回りの物に触れる中で、形、色、大きさ、量などの物の性質や仕組みに気付く。

(4) 自分の物と人の物の区別や、場所的感覚など、環境を捉える感覚が育つ。

(5) 身近な生き物に気付き、親しみをもつ。

(6) 近隣の生活や季節の行事などに興味や関心をもつ。

3 内容の取扱い

上記の取扱いに当たっては、次の事項に留意する必要がある。

(1) 玩具などは、音質、形、色、大きさなど園児の発達状態に応じて適切なものを選び、遊びを通して感覚の発達が促されるように工夫すること。

(2) 身近な生き物との関わりについては、園児が命を感じ、生命の尊さに気

付く経験へとつながるものであることから、そうした気付きを促すような
関わりとなるようにすること。
(3) 地域の生活や季節の行事などに触れる際には、社会とのつながりや地域
社会の文化への気付きにつながるものとなることが望ましいこと。その際、
幼保連携型認定こども園内外の行事や地域の人々との触れ合いなどを通し
て行うこと等も考慮すること。

言葉

> 経験したことや考えたことなどを自分なりの言葉で表現し、相手の話す言葉を
> 聞こうとする意欲や態度を育て、言葉に対する感覚や言葉で表現する力を養う。

1　ねらい
(1) 言葉遊びや言葉で表現する楽しさを感じる。
(2) 人の言葉や話などを聞き、自分でも思ったことを伝えようとする。
(3) 絵本や物語等に親しむとともに、言葉のやり取りを通じて身近な人と気
持ちを通わせる。

2　内容
(1) 保育教諭等の応答的な関わりや話し掛けにより、自ら言葉を使おうとする。
(2) 生活に必要な簡単な言葉に気付き、聞き分ける。
(3) 親しみをもって日常の挨拶に応じる。
(4) 絵本や紙芝居を楽しみ、簡単な言葉を繰り返したり、模倣をしたりして遊ぶ。
(5) 保育教諭等とごっこ遊びをする中で、言葉のやり取りを楽しむ。
(6) 保育教諭等を仲立ちとして、生活や遊びの中で友達との言葉のやり取
りを楽しむ。
(7) 保育教諭等や友達の言葉や話に興味や関心をもって、聞いたり、話した
りする。

3　内容の取扱い
上記の取扱いに当たっては、次の事項に留意する必要がある。
(1) 身近な人に親しみをもって接し、自分の感情などを伝え、それに相手が
応答し、その言葉を聞くことを通して、次第に言葉が獲得されていくもの
であることを考慮して、楽しい雰囲気の中で保育教諭等との言葉のやり取
りができるようにすること。
(2) 園児が自分の思いを言葉で伝えるとともに、他の園児の話などを聞くこ
とを通して、次第に話を理解し、言葉による伝え合いができるようになる
よう、気持ちや経験等の言語化を行うことを援助するなど、園児同士の関
わりの仲立ちを行うようにすること。

(3) この時期は、片言から、二語文、ごっこ遊びでのやり取りができる程度
へと、大きく言葉の習得が進む時期であることから、それぞれの園児の発
達の状況に応じて、遊びや関わりの工夫など、保育の内容を適切に展開す
ることが必要であること。

表現

感じたことや考えたことを自分なりに表現することを通して、豊かな感性や表
現する力を養い、創造性を豊かにする。

1 ねらい
(1) 身体の諸感覚の経験を豊かにし、様々な感覚を味わう。
(2) 感じたことや考えたことなどを自分なりに表現しようとする。
(3) 生活や遊びの様々な体験を通して、イメージや感性が豊かになる。

2 内容
(1) 水、砂、土、紙、粘土など様々な素材に触れて楽しむ。
(2) 音楽、リズムやそれに合わせた体の動きを楽しむ。
(3) 生活の中で様々な音、形、色、手触り、動き、味、香りなどに気付いたり、
感じたりして楽しむ。
(4) 歌を歌ったり、簡単な手遊びや全身を使う遊びを楽しんだりする。
(5) 保育教諭等からの話や、生活や遊びの中での出来事を通して、イメージ
を豊かにする。
(6) 生活や遊びの中で、興味のあることや経験したことなどを自分なりに表現する。

3 内容の取扱い
上記の取扱いに当たっては、次の事項に留意する必要がある。
(1) 園児の表現は、遊びや生活の様々な場面で表出されているものであるこ
とから、それらを積極的に受け止め、様々な表現の仕方や感性を豊かにす
る経験となるようにすること。
(2) 園児が試行錯誤しながら様々な表現を楽しむことや、自分の力でやり遂
げる充実感などに気付くよう、温かく見守るとともに、適切に援助を行う
ようにすること。
(3) 様々な感情の表現等を通じて、園児が自分の感情や気持ちに気付くよう
になる時期であることに鑑み、受容的な関わりの中で自信をもって表現を
することや、諦めずに続けた後の達成感等を感じられるような経験が蓄積
されるようにすること。
(4) 身近な自然や身の回りの事物に関わる中で、発見や心が動く経験が得ら
れるよう、諸感覚を働かせることを楽しむ遊びや素材を用意するなど保育
の環境を整えること。

> ⑬「満1歳以上満3歳未満の園児の保育に関する
> ねらい及び内容」
> 保⑭

乳児期の保育や3歳以上児の保育との連続性を考慮して

『教育・保育要領』の今回の改訂では、満1歳以上満3歳未満の子どもの保育について、第2章第2で**「ねらい及び内容」**等を、発達の特性に合わせて記載しています。**「基本的事項」**では、子どもができることが増えてくるこの時期の発達の姿を踏まえて、保育教諭等が、子どもの生活の安定を図りながら、**「自分でしようとする気持ちを尊重し、温かく見守るとともに、愛情豊かに、応答的に関わることが必要である。」**としています。また、保育の**「ねらい及び内容」**等は、満3歳以上と同様に**「健康」「人間関係」「環境」「言葉」「表現」**の5つの領域でまとめ、示しています。これらは、乳児期の保育や満3歳以上児の保育と連続性を持ちつつ、満1歳以上満3歳未満の発達の特性を踏まえて示したものです。

「健康」は、（1）**「明るく伸び伸びと生活し、自分から体を動かすことを楽しむ」**などの3つの**「ねらい」**と7つの**「内容」**、食事や排泄の習慣などに関する4つの**「内容の取扱い」**の事項が示されています。**「人間関係」**は、（1）**「幼保連携型認定こども園での生活を楽しみ、身近な人と関わる心地よさを感じる。」**などの3つの**「ねらい」**と6つの**「内容」**、他の子どもとの関わりなどに関する3つの**「内容の取扱い」**の事項が示されています。**「環境」**は、（1）**「身近な環境に親しみ、触れ合う中で、様々なものに興味や関心をもつ。」**などの3つの**「ねらい」**と6つの**「内容」**、玩具の選び方や身近な生き物との関わりなどに関する3つの**「内容の取扱い」**の事項が示されています。**「言葉」**は、（1）**「言葉遊びや言葉で表現する楽しさを感じる。」**などの3つの**「ねらい」**と7つの**「内容」**、言葉の発達に応じた遊びや関わりの工夫などに関する3つの**「内容の取扱い」**の事項が示されています。**「表現」**は、（1）**「身体の諸感覚の経験を豊かにし、様々な感覚を味わう。」**などの3つの**「ねらい」**と6つの**「内容」**、諸感覚を働かせることを楽しむ遊びや素材を用意するなどに関する4つの**「内容の取扱い」**の事項が示されています。

なお、第2章の第4**「教育及び保育の実施に関する配慮事項」**（p226）では、満1歳以上満3歳未満の特性に応じて行うべき配慮として、感染症にかかりやすい時期のため心身の日常の状態の観察を十分に行い保健的な対応を心がけること、探索活動が十分できるように事故防止に努めながら全身を使う遊びなど様々な遊びを取り入れること、子どもが自分の感情や気持ちに気付く重要な時期であることから情緒の安定を図りながら自発的な活動を尊重し促すこと等を挙げています。

第3　満3歳以上の園児の教育及び保育に関するねらい及び内容

基本的事項

1　この時期においては、運動機能の発達により、基本的な動作が一通りできるようになるとともに、基本的な生活習慣もほぼ自立できるようになる。理解する語彙数が急激に増加し、知的興味や関心も高まってくる。仲間と遊び、仲間の中の一人という自覚が生じ、集団的な遊びや協同的な活動も見られるようになる。これらの発達の特徴を踏まえて、この時期の教育及び保育においては、個の成長と集団としての活動の充実が図られるようにしなければならない。

2　本項においては、この時期の発達の特徴を踏まえ、教育及び保育のねらい及び内容について、心身の健康に関する領域「健康」、人との関わりに関する領域「人間関係」、身近な環境との関わりに関する領域「環境」、言葉の獲得に関する領域「言葉」及び感性と表現に関する領域「表現」としてまとめ、示している。

ねらい及び内容
健 康

［健康な心と体を育て、自ら健康で安全な生活をつくり出す力を養う。］

1　ねらい
  (1)　明るく伸び伸びと行動し、充実感を味わう。
  (2)　自分の体を十分に動かし、進んで運動しようとする。
  (3)　健康、安全な生活に必要な習慣や態度を身に付け、見通しをもって行動する。

2　内容
  (1)　保育教諭等や友達と触れ合い、安定感をもって行動する。
  (2)　いろいろな遊びの中で十分に体を動かす。
  (3)　進んで戸外で遊ぶ。
  (4)　様々な活動に親しみ、楽しんで取り組む。
  (5)　保育教諭等や友達と食べることを楽しみ、食べ物への興味や関心をもつ。
  (6)　健康な生活のリズムを身に付ける。
  (7)　身の回りを清潔にし、衣服の着脱、食事、排泄^{せつ}などの生活に必要な活動を自分でする。
  (8)　幼保連携型認定こども園における生活の仕方を知り、自分たちで生活の場を整えながら見通しをもって行動する。
  (9)　自分の健康に関心をもち、病気の予防などに必要な活動を進んで行う。
  (10)　危険な場所、危険な遊び方、災害時などの行動の仕方が分かり、安全に気を付けて行動する。

3　内容の取扱い

　上記の取扱いに当たっては、次の事項に留意する必要がある。

(1)　心と体の健康は、相互に密接な関連があるものであることを踏まえ、園児が保育教諭等や他の園児との温かい触れ合いの中で自己の存在感や充実感を味わうことなどを基盤として、しなやかな心と体の発達を促すこと。特に、十分に体を動かす気持ちよさを体験し、自ら体を動かそうとする意欲が育つようにすること。

(2)　様々な遊びの中で、園児が興味や関心、能力に応じて全身を使って活動することにより、体を動かす楽しさを味わい、自分の体を大切にしようとする気持ちが育つようにすること。その際、多様な動きを経験する中で、体の動きを調整するようにすること。

(3)　自然の中で伸び伸びと体を動かして遊ぶことにより、体の諸機能の発達が促されることに留意し、園児の興味や関心が戸外にも向くようにすること。その際、園児の動線に配慮した園庭や遊具の配置などを工夫すること。

(4)　健康な心と体を育てるためには食育を通じた望ましい食習慣の形成が大切であることを踏まえ、園児の食生活の実情に配慮し、和やかな雰囲気の中で保育教諭等や他の園児と食べる喜びや楽しさを味わったり、様々な食べ物への興味や関心をもったりするなどし、食の大切さに気付き、進んで食べようとする気持ちが育つようにすること。

(5)　基本的な生活習慣の形成に当たっては、家庭での生活経験に配慮し、園児の自立心を育て、園児が他の園児と関わりながら主体的な活動を展開する中で、生活に必要な習慣を身に付け、次第に見通しをもって行動できるようにすること。

(6)　安全に関する指導に当たっては、情緒の安定を図り、遊びを通して安全についての構えを身に付け、危険な場所や事物などが分かり、安全についての理解を深めるようにすること。また、交通安全の習慣を身に付けるようにするとともに、避難訓練などを通して、災害などの緊急時に適切な行動がとれるようにすること。

人間関係

他の人々と親しみ、支え合って生活するために、自立心を育て、人と関わる力を養う。

1　ねらい

(1)　幼保連携型認定こども園の生活を楽しみ、自分の力で行動することの充実感を味わう。

(2)　身近な人と親しみ、関わりを深め、工夫したり、協力したりして一緒に

活動する楽しさを味わい、愛情や信頼感をもつ。

(3) 社会生活における望ましい習慣や態度を身に付ける。

2　内　容

(1) 保育教諭等や友達と共に過ごすことの喜びを味わう。

(2) 自分で考え、自分で行動する。

(3) 自分でできることは自分でする。

(4) いろいろな遊びを楽しみながら物事をやり遂げようとする気持ちをもつ。

(5) 友達と積極的に関わりながら喜びや悲しみを共感し合う。

(6) 自分の思ったことを相手に伝え、相手の思っていることに気付く。

(7) 友達のよさに気付き、一緒に活動する楽しさを味わう。

(8) 友達と楽しく活動する中で、共通の目的を見いだし、工夫したり、協力したりなどする。

(9) よいことや悪いことがあることに気付き、考えながら行動する。

(10) 友達との関わりを深め、思いやりをもつ。

(11) 友達と楽しく生活する中できまりの大切さに気付き、守ろうとする。

(12) 共同の遊具や用具を大切にし、皆で使う。

(13) 高齢者をはじめ地域の人々などの自分の生活に関係の深いいろいろな人に親しみをもつ。

3　内容の取扱い

上記の取扱いに当たっては、次の事項に留意する必要がある。

(1) 保育教諭等との信頼関係に支えられて自分自身の生活を確立していくことが人と関わる基盤となることを考慮し、園児が自ら周囲に働き掛けることにより多様な感情を体験し、試行錯誤しながら諦めずにやり遂げることの達成感や、前向きな見通しをもって自分の力で行うことの充実感を味わうことができるよう、園児の行動を見守りながら適切な援助を行うようにすること。

(2) 一人一人を生かした集団を形成しながら人と関わる力を育てていくようにすること。その際、集団の生活の中で、園児が自己を発揮し、保育教諭等や他の園児に認められる体験をし、自分のよさや特徴に気付き、自信をもって行動できるようにすること。

(3) 園児が互いに関わりを深め、協同して遊ぶようになるため、自ら行動する力を育てるようにするとともに、他の園児と試行錯誤しながら活動を展開する楽しさや共通の目的が実現する喜びを味わうことができるようにすること。

(4) 道徳性の芽生えを培うに当たっては、基本的な生活習慣の形成を図るとともに、園児が他の園児との関わりの中で他人の存在に気付き、相手を尊重する気持ちをもって行動できるようにし、また、自然や身近な動植物に親しむことなどを通して豊かな心情が育つようにすること。特に、人に対す

る信頼感や思いやりの気持ちは、葛藤やつまずきをも体験し、それらを乗り越えることにより次第に芽生えてくることに配慮すること。

(5) 集団の生活を通して、園児が人との関わりを深め、規範意識の芽生えが培われることを考慮し、園児が保育教諭等との信頼関係に支えられて自己を発揮する中で、互いに思いを主張し、折り合いを付ける体験をし、きまりの必要性などに気付き、自分の気持ちを調整する力が育つようにすること。

(6) 高齢者をはじめ地域の人々などの自分の生活に関係の深いいろいろな人と触れ合い、自分の感情や意志を表現しながら共に楽しみ、共感し合う体験を通して、これらの人々などに親しみをもち、人と関わることの楽しさや人の役に立つ喜びを味わうことができるようにすること。また、生活を通して親や祖父母などの家族の愛情に気付き、家族を大切にしようとする気持ちが育つようにすること。

環境

> 周囲の様々な環境に好奇心や探究心をもって関わり、それらを生活に取り入れていこうとする力を養う。

1 ねらい

(1) 身近な環境に親しみ、自然と触れ合う中で様々な事象に興味や関心をもつ。

(2) 身近な環境に自分から関わり、発見を楽しんだり、考えたりし、それを生活に取り入れようとする。

(3) 身近な事象を見たり、考えたり、扱ったりする中で、物の性質や数量、文字などに対する感覚を豊かにする。

2 内容

(1) 自然に触れて生活し、その大きさ、美しさ、不思議さなどに気付く。

(2) 生活の中で、様々な物に触れ、その性質や仕組みに興味や関心をもつ。

(3) 季節により自然や人間の生活に変化のあることに気付く。

(4) 自然などの身近な事象に関心をもち、取り入れて遊ぶ。

(5) 身近な動植物に親しみをもって接し、生命の尊さに気付き、いたわったり、大切にしたりする。

(6) 日常生活の中で、我が国や地域社会における様々な文化や伝統に親しむ。

(7) 身近な物を大切にする。

(8) 身近な物や遊具に興味をもって関わり、自分なりに比べたり、関連付けたりしながら考えたり、試したりして工夫して遊ぶ。

(9) 日常生活の中で数量や図形などに関心をもつ。

(10) 日常生活の中で簡単な標識や文字などに関心をもつ。

(11) 生活に関係の深い情報や施設などに興味や関心をもつ。

(12) 幼保連携型認定こども園内外の行事において国旗に親しむ。

3 内容の取扱い

上記の取扱いに当たっては、次の事項に留意する必要がある。

(1) 園児が、遊びの中で周囲の環境と関わり、次第に周囲の世界に好奇心を抱き、その意味や操作の仕方に関心をもち、物事の法則性に気付き、自分なりに考えることができるようになる過程を大切にすること。また、他の園児の考えなどに触れて新しい考えを生み出す喜びや楽しさを味わい、自分の考えをよりよいものにしようとする気持ちが育つようにすること。

(2) 幼児期において自然のもつ意味は大きく、自然の大きさ、美しさ、不思議さなどに直接触れる体験を通して、園児の心が安らぎ、豊かな感情、好奇心、思考力、表現力の基礎が培われることを踏まえ、園児が自然との関わりを深めることができるよう工夫すること。

(3) 身近な事象や動植物に対する感動を伝え合い、共感し合うことなどを通して自分から関わろうとする意欲を育てるとともに、様々な関わり方を通してそれらに対する親しみや畏敬の念、生命を大切にする気持ち、公共心、探究心などが養われるようにすること。

(4) 文化や伝統に親しむ際には、正月や節句など我が国の伝統的な行事、国歌、唱歌、わらべうたや我が国の伝統的な遊びに親しんだり、異なる文化に触れる活動に親しんだりすることを通じて、社会とのつながりの意識や国際理解の意識の芽生えなどが養われるようにすること。

(5) 数量や文字などに関しては、日常生活の中で園児自身の必要感に基づく体験を大切にし、数量や文字などに関する興味や関心、感覚が養われるようにすること。

言葉

経験したことや考えたことなどを自分なりの言葉で表現し、相手の話す言葉を聞こうとする意欲や態度を育て、言葉に対する感覚や言葉で表現する力を養う。

1 ねらい

(1) 自分の気持ちを言葉で表現する楽しさを味わう。

(2) 人の言葉や話などをよく聞き、自分の経験したことや考えたことを話し、伝え合う喜びを味わう。

(3) 日常生活に必要な言葉が分かるようになるとともに、絵本や物語などに親しみ、言葉に対する感覚を豊かにし、保育教諭等や友達と心を通わせる。

2 内容

(1) 保育教諭等や友達の言葉や話に興味や関心をもち、親しみをもって聞い

たり、話したりする。

(2) したり、見たり、聞いたり、感じたり、考えたりなどしたことを自分なりに言葉で表現する。

(3) したいこと、してほしいことを言葉で表現したり、分からないことを尋ねたりする。

(4) 人の話を注意して聞き、相手に分かるように話す。

(5) 生活の中で必要な言葉が分かり、使う。

(6) 親しみをもって日常の挨拶をする。

(7) 生活の中で言葉の楽しさや美しさに気付く。

(8) いろいろな体験を通じてイメージや言葉を豊かにする。

(9) 絵本や物語などに親しみ、興味をもって聞き、想像をする楽しさを味わう。

(10) 日常生活の中で、文字などで伝える楽しさを味わう。

3 内容の取扱い

上記の取扱いに当たっては、次の事項に留意する必要がある。

(1) 言葉は、身近な人に親しみをもって接し、自分の感情や意志などを伝え、それに相手が応答し、その言葉を聞くことを通して次第に獲得されていくものであることを考慮して、園児が保育教諭等や他の園児と関わることにより心を動かされるような体験をし、言葉を交わす喜びを味わえるようにすること。

(2) 園児が自分の思いを言葉で伝えるとともに、保育教諭等や他の園児などの話を興味をもって注意して聞くことを通して次第に話を理解するようになっていき、言葉による伝え合いができるようにすること。

(3) 絵本や物語などで、その内容と自分の経験とを結び付けたり、想像を巡らせたりするなど、楽しみを十分に味わうことによって、次第に豊かなイメージをもち、言葉に対する感覚が養われるようにすること。

(4) 幼児が生活の中で、言葉の響きやリズム、新しい言葉や表現などに触れ、これらを使う楽しさを味わえるようにすること。その際、絵本や物語に親しんだり、言葉遊びなどをしたりすることを通して、言葉が豊かになるようにすること。

(5) 園児が日常生活の中で、文字などを使いながら思ったことや考えたことを伝える喜びや楽しさを味わい、文字に対する興味や関心をもつようにすること。

表現

感じたことや考えたことを自分なりに表現することを通して、豊かな感性や表現する力を養い、創造性を豊かにする。

1 ねらい

(1) いろいろなものの美しさなどに対する豊かな感性をもつ。

(2) 感じたことや考えたことを自分なりに表現して楽しむ。

(3) 生活の中でイメージを豊かにし、様々な表現を楽しむ。

2 内容

(1) 生活の中で様々な音、形、色、手触り、動きなどに気付いたり、感じたりするなどして楽しむ。

(2) 生活の中で美しいものや心を動かす出来事に触れ、イメージを豊かにする。

(3) 様々な出来事の中で、感動したことを伝え合う楽しさを味わう。

(4) 感じたこと、考えたことなどを音や動きなどで表現したり、自由にかいたり、つくったりなどする。

(5) いろいろな素材に親しみ、工夫して遊ぶ。

(6) 音楽に親しみ、歌を歌ったり、簡単なリズム楽器を使ったりなどする楽しさを味わう。

(7) かいたり、つくったりすることを楽しみ、遊びに使ったり、飾ったりなどする。

(8) 自分のイメージを動きや言葉などで表現したり、演じて遊んだりするなどの楽しさを味わう。

3 内容の取扱い

上記の取扱いに当たっては、次の事項に留意する必要がある。

(1) 豊かな感性は、身近な環境と十分に関わる中で美しいもの、優れたもの、心を動かす出来事などに出会い、そこから得た感動を他の園児や保育教諭等と共有し、様々に表現することなどを通して養われるようにすること。その際、風の音や雨の音、身近にある草や花の形や色など自然の中にある音、形、色などに気付くようにすること。

(2) 幼児期の自己表現は素朴な形で行われることが多いので、保育教諭等はそのような表現を受容し、園児自身の表現しようとする意欲を受け止めて、園児が生活の中で園児らしい様々な表現を楽しむことができるようにすること。

(3) 生活経験や発達に応じ、自ら様々な表現を楽しみ、表現する意欲を十分に発揮させることができるように、遊具や用具などを整えたり、様々な素材や表現の仕方に親しんだり、他の園児の表現に触れられるよう配慮したりし、表現する過程を大切にして自己表現を楽しめるように工夫すること。

ここがポイント！
⑭「満3歳以上の園児の教育及び保育に関するねらい及び内容」

解説 個の成長と集団としての
活動の充実が図られるように

幼㉔-㉘
保⑮

　『教育・保育要領』では、満3歳以上の保育内容を「**教育及び保育に関するねらい及び内容**」として示しています。「基本的事項」では、この時期の発達の姿を踏まえて、「**個の成長と集団としての活動の充実が図られるようにしなければならない。**」としています。保育の「**ねらい及び内容**」等は、5領域を引き継ぎつつ、今回の改訂で示された「**幼児期の終わりまでに育ってほしい姿**」や幼児教育の現代的課題等を反映して、いくつかの改訂がされました。

　領域「健康」では、体を動かすことに関して「**内容の取扱い**」（2）で新たに「**多様な動きを経験する中で、体の動きを調整するようにすること。**」が、食育に関して新たに「**内容**」（5）の「**食べ物への興味や関心をもつ。**」が加わりました。「**ねらい**」（3）で「**見通しをもって行動する。**」、基本的生活習慣に関する「**内容の取扱い**」（5）で「**次第に見通しをもって行動できるようにすること。**」が新たに加わったことは、「**幼児期の終わりまでに育ってほしい姿**」の「**健康な心と体**」や「**自立心**」を反映しています。

　領域「人間関係」では、「**幼児期の終わりまでに育ってほしい姿**」に挙げられた「**協同性**」を反映して、「**ねらい**」（2）で「**関わりを深め、工夫したり、協力したりして一緒に活動する楽しさを味わい、**」という新たな文言が加わるなどしています。

　領域「環境」では、「**内容**」（6）の「**日常生活の中で、我が国や地域社会における様々な文化や伝統に親しむ。**」と、関連して「**内容の取扱い**」（4）が新たに加わり、我が国の伝統的な行事や遊び、異なる文化に触れる活動に親しむことを通して「**社会とのつながりの意識や国際理解の意識の芽生えなど**」を養うことが述べられています。

　領域「言葉」では、「**ねらい**」の（3）に「**言葉に対する感覚を豊かにし、**」という文言と、これに関連して新たに「**内容の取扱い**」（4）が新たに加わり、言葉そのものへの興味・関心、感覚をより豊かにすることを目指しています。

　領域「表現」では、「**内容の取扱い**」（1）で「**その際、風の音や雨の音、身近にある草や花の形や色など自然の中にある音、形、色などに気付くようにすること。**」という文言が新たに加わり、子どもの豊かな感性を育む身近な環境との関わりの中でも特に身近で自然の中にある音や形、色などへの気付きを促しています。

　これら、5領域の「**ねらい及び内容**」は、幼児教育において育みたい資質・能力や、「**幼児期の終わりまでに育ってほしい姿**」と関連させて捉え、乳児期及び満1歳以上満3歳未満の子どもの保育の「**ねらい及び内容**」等との連続性を踏まえて、遊びを通して総合的に指導します。

第4　教育及び保育の実施に関する配慮事項

1　満3歳未満の園児の保育の実施については、以下の事項に配慮するものとする。

(1)　乳児は疾病への抵抗力が弱く、心身の機能の未熟さに伴う疾病の発生が多いことから、一人一人の発育及び発達状態や健康状態についての適切な判断に基づく保健的な対応を行うこと。また、一人一人の園児の生育歴の違いに留意しつつ、欲求を適切に満たし、特定の保育教諭等が応答的に関わるように努めること。更に、乳児期の園児の保育に関わる職員間の連携や学校医との連携を図り、第3章に示す事項を踏まえ、適切に対応すること。栄養士及び看護師等が配置されている場合は、その専門性を生かした対応を図ること。乳児期の園児の保育においては特に、保護者との信頼関係を築きながら保育を進めるとともに、保護者からの相談に応じ支援に努めていくこと。なお、担当の保育教諭等が替わる場合には、園児のそれまでの生育歴や発達の過程に留意し、職員間で協力して対応すること。

(2)　満1歳以上満3歳未満の園児は、特に感染症にかかりやすい時期であるので、体の状態、機嫌、食欲などの日常の状態の観察を十分に行うとともに、適切な判断に基づく保健的な対応を心掛けること。また、探索活動が十分できるように、事故防止に努めながら活動しやすい環境を整え、全身を使う遊びなど様々な遊びを取り入れること。更に、自我が形成され、園児が自分の感情や気持ちに気付くようになる重要な時期であることに鑑み、情緒の安定を図りながら、園児の自発的な活動を尊重するとともに促していくこと。なお、担当の保育教諭等が替わる場合には、園児のそれまでの経験や発達の過程に留意し、職員間で協力して対応すること。

2　幼保連携型認定こども園における教育及び保育の全般において以下の事項に配慮するものとする。

(1)　園児の心身の発達及び活動の実態などの個人差を踏まえるとともに、一人一人の園児の気持ちを受け止め、援助すること。

(2)　園児の健康は、生理的・身体的な育ちとともに、自主性や社会性、豊かな感性の育ちとがあいまってもたらされることに留意すること。

(3)　園児が自ら周囲に働き掛け、試行錯誤しつつ自分の力で行う活動を見守りながら、適切に援助すること。

(4)　園児の入園時の教育及び保育に当たっては、できるだけ個別的に対応し、園児が安定感を得て、次第に幼保連携型認定こども園の生活になじんでいくようにするとともに、既に入園している園児に不安や動揺を与えないよ

うにすること。

(5) 園児の国籍や文化の違いを認め、互いに尊重する心を育てるようにすること。

(6) 園児の性差や個人差にも留意しつつ、性別などによる固定的な意識を植え付けることがないようにすること。

第3章 健康及び安全

幼保連携型認定こども園教育・保育要領

第3章　健康及び安全

　幼保連携型認定こども園における園児の健康及び安全は、園児の生命の保持と健やかな生活の基本となるものであり、第1章及び第2章の関連する事項と併せ、次に示す事項について適切に対応するものとする。その際、養護教諭や看護師、栄養教諭や栄養士等が配置されている場合には、学校医等と共に、これらの者がそれぞれの専門性を生かしながら、全職員が相互に連携し、組織的かつ適切な対応を行うことができるような体制整備や研修を行うことが必要である。

第1　健康支援

1　健康状態や発育及び発達の状態の把握
 (1)　園児の心身の状態に応じた教育及び保育を行うために、園児の健康状態や発育及び発達の状態について、定期的・継続的に、また、必要に応じて随時、把握すること。
 (2)　保護者からの情報とともに、登園時及び在園時に園児の状態を観察し、何らかの疾病が疑われる状態や傷害が認められた場合には、保護者に連絡するとともに、学校医と相談するなど適切な対応を図ること。
 (3)　園児の心身の状態等を観察し、不適切な養育の兆候が見られる場合には、市町村（特別区を含む。以下同じ。）や関係機関と連携し、児童福祉法第25条に基づき、適切な対応を図ること。また、虐待が疑われる場合には、速やかに市町村又は児童相談所に通告し、適切な対応を図ること。

2　健康増進
 (1)　認定こども園法第27条において準用する学校保健安全法（昭和33年法律第56号）第5条の学校保健計画を作成する際は、教育及び保育の内容並びに子育ての支援等に関する全体的な計画に位置づくものとし、全ての職員がそのねらいや内容を踏まえ、園児一人一人の健康の保持及び増進に努めていくこと。
 (2)　認定こども園法第27条において準用する学校保健安全法第13条第1項の健康診断を行ったときは、認定こども園法第27条において準用する学校保健安全法第14条の措置を行い、教育及び保育に活用するとともに、

保護者が園児の状態を理解し、日常生活に活用できるようにすること。

3　疾病等への対応
 (1)　在園時に体調不良や傷害が発生した場合には、その園児の状態等に応じて、保護者に連絡するとともに、適宜、学校医やかかりつけ医等と相談し、適切な処置を行うこと。
 (2)　感染症やその他の疾病の発生予防に努め、その発生や疑いがある場合には必要に応じて学校医、市町村、保健所等に連絡し、その指示に従うとともに、保護者や全ての職員に連絡し、予防等について協力を求めること。また、感染症に関する幼保連携型認定こども園の対応方法等について、あらかじめ関係機関の協力を得ておくこと。
 (3)　アレルギー疾患を有する園児に関しては、保護者と連携し、医師の診断及び指示に基づき、適切な対応を行うこと。また、食物アレルギーに関して、関係機関と連携して、当該幼保連携型認定こども園の体制構築など、安全な環境の整備を行うこと。
 (4)　園児の疾病等の事態に備え、保健室の環境を整え、救急用の薬品、材料等を適切な管理の下に常備し、全ての職員が対応できるようにしておくこと。

第2　食育の推進

1　幼保連携型認定こども園における食育は、健康な生活の基本としての食を営む力の育成に向け、その基礎を培うことを目標とすること。
2　園児が生活と遊びの中で、意欲をもって食に関わる体験を積み重ね、食べることを楽しみ、食事を楽しみ合う園児に成長していくことを期待するものであること。
3　乳幼児期にふさわしい食生活が展開され、適切な援助が行われるよう、教育及び保育の内容並びに子育ての支援等に関する全体的な計画に基づき、食事の提供を含む食育の計画を作成し、指導計画に位置付けるとともに、その評価及び改善に努めること。
4　園児が自らの感覚や体験を通して、自然の恵みとしての食材や食の循環・環境への意識、調理する人への感謝の気持ちが育つように、園児と調理員等との関わりや、調理室など食に関する環境に配慮すること。
5　保護者や地域の多様な関係者との連携及び協働の下で、食に関する取組が進められること。また、市町村の支援の下に、地域の関係機関等との日常的な連携を図り、必要な協力が得られるよう努めること。

6　体調不良、食物アレルギー、障害のある園児など、園児一人一人の心身の状態等に応じ、学校医、かかりつけ医等の指示や協力の下に適切に対応すること。

第3　環境及び衛生管理並びに安全管理

1　環境及び衛生管理
 (1)　認定こども園法第27条において準用する学校保健安全法第6条の学校環境衛生基準に基づき幼保連携型認定こども園の適切な環境の維持に努めるとともに、施設内外の設備、用具等の衛生管理に努めること。
 (2)　認定こども園法第27条において準用する学校保健安全法第6条の学校環境衛生基準に基づき幼保連携型認定こども園の施設内外の適切な環境の維持に努めるとともに、園児及び全職員が清潔を保つようにすること。また、職員は衛生知識の向上に努めること。
2　事故防止及び安全対策
 (1)　在園時の事故防止のために、園児の心身の状態等を踏まえつつ、認定こども園法第27条において準用する学校保健安全法第27条の学校安全計画の策定等を通じ、全職員の共通理解や体制づくりを図るとともに、家庭や地域の関係機関の協力の下に安全指導を行うこと。
 (2)　事故防止の取組を行う際には、特に、睡眠中、プール活動・水遊び中、食事中等の場面では重大事故が発生しやすいことを踏まえ、園児の主体的な活動を大切にしつつ、施設内外の環境の配慮や指導の工夫を行うなど、必要な対策を講じること。
 (3)　認定こども園法第27条において準用する学校保健安全法第29条の危険等発生時対処要領に基づき、事故の発生に備えるとともに施設内外の危険箇所の点検や訓練を実施すること。また、外部からの不審者等の侵入防止のための措置や訓練など不測の事態に備え必要な対応を行うこと。更に、園児の精神保健面における対応に留意すること。

第4　災害への備え

1　施設・設備等の安全確保
 (1)　認定こども園法第27条において準用する学校保健安全法第29条の危険等発生時対処要領に基づき、災害等の発生に備えるとともに、防火設備、避難経路等の安全性が確保されるよう、定期的にこれらの安全点検を行うこと。

(2) 備品、遊具等の配置、保管を適切に行い、日頃から、安全環境の整備に努めること。

2 災害発生時の対応体制及び避難への備え

(1) 火災や地震などの災害の発生に備え、認定こども園法第 27 条において準用する学校保健安全法第 29 条の危険等発生時対処要領を作成する際には、緊急時の対応の具体的内容及び手順、職員の役割分担、避難訓練計画等の事項を盛り込むこと。

(2) 定期的に避難訓練を実施するなど、必要な対応を図ること。

(3) 災害の発生時に、保護者等への連絡及び子どもの引渡しを円滑に行うため、日頃から保護者との密接な連携に努め、連絡体制や引渡し方法等について確認をしておくこと。

3 地域の関係機関等との連携

(1) 市町村の支援の下に、地域の関係機関との日常的な連携を図り、必要な協力が得られるよう努めること。

(2) 避難訓練については、地域の関係機関や保護者との連携の下に行うなど工夫すること。

第4章 子育ての支援

幼保連携型認定こども園教育・保育要領

第4章　子育ての支援

　幼保連携型認定こども園における保護者に対する子育ての支援は、子どもの利益を最優先して行うものとし、第1章及び第2章等の関連する事項を踏まえ、子どもの育ちを家庭と連携して支援していくとともに、保護者及び地域が有する子育てを自ら実践する力の向上に資するよう、次の事項に留意するものとする。

第1　子育ての支援全般に関わる事項

1　保護者に対する子育ての支援を行う際には、各地域や家庭の実態等を踏まえるとともに、保護者の気持ちを受け止め、相互の信頼関係を基本に、保護者の自己決定を尊重すること。
2　教育及び保育並びに子育ての支援に関する知識や技術など、保育教諭等の専門性や、園児が常に存在する環境など、幼保連携型認定こども園の特性を生かし、保護者が子どもの成長に気付き子育ての喜びを感じられるように努めること。
3　保護者に対する子育ての支援における地域の関係機関等との連携及び協働を図り、園全体の体制構築に努めること。
4　子どもの利益に反しない限りにおいて、保護者や子どものプライバシーを保護し、知り得た事柄の秘密を保持すること。

第2　幼保連携型認定こども園の園児の保護者に対する子育ての支援

1　日常の様々な機会を活用し、園児の日々の様子の伝達や収集、教育及び保育の意図の説明などを通じて、保護者との相互理解を図るよう努めること。
2　教育及び保育の活動に対する保護者の積極的な参加は、保護者の子育てを自ら実践する力の向上に寄与するだけでなく、地域社会における家庭や住民の子育てを自ら実践する力の向上及び子育ての経験の継承につながるきっかけとなる。これらのことから、保護者の参加を促すとともに、参加しやすいよう工夫すること。

⑮ 保護者に対する子育ての支援

幼㉙
保⑳

解説　園と保護者が、共に子どもの育ちを支えていく関係を築いていけるように

　幼保連携型認定こども園は、『**認定こども園法**』により、在園及び地域の保護者に対する子育ての支援が義務付けられています。子育ての支援は、保護者の実態やニーズを把握する貴重な機会でもあります。また、地域の様々な関係機関との連携強化を図ることで、園全体の体制構築にもつながります。

　幼保連携型認定こども園における子育ての支援は、子どもの利益を最優先し、かつ保護者の自己決定や自己選択を尊重するように努めることが必要です。その際、保護者が単に支援を受ける側になるのではなく、園も保護者からの情報や思いを受け止めて**「教育及び保育」**に活かし、園と保護者が協力して、子どもの育ちを支えていく関係を築いていくことが望まれます。また、各地域や家庭、園にとって望ましい子育ての支援の在り方を園の特色等を活かして実践することも重要です。

　在園の保護者に対する支援では、就労等の生活形態が異なる保護者間の相互理解や交流が深まり、保護者同士が新たな考えに気付けるような工夫が必要となります。また、保護者が我が子やその周りの子どもの成長に気付き、子育ての喜びを感じられるようにすることが重要です。

　地域の保護者に対する支援では、地域の様々な専門機関等と積極的に連携・協働しながら、気軽に保護者が相談できる機会を作るなど、保護者が参加しやすく個々の状況に合わせた支援ができるような工夫が必要です。また、保護者の健やかな状態を維持し、保護者の悩みが重大な問題とならないようにする、支援の「予防」的機能を重視します。具体的には、保育教諭等が保護者との日常的なやりとり等の中で悩みに気付いたり、保護者をさりげなく支えるような声かけをしたりなどの、きめ細やかな、保護者の安心感につながる支援が望まれます。

3 保護者の生活形態が異なることを踏まえ、全ての保護者の相互理解が深まるように配慮すること。その際、保護者同士が子育てに対する新たな考えに出会い気付き合えるよう工夫すること。

4 保護者の就労と子育ての両立等を支援するため、保護者の多様化した教育及び保育の需要に応じて病児保育事業など多様な事業を実施する場合には、保護者の状況に配慮するとともに、園児の福祉が尊重されるよう努め、園児の生活の連続性を考慮すること。

5 地域の実態や保護者の要請により、教育を行う標準的な時間の終了後等に希望する園児を対象に一時預かり事業などとして行う活動については、保育教諭間及び家庭との連携を密にし、園児の心身の負担に配慮すること。その際、地域の実態や保護者の事情とともに園児の生活のリズムを踏まえつつ、必要に応じて、弾力的な運用を行うこと。

6 園児に障害や発達上の課題が見られる場合には、市町村や関係機関と連携及び協力を図りつつ、保護者に対する個別の支援を行うよう努めること。

7 外国籍家庭など、特別な配慮を必要とする家庭の場合には、状況等に応じて個別の支援を行うよう努めること。

8 保護者に育児不安等が見られる場合には、保護者の希望に応じて個別の支援を行うよう努めること。

9 保護者に不適切な養育等が疑われる場合には、市町村や関係機関と連携し、要保護児童対策地域協議会で検討するなど適切な対応を図ること。また、虐待が疑われる場合には、速やかに市町村又は児童相談所に通告し、適切な対応を図ること。

第3　地域における子育て家庭の保護者等に対する支援

1 幼保連携型認定こども園において、認定こども園法第2条第12項に規定する子育て支援事業を実施する際には、当該幼保連携型認定こども園がもつ地域性や専門性などを十分に考慮して当該地域において必要と認められるものを適切に実施すること。また、地域の子どもに対する一時預かり事業などの活動を行う際には、一人一人の子どもの心身の状態などを考慮するとともに、教育及び保育との関連に配慮するなど、柔軟に活動を展開できるようにすること。

2 市町村の支援を得て、地域の関係機関等との積極的な連携及び協働を図るとともに、子育ての支援に関する地域の人材の積極的な活用を図るよう努めること。また、地域の要保護児童への対応など、地域の子どもを巡る諸課題に対し、要保護児童対策地域協議会など関係機関等と連携及び協力して取り組むよう努めること。

3 幼保連携型認定こども園は、地域の子どもが健やかに育成される環境を提供し、保護者に対する総合的な子育ての支援を推進するため、地域における乳幼児期の教育及び保育の中心的な役割を果たすよう努めること。

新旧　幼保連携型認定こども園 教育・保育要領　比較表

凡例は P.238 参照

新　幼保連携型認定こども園 教育・保育要領

第1章　総　則

第1　幼保連携型認定こども園における教育及び保育の基本及び目標等

1　幼保連携型認定こども園における教育及び保育の基本

　　乳幼児期の教育及び保育は、子どもの健全な心身の発達を図りつつ生涯にわたる人格形成の基礎を培う重要なものであり、幼保連携型認定こども園における教育及び保育は、就学前の子どもに関する教育、保育等の総合的な提供の推進に関する法律（平成18年法律第77号。以下「認定こども園法」という。）第2条第7項に規定する目的及び目標を達成するため、乳幼児期全体を通して、その特性及び保護者や地域の実態を踏まえ、環境を通して行うものであることを基本とし、家庭や地域での生活を含めた園児の生活全体が豊かなものとなるように努めなければならない。

　　このため保育教諭等は、園児との信頼関係を十分に築き、園児が自ら安心して身近な環境に主体的に関わり、環境との関わり方や意味に気付き、これらを取り込もうとして、試行錯誤したり、考えたりするようになる幼児期の教育における見方・考え方を生かし、その活動が豊かに展開されるよう環境を整え、園児と共によりよい教育及び保育の環境を創造するように努めるものとする。これらを踏まえ、次に示す事項を重視して教育及び保育を行わなければならない。

　(1)　乳幼児期は周囲への依存を基盤にしつつ自立に向かうものであることを考慮して、周囲との信頼関係に支えられた生活の中で、園児一人一人が安心感と信頼感をもっていろいろな活動に取り組む体験を十分に積み重ねられるようにすること。

　(2)　乳幼児期においては生命の保持が図られ安定した情緒の下で自己を十分に発揮することにより発達に必要な体験を得ていくものであることを考慮して、園児の主体的な活動を促し、乳幼児期にふさわしい生活が展開されるようにすること。

　(3)　乳幼児期における自発的な活動としての遊びは、心身の調和のとれた発達の基礎を培う重要な学習であることを考慮して、遊びを通しての指導を中心として第2章に示すねらいが総合的に達成されるようにすること。

　(4)　乳幼児期における発達は、心身の諸側面が相互に関連し合い、多様な経過をたどって成し遂げられていくものであること、また、園児の生活経験がそれぞれ異なることなどを考慮して、園児一人一人の特性や発達の過程に応じ、発達の課題に即した指導を行うようにすること。

旧　幼保連携型認定こども園 教育・保育要領

第1章　総　則

第1　幼保連携型認定こども園における教育及び保育の基本及び目標

1　教育及び保育の基本

　　乳幼児期における教育及び保育は、子どもの健全な心身の発達を図りつつ生涯にわたる人格形成の基礎を培う重要なものであり、幼保連携型認定こども園における教育及び保育は、就学前の子どもに関する教育、保育等の総合的な提供の推進に関する法律（以下「認定こども園法」という。）第2条第7項に規定する目的を達成するため、乳幼児期の特性及び保護者や地域の実態を踏まえ、環境を通して行うものであることを基本とし、家庭や地域での生活を含め園児の生活全体が豊かなものとなるように努めなければならない。

　　このため、保育教諭等は、園児との信頼関係を十分に築き、園児が自ら安心して環境にかかわりその活動が豊かに展開されるよう環境を整え、園児と共によりよい教育及び保育の環境を創造するように努めるものとする。これらを踏まえ、次に示す事項を重視して教育及び保育を行わなければならない。

　(1)　乳幼児期は周囲への依存を基盤にしつつ自立に向かうものであることを考慮して、周囲との信頼関係に支えられた生活の中で、園児一人一人が安心感と信頼感を持っていろいろな活動に取り組む体験を十分に積み重ねられるようにすること。

　(2)　乳幼児期においては生命の保持が図られ安定した情緒の下で自己を十分に発揮することにより発達に必要な体験を得ていくものであることを考慮して、園児の主体的な活動を促し、乳幼児期にふさわしい生活が展開されるようにすること。

　(3)　乳幼児期における自発的な活動としての遊びは、心身の調和のとれた発達の基礎を培う重要な学習であることを考慮して、遊びを通しての指導を中心として第2章の第1に示すねらいが総合的に達成されるようにすること。

　(4)　乳幼児期における発達は、心身の諸側面が相互に関連し合い、多様な経過をたどって成し遂げられていくものであること、また、園児の生活経験がそれぞれ異なることなどを考慮して、園児一人一人の特性、や発達の過程に応じ発達の課題に即した指導を行うようにすること。

新　幼保連携型認定こども園 教育・保育要領	旧　幼保連携型認定こども園 教育・保育要領

その際、保育教諭等は、園児の主体的な活動が確保されるよう、園児一人一人の行動の理解と予想に基づき、計画的に環境を構成しなければならない。この場合において、保育教諭等は、園児と人やものとの関わりが重要であることを踏まえ、教材を工夫し、物的・空間的環境を構成しなければならない。また、園児一人一人の活動の場面に応じて、様々な役割を果たし、その活動を豊かにしなければならない。

なお、幼保連携型認定こども園における教育及び保育は、園児が入園してから修了するまでの在園期間全体を通して行われるものであり、この章の第3に示す幼保連携型認定こども園として特に配慮すべき事項を十分に踏まえて行うものとする。

2　幼保連携型認定こども園における教育及び保育の目標

幼保連携型認定こども園は、家庭との連携を図りながら、この章の第1の1に示す幼保連携型認定こども園における教育及び保育の基本に基づいて一体的に展開される幼保連携型認定こども園における生活を通して、生きる力の基礎を育成するよう認定こども園法第9条に規定する幼保連携型認定こども園の教育及び保育の目標の達成に努めなければならない。幼保連携型認定こども園は、このことにより、義務教育及びその後の教育の基礎を培うとともに、子どもの最善の利益を考慮しつつ、その生活を保障し、保護者と共に園児を心身ともに健やかに育成するものとする。

なお、認定こども園法第9条に規定する幼保連携型認定こども園の教育及び保育の目標については、発達や学びの連続性及び生活の連続性の観点から、小学校就学の始期に達するまでの時期を通じ、その達成に向けて努力すべき目当てとなるものであることから、満3歳未満の園児の保育にも当てはまることに留意するものとする。

3　幼保連携型認定こども園の教育及び保育において育みたい資質・能力及び「幼児期の終わりまでに育ってほしい姿」

(1)　幼保連携型認定こども園においては、生きる力の基礎を育むため、この章の1に示す幼保連携型認定こども園の教育及び保育の基本を踏まえ、次に掲げる資質・能力を一体的に育むよう努めるものとする。
　ア　豊かな体験を通じて、感じたり、気付いたり、分かったり、できるようになったりする「知識及び技能の基礎」
　イ　気付いたことや、できるようになったことなどを使い、考えたり、試したり、工夫したり、表現したりする「思考力、判断力、表現力等の基礎」
　ウ　心情、意欲、態度が育つ中で、よりよい生活を

その際、保育教諭等は、園児の主体的な活動が確保されるよう園児一人一人の行動の理解と予想に基づき、計画的に環境を構成しなければならない。この場合において、保育教諭等は、園児と人やものとのかかわりが重要であることを踏まえ、物的・空間的環境を構成しなければならない。また、保育教諭等は、園児一人一人の活動の場面に応じて、様々な役割を果たし、その活動を豊かにしなければならない。

2　教育及び保育の目標

幼保連携型認定こども園は、家庭との連携を図りながら、この章の第1の1に示す幼保連携型認定こども園における教育及び保育の基本に基づいて一体的に展開される幼保連携型認定こども園における生活を通して、生きる力の基礎を育成するよう認定こども園法第9条に規定する幼保連携型認定こども園の教育及び保育の目標の達成に努めなければならない。幼保連携型認定こども園は、このことにより、義務教育及びその後の教育の基礎を培うとともに、子どもの最善の利益を考慮しつつ、その生活を保障し、保護者と共に園児を心身ともに健やかに育成するものとする。

なお、認定こども園法第9条に規定する幼保連携型認定こども園の教育及び保育の目標については、小学校就学の始期に達するまでの時期を通じ、その達成に向けて努力すべき目当てとなるものであることから、満3歳未満の園児の保育にも当てはまることに留意すること。

新　幼保連携型認定こども園 教育・保育要領

営もうとする「学びに向かう力、人間性等」

(2) (1)に示す資質・能力は、第２章に示すねらい及び内容に基づく活動全体によって育むものである。

(3) 次に示す「幼児期の終わりまでに育ってほしい姿」は、第２章に示すねらい及び内容に基づく活動全体を通して資質・能力が育まれている園児の幼保連携型認定こども園修了時の具体的な姿であり、保育教諭等が指導を行う際に考慮するものである。

ア　健康な心と体

　　幼保連携型認定こども園における生活の中で、充実感をもって自分のやりたいことに向かって心と体を十分に働かせ、見通しをもって行動し、自ら健康で安全な生活をつくり出すようになる。

イ　自立心

　　身近な環境に主体的に関わり様々な活動を楽しむ中で、しなければならないことを自覚し、自分の力で行うために考えたり、工夫したりしながら、諦めずにやり遂げることで達成感を味わい、自信をもって行動するようになる。

ウ　協同性

　　友達と関わる中で、互いの思いや考えなどを共有し、共通の目的の実現に向けて、考えたり、工夫したり、協力したりし、充実感をもってやり遂げるようになる。

エ　道徳性・規範意識の芽生え

　　友達と様々な体験を重ねる中で、してよいことや悪いことが分かり、自分の行動を振り返ったり、友達の気持ちに共感したりし、相手の立場に立って行動するようになる。また、きまりを守る必要性が分かり、自分の気持ちを調整し、友達と折り合いを付けながら、きまりをつくったり、守ったりするようになる。

オ　社会生活との関わり

　　家族を大切にしようとする気持ちをもつとともに、地域の身近な人と触れ合う中で、人との様々な関わり方に気付き、相手の気持ちを考えて関わり、自分が役に立つ喜びを感じ、地域に親しみをもつようになる。また、幼保連携型認定こども園内外の様々な環境に関わる中で、遊びや生活に必要な情報を取り入れ、情報に基づき判断したり、情報を伝え合ったり、活用したりするなど、情報を役立てながら活動するようになるとともに、公共の施設を大切に利用するなどして、社会とのつながりなどを意識するようになる。

カ　思考力の芽生え

　　身近な事象に積極的に関わる中で、物の性質や仕組みなどを感じ取ったり、気付いたりし、考えたり、予想したり、工夫したりするなど、多様な関わりを楽しむようになる。また、友達の様々な考えに触れる中で、自分と異なる考えがあることに気付き、自ら判断したり、考え直したりするなど、新しい考え

旧　幼保連携型認定こども園 教育・保育要領

凡例

『幼保連携型認定こども園教育・保育要領』の新旧比較表の下線は、記述の仕方、および、内容上の変更があったと考えられる箇所を編集部で検討し、記入したものです。

(6) 安全に関する指導に当たっては、情緒の安定を図り、遊びを通して安全についての構えを身に付け、危険な場所や事物などが分かり、安全についての理解を深めるようにすること。また、交通安全の習慣を身に付けるようにするとともに、避難訓練などを通して、災害などの緊急時に適切な行動がとれるようにすること。

人間関係
〔他の人々と親しみ、支え合って生活するために、自立心を育て、人と関わる力を養う。〕

旧条文の右側には、
旧条文中の掲載場所を
表示しています。

第１ 指導計画の作成に当たっての留意事項

２ 特に留意する事項

(1) 安全に関する指導に当たっては、情緒の安定を図り、遊びを通して状況に応じて機敏に自分の体を動かすことができるようにするとともに、危険な場所や事物などが分かり、安全についての理解を深めるようにすること。また、交通安全の習慣を身に付けるようにするとともに、災害などの緊急時に適切な行動がとれるようにするための訓練なども行うようにすること。

第３章・第１・２

新　幼保連携型認定こども園 教育・保育要領	旧　幼保連携型認定こども園 教育・保育要領

を生み出す喜びを味わいながら、自分の考えをより
よいものにするようになる。

キ　自然との関わり・生命尊重

　　自然に触れて感動する体験を通して、自然の変化
などを感じ取り、好奇心や探究心をもって考え言葉
などで表現しながら、身近な事象への関心が高まる
とともに、自然への愛情や畏敬の念をもつようにな
る。また、身近な動植物に心を動かされる中で、生
命の不思議さや尊さに気付き、身近な動植物への接
し方を考え、命あるものとしていたわり、大切にす
る気持ちをもって関わるようになる。

ク　数量や図形、標識や文字などへの関心・感覚

　　遊びや生活の中で、数量や図形、標識や文字な
どに親しむ体験を重ねたり、標識や文字の役割に気
付いたりし、自らの必要感に基づきこれらを活用し、
興味や関心、感覚をもつようになる。

ケ　言葉による伝え合い

　　保育教諭等や友達と心を通わせる中で、絵本や物
語などに親しみながら、豊かな言葉や表現を身に付
け、経験したことや考えたことなどを言葉で伝えた
り、相手の話を注意して聞いたりし、言葉による伝
え合いを楽しむようになる。

コ　豊かな感性と表現

　　心を動かす出来事などに触れ感性を働かせる中
で、様々な素材の特徴や表現の仕方などに気付き、
感じたことや考えたことを自分で表現したり、友達
同士で表現する過程を楽しんだりし、表現する喜び
を味わい、意欲をもつようになる。

第2　教育及び保育の内容並びに子育ての支援等に関す
　　る全体的な計画等

　1　教育及び保育の内容並びに子育ての支援等に関す
　　る全体的な計画の作成等

　　(1)　教育及び保育の内容並びに子育ての支援等に関す
　　　る全体的な計画の役割

　　　　各幼保連携型認定こども園においては、教育基本
　　　法（平成18年法律第120号）、児童福祉法（昭和
　　　22年法律第164号）及び認定こども園法その他の法
　　　令並びにこの幼保連携型認定こども園教育・保育要
　　　領の示すところに従い、教育と保育を一体的に提供
　　　するため、創意工夫を生かし、園児の心身の発達と
　　　幼保連携型認定こども園、家庭及び地域の実態に即
　　　応した適切な教育及び保育の内容並びに子育ての支
　　　援等に関する全体的な計画を作成するものとする。

　　　　教育及び保育の内容並びに子育ての支援等に関す
　　　る全体的な計画とは、教育と保育を一体的に捉え、
　　　園児の入園から修了までの在園期間の全体にわた
　　　り、幼保連携型認定こども園の目標に向かってどの

第2　教育及び保育の内容に関する全体的な計画の作成

　　　各幼保連携型認定こども園においては、教育基本法
（平成18年法律第120号）、児童福祉法（昭和22年法
律第164号）及び認定こども園法その他の法令並びに
この幼保連携型認定こども園教育・保育要領の示すと
ころに従い、教育及び保育を一体的に提供するため、
創意工夫を生かし、園児の心身の発達と幼保連携型認
定こども園、家庭及び地域の実態に即応した適切な教
育及び保育の内容に関する全体的な計画を作成するも
のとする。

新　幼保連携型認定こども園 教育・保育要領	旧　幼保連携型認定こども園 教育・保育要領

新

ような過程をたどって教育及び保育を進めていくかを明らかにするものであり、子育ての支援と有機的に連携し、園児の園生活全体を捉え、作成する計画である。

各幼保連携型認定こども園においては、「幼児期の終わりまでに育ってほしい姿」を踏まえ教育及び保育の内容並びに子育ての支援等に関する全体的な計画を作成すること、その実施状況を評価して改善を図っていくこと、また実施に必要な人的・物的な体制を確保するとともにその改善を図っていくことなどを通して、教育及び保育の内容並びに子育ての支援等に関する全体的な計画に基づき組織的かつ計画的に各幼保連携型認定こども園の教育及び保育活動の質の向上を図っていくこと（以下「カリキュラム・マネジメント」という。）に努めるものとする。

(2)　各幼保連携型認定こども園の教育及び保育の目標と教育及び保育の内容並びに子育ての支援等に関する全体的な計画の作成

教育及び保育の内容並びに子育ての支援等に関する全体的な計画の作成に当たっては、幼保連携型認定こども園の教育及び保育において育みたい資質・能力を踏まえつつ、各幼保連携型認定こども園の教育及び保育の目標を明確にするとともに、教育及び保育の内容並びに子育ての支援等に関する全体的な計画の作成についての基本的な方針が家庭や地域とも共有されるよう努めるものとする。

(3)　教育及び保育の内容並びに子育ての支援等に関する全体的な計画の作成上の基本的事項

ア　幼保連携型認定こども園における生活の全体を通して第2章に示すねらいが総合的に達成されるよう、教育課程に係る教育期間や園児の生活経験や発達の過程などを考慮して具体的なねらいと内容を組織するものとする。この場合においては、特に、自我が芽生え、他者の存在を意識し、自己を抑制しようとする気持ちが生まれる乳幼児期の発達の特性を踏まえ、入園から修了に至るまでの長期的な視野をもって充実した生活が展開できるように配慮するものとする。

イ　幼保連携型認定こども園の満3歳以上の園児の教育課程に係る教育週数は、特別の事情のある場合を除き、39週を下ってはならない。

ウ　幼保連携型認定こども園の1日の教育課程に係る教育時間は、4時間を標準とする。ただし、園児の心身の発達の程度や季節などに適切に配慮するものとする。

エ　幼保連携型認定こども園の保育を必要とする子どもに該当する園児に対する教育及び保育の時間（満3歳以上の保育を必要とする子どもに該当する園児については、この章の第2の1の(3)ウに規定する教育時間を含む。）は、1日につき8時間を原則とし、園長がこれを定める。ただし、その地方における園児の保護者の

旧

1　幼保連携型認定こども園における生活の全体を通して第2章の第1に示すねらいが総合的に達成されるよう、教育課程に係る教育期間や園児の生活経験や発達の過程などを考慮して具体的なねらいと内容を組織しなければならない。この場合においては、特に、自我が芽生え、他者の存在を意識し、自己を抑制しようとする気持ちが生まれるなどの乳幼児期の発達の特性を踏まえ、入園から修了に至るまでの長期的な視野を持って充実した生活が展開できるように配慮しなければならないこと。

2　幼保連携型認定こども園の毎学年の教育課程に係る教育週数は、特別の事情のある場合を除き、39週を下ってはならないこと。

3　幼保連携型認定こども園の1日の教育課程に係る教育時間は、4時間を標準とすること。ただし、園児の心身の発達の程度や季節などに適切に配慮すること。

4　幼保連携型認定こども園の保育を必要とする子どもに該当する園児に対する教育及び保育の時間（満3歳以上の保育を必要とする子どもに該当する園児については、この章の第2の3に規定する教育時間を含む。）は、1日につき8時間を原則とし、園長がこれを定めること。ただし、その地方における園児の保護者の労働時間その他家庭の状況等を考慮すること。

新　幼保連携型認定こども園 教育・保育要領

労働時間その他家庭の状況等を考慮するものとする。

(4)　教育及び保育の内容並びに子育ての支援等に関する全体的な計画の実施上の留意事項

各幼保連携型認定こども園においては、園長の方針の下に、園務分掌に基づき保育教諭等職員が適切に役割を分担しつつ、相互に連携しながら、教育及び保育の内容並びに子育ての支援等に関する全体的な計画や指導の改善を図るものとする。また、各幼保連携型認定こども園が行う教育及び保育等に係る評価については、教育及び保育の内容並びに子育ての支援等に関する全体的な計画の作成、実施、改善が教育及び保育活動や園運営の中核となることを踏まえ、カリキュラム・マネジメントと関連付けながら実施するよう留意するものとする。

(5)　小学校教育との接続に当たっての留意事項

ア　幼保連携型認定こども園においては、その教育及び保育が、小学校以降の生活や学習の基盤の育成につながることに配慮し、乳幼児期にふさわしい生活を通して、創造的な思考や主体的な生活態度などの基礎を培うようにするものとする。

イ　幼保連携型認定こども園の教育及び保育において育まれた資質・能力を踏まえ、小学校教育が円滑に行われるよう、小学校の教師との意見交換や合同の研究の機会などを設け、「幼児期の終わりまでに育ってほしい姿」を共有するなど連携を図り、幼保連携型認定こども園における教育及び保育と小学校教育との円滑な接続を図るよう努めるものとする。

2　指導計画の作成と園児の理解に基づいた評価

(1)　指導計画の考え方

幼保連携型認定こども園における教育及び保育は、園児が自ら意欲をもって環境と関わることによりつくり出される具体的な活動を通して、その目標の達成を図るものである。

幼保連携型認定こども園においてはこのことを踏まえ、乳幼児期にふさわしい生活が展開され、適切な指導が行われるよう、調和のとれた組織的、発展的な指導計画を作成し、園児の活動に沿った柔軟な指導を行わなければならない。

(2)　指導計画の作成上の基本的事項

ア　指導計画は、園児の発達に即して園児一人一人が乳幼児期にふさわしい生活を展開し、必要な体験を得られるようにするために、具体的に作成するものとする。

イ　指導計画の作成に当たっては、次に示すところにより、具体的なねらい及び内容を明確に設定し、適切な環境を構成することなどにより活動が選択・展開されるようにするものとする。

(7)　具体的なねらい及び内容は、幼保連携型認定こど

旧　幼保連携型認定こども園 教育・保育要領

7　幼保連携型認定こども園においては、その教育及び保育が、小学校以降の生活や学習の基盤の育成につながることに配慮し、乳幼児期にふさわしい生活を通して、創造的な思考や主体的な生活態度などの基礎を培うようにすること。

第3章・第1-7

10　園児の発達や学びの連続性を確保する観点から、小学校教育への円滑な接続に向けた教育及び保育の内容の工夫を図るとともに、幼保連携型認定こども園の園児と小学校の児童の交流の機会を設けたり、小学校の教師との意見交換や合同の研究の機会を設けたりするなど、連携を通じた質の向上を図ること。

第3章・第2-10

第3章　指導計画作成に当たって配慮すべき事項

幼保連携型認定こども園における教育及び保育は、園児が自ら意欲を持って環境とかかわることによりつくり出される具体的な活動を通して、その目標の達成を図るものである。

幼保連携型認定こども園においてはこのことを踏まえ、乳幼児期にふさわしい生活が展開され、適切な指導が行われるよう、次の事項に留意して調和のとれた組織的、発展的な指導計画を作成し、園児の活動に沿った柔軟な指導を行わなければならない。

第1 一般的な配慮事項

1　指導計画は、園児の発達に即して園児一人一人が乳幼児期にふさわしい生活を展開し、必要な体験を得られるようにするために、具体的に作成すること。また、指導計画の作成に当たっては、次に示すところにより、具体的なねらい及び内容を明確に設定し、適切な環境を構成することなどにより活動が選択・展開されるようにすること。

241

新　幼保連携型認定こども園　教育・保育要領

も園の生活における園児の発達の過程を見通し、園の生活の連続性、季節の変化などを考慮して、園児の興味や関心、発達の実情などに応じて設定すること。

(イ)　環境は、具体的なねらいを達成するために適切なものとなるように構成し、園児が自らその環境に関わることにより様々な活動を展開しつつ必要な体験を得られるようにすること。その際、園児の生活する姿や発想を大切にし、常にその環境が適切なものとなるようにすること。

(ウ)　園児の行う具体的な活動は、生活の流れの中で様々に変化するものであることに留意し、園児が望ましい方向に向かって自ら活動を展開していくことができるよう必要な援助をすること。

その際、園児の実態及び園児を取り巻く状況の変化などに即して指導の過程についての評価を適切に行い、常に指導計画の改善を図る<u>ものとする。</u>

(3)　指導計画の作成上の留意事項

<u>指導計画の作成に当たっては、次の事項に留意するものとする。</u>

ア　園児の生活は、入園当初の一人一人の遊びや保育教諭等との触れ合いを通して幼保連携型認定こども園の生活に親しみ、安定していく時期から、<u>他の園児との関わりの中で園児の主体的な活動が深まり、園児が互いに必要な存在であることを認識するようになる。その後、園児同士や学級全体で目的をもって協同して</u>幼保連携型認定こども園の生活を展開し、深めていく時期などに至るまでの過程を様々に経ながら広げられていくものである。これらを考慮し、活動がそれぞれの時期にふさわしく展開されるようにすること。

また、園児の入園当初の教育及び保育に当たっては、既に在園している園児に不安や動揺を与えないようにしつつ、可能な限り個別的に対応し、園児が安定感を得て、次第に幼保連携型認定こども園の生活になじんでいくよう配慮すること。

イ　長期的に発達を見通した年、学期、月などにわたる長期の指導計画やこれとの関連を保ちながらより具体的園児の生活に即した週、日などの短期の指導計画を作成し、適切な指導が行われるようにすること。特に、週、日などの短期の指導計画については、園児の生活のリズムに配慮し、園児の意識や興味の連続性のある活動が相互に関連して幼保連携型認定こども園の生活の自然な流れの中に組み込まれるようにすること。

ウ　園児が様々な人やものとの関わりを通して、多様な体験をし、心身の調和のとれた発達を促すようにしていくこと。その際、<u>園児の発達に即して主体的・対話的で深い学びが実現するようにするとともに、</u>心を動かされる体験が次の活動を生み出すことを考

旧　幼保連携型認定こども園　教育・保育要領

(1)　具体的なねらい及び内容は、幼保連携型認定こども園の生活における園児の発達の過程を見通し、園の生活の連続性、季節の変化などを考慮して、園児の興味や関心、発達の実情などに応じて設定すること。

(2)　環境は、具体的なねらいを達成するために適切なものとなるように構成し、園児が自らその環境にかかわることにより様々な活動を展開しつつ必要な体験を得られるようにすること。その際、園児の生活する姿や発想を大切にし、常にその環境が適切なものとなるようにすること。

(3)　園児の行う具体的な活動は、生活の流れの中で様々に変化するものであることに留意し、園児が望ましい方向に向かって自ら活動を展開していくことができるよう必要な援助をすること。

その際、園児の実態及び園児を取り巻く状況の変化などに即して指導の過程についての反省や評価を適切に行い、常に指導計画の改善を図ること。

2　園児の生活は、入園当初の一人一人の遊びや保育教諭等との触れ合いを通して幼保連携型認定こども園の生活に親しみ、安定していく時期から、やがて友達同士で目的を持って幼保連携型認定こども園の生活を展開し、深めていく時期などに至るまでの過程を様々に経ながら広げられていくものであることを考慮し、活動がそれぞれの時期にふさわしく展開されるようにすること。また、園児の入園当初の教育及び保育に当たっては、既に在園している園児に不安や動揺を与えないようにしつつ、可能な限り個別的に対応し、園児が安定感を得て、次第に幼保連携型認定こども園の生活になじんでいくよう配慮すること。

4　長期的に発達を見通した年、学期、月などにわたる長期の指導計画やこれとの関連を保ちながらより具体的な園児の生活に即した週、日などの短期の指導計画を作成し、適切な指導が行われるようにすること。特に、週、日などの短期の指導計画については、園児の生活のリズムに配慮し、園児の意識や興味の連続性のある活動が相互に関連して幼保連携型認定こども園の生活の自然な流れの中に組み込まれるようにすること。

3　園児が様々な人やものとのかかわりを通して、多様な体験をし、心身の調和のとれた発達を促すようにしていくこと。その際、心が動かされる体験が次の活動を生み出すことを考慮し、一つ一つの体験が相互に結び付き、幼保連携型認定こども園の生活が充実するようにすること。

新　幼保連携型認定こども園 教育・保育要領	旧　幼保連携型認定こども園 教育・保育要領

慮し、一つ一つの体験が相互に結び付き、幼保連携型認定こども園の生活が充実するようにすること。

エ　言語に関する能力の発達と思考力等の発達が関連していることを踏まえ、幼保連携型認定こども園における生活全体を通して、園児の発達を踏まえた言語環境を整え、言語活動の充実を図ること。

オ　園児が次の活動への期待や意欲をもつことができるよう、園児の実態を踏まえながら、保育教諭等や他の園児と共に遊びや生活の中で見通しをもったり、振り返ったりするよう工夫すること。

カ　行事の指導に当たっては、幼保連携型認定こども園の生活の自然な流れの中で生活に変化や潤いを与え、園児が主体的に楽しく活動できるようにすること。なお、それぞれの行事については教育及び保育における価値を十分検討し、適切なものを精選し、園児の負担にならないようにすること。

キ　乳幼児期は直接的な体験が重要であることを踏まえ、視聴覚教材やコンピュータなど情報機器を活用する際には、幼保連携型認定こども園の生活では得難い体験を補完するなど、園児の体験との関連を考慮すること。

ク　園児の主体的な活動を促すためには、保育教諭等が多様な関わりをもつことが重要であることを踏まえ、保育教諭等は、理解者、共同作業者など様々な役割を果たし、園児の情緒の安定や発達に必要な豊かな体験が得られるよう、活動の場面に応じて、園児の人権や園児一人一人の個人差等に配慮した適切な指導を行うようにすること。

ケ　園児の行う活動は、個人、グループ、学級全体などで多様に展開されるものであることを踏まえ、幼保連携型認定こども園全体の職員による協力体制を作りながら、園児一人一人が興味や欲求を十分に満足させるよう適切な援助を行うようにすること。

コ　園児の生活は、家庭を基盤として地域社会を通じて次第に広がりをもつものであることに留意し、家庭との連携を十分に図るなど、幼保連携型認定こども園における生活が家庭や地域社会と連続性を保ちつつ展開されるようにするものとする。その際、地域の自然、高齢者や異年齢の子どもなどを含む人材、行事や公共施設などの地域の資源を積極的に活用し、園児が豊かな生活体験を得られるように工夫するものとする。また、家庭との連携に当たっては、保護者との情報交換の機会を設けたり、保護者と園児との活動の機会を設けたりなどすることを通じて、保護者の乳幼児期の教育及び保育に関する理解が深まるよう配慮するものとする。

サ　地域や幼保連携型認定こども園の実態等により、幼保連携型認定こども園間に加え、幼稚園、保育

9　行事の指導に当たっては、幼保連携型認定こども園の生活の自然な流れの中で生活に変化や潤いを与え、園児が主体的に楽しく活動できるようにすること。なお、それぞれの行事については教育的及び保育的価値を十分検討し、適切なものを精選し、園児の負担にならないようにすること。 〔第3章・第2-9〕

6　園児の主体的な活動を促すためには、保育教諭等が多様なかかわりを持つことが重要であることを踏まえ、保育教諭等は、理解者、共同作業者など様々な役割を果たし、園児の情緒の安定や発達に必要な豊かな体験が得られるよう、活動の場面に応じて、園児の人権や園児一人一人の個人差等に配慮した適切な指導を行うようにすること。 〔第3章・第1-6〕

5　園児の行う活動は、個人、グループ、学級全体などで多様に展開されるものであるが、いずれの場合にも、幼保連携型認定こども園全体の職員による協力体制をつくりながら、園児一人一人が興味や欲求を十分に満足させるよう適切な援助を行うようにすること。 〔第3章・第1-5〕

11　園児の生活は、家庭を基盤として地域社会を通じて次第に広がりを持つものであることに留意し、家庭との連携を十分に図るなど、幼保連携型認定こども園における生活が家庭や地域社会と連続性を保ちつつ展開されるようにすること。その際、地域の自然、人材、行事や公共施設などの地域の資源を積極的に活用し、園児が豊かな生活体験を得られるように工夫をすること。また、家庭との連携に当たっては、保護者との情報交換の機会を設けたり、保護者と園児との活動の機会を設けたりなどすることを通じて、保護者の乳幼児期の教育及び保育に関する理解が深まるよう配慮すること。 〔第3章・第2-11〕

7　園児の社会性や豊かな人間性を育むため、地域や幼保連携型認定こども園の実態等により、特別支援学校などの障害のある子どもとの活動を共にする機会を積極的に設けるよう配慮すること。 〔第3章・第2-7〕

新　幼保連携型認定こども園 教育・保育要領	旧　幼保連携型認定こども園 教育・保育要領

所等の保育施設、小学校、中学校、高等学校及び
特別支援学校などとの間の連携や交流を図るもの
とする。特に、小学校教育との円滑な接続のため、
幼保連携型認定こども園の園児と小学校の児童と
の交流の機会を積極的に設けるようにするものとす
る。また、障害のある園児児童生徒との交流及び共
同学習の機会を設け、共に尊重し合いながら協働し
て生活していく態度を育むよう努めるものとする。

(4) 園児の理解に基づいた評価の実施

園児一人一人の発達の理解に基づいた評価の実施
に当たっては、次の事項に配慮するものとする。

ア　指導の過程を振り返りながら園児の理解を進め、
園児一人一人のよさや可能性などを把握し、指導の
改善に生かすようにすること。その際、他の園児と
の比較や一定の基準に対する達成度についての評定
によって捉えるものではないことに留意すること。

イ　評価の妥当性や信頼性が高められるよう創意工
夫を行い、組織的かつ計画的な取組を推進するとと
もに、次年度又は小学校等にその内容が適切に引き
継がれるようにすること。

3　特別な配慮を必要とする園児への指導

(1) 障害のある園児などへの指導

障害のある園児などへの指導に当たっては、集団
の中で生活することを通して全体的な発達を促してい
くことに配慮し、適切な環境の下で、障害のある園児
が他の園児との生活を通して共に成長できるよう、特
別支援学校などの助言又は援助を活用しつつ、個々
の園児の障害の状態などに応じた指導内容や指導方
法の工夫を組織的かつ計画的に行うものとする。また、
家庭、地域及び医療や福祉、保健等の業務を行う関
係機関との連携を図り、長期的な視点で園児への教
育及び保育的支援を行うために、個別の教育及び保
育支援計画を作成し活用することに努めるとともに、
個々の園児の実態を的確に把握し、個別の指導計画
を作成し活用することに努めるものとする。

(2) 海外から帰国した園児や生活に必要な日本語の習
得に困難のある園児の幼保連携型認定こども園の生
活への適応

海外から帰国した園児や生活に必要な日本語の習
得に困難のある園児については、安心して自己を発揮
できるよう配慮するなど個々の園児の実態に応じ、指
導内容や指導方法の工夫を組織的かつ計画的に行う
ものとする。

第3　幼保連携型認定こども園として特に配慮すべき事項

幼保連携型認定こども園における教育及び保育を行うに
当たっては、次の事項について特に配慮しなければならない。

6　障害のある園児の指導に当たっては、集団の中で生活
することを通して全体的な発達を促していくことに配慮
し、適切な環境の下で、障害のある園児が他の園児との
生活を通して共に成長できるよう、特別支援学校などの
助言又は援助を活用しつつ、例えば指導についての計
画又は家庭や医療、福祉などの業務を行う関係機関と連
携した支援のための計画を個別に作成することなどによ
り、個々の園児の障害の状態などに応じた指導内容や指
導方法の工夫を計画的、組織的に行うこと。

第3章‒第2・6

第3　幼保連携型認定こども園として特に配慮すべき事項

幼保連携型認定こども園における教育及び保育を行うに
当たっては、次の事項について特に配慮しなければならない。

第1章‒第3

新　幼保連携型認定こども園 教育・保育要領

1　当該幼保連携型認定こども園に入園した年齢により集団生活の経験年数が異なる園児がいることに配慮する等、０歳から小学校就学前までの一貫した教育及び保育を園児の発達や学びの連続性を考慮して展開していくこと。特に満３歳以上については入園する園児が多いことや同一学年の園児で編制される学級の中で生活することなどを踏まえ、家庭や他の保育施設等との連携や引継ぎを円滑に行うとともに、環境の工夫をすること。

2　園児の一日の生活の連続性及びリズムの多様性に配慮するとともに、保護者の生活形態を反映した園児の在園時間の長短、入園時期や登園日数の違いを踏まえ、園児一人一人の状況に応じ、教育及び保育の内容やその展開について工夫をすること。特に入園及び年度当初においては、家庭との連携の下、園児一人一人の生活の仕方やリズムに十分に配慮して一日の自然な生活の流れをつくり出していくようにすること。

3　環境を通して行う教育及び保育の活動の充実を図るため、幼保連携型認定こども園における教育及び保育の環境の構成に当たっては、乳幼児期の特性及び保護者や地域の実態を踏まえ、次の事項に留意すること。

(1)　０歳から小学校就学前までの様々な年齢の園児の発達の特性を踏まえ、満３歳未満の園児については特に健康、安全や発達の確保を十分に図るとともに、満３歳以上の園児については同一学年の園児で編制される学級による集団活動の中で遊びを中心とする園児の主体的な活動を通して発達や学びを促す経験が得られるよう工夫をすること。特に、満３歳以上の園児同士が共に育ち、学び合いながら、豊かな体験を積み重ねることができるよう工夫をすること。

(2)　在園時間が異なる多様な園児がいることを踏まえ、園児の生活が安定するよう、家庭や地域、幼保連携型認定こども園における生活の連続性を確保するとともに、一日の生活のリズムを整えるよう工夫をすること。特に満３歳未満の園児については睡眠時間等の個人差に配慮するとともに、満３歳以上の園児については集中して遊ぶ場と家庭的な雰囲気の中でくつろぐ場との適切な調和等の工夫をすること。

(3)　家庭や地域において異年齢の子どもと関わる機会が減少していることを踏まえ、満３歳以上の園児については、学級による集団活動とともに、満３歳未満の園児を含む異年齢の園児による活動を、園児の発達の状況にも配慮しつつ適切に組み合わせて設定するなどの工夫をすること。

(4)　満３歳以上の園児については、特に長期的な休業中、園児が過ごす家庭や園などの生活の場が異なることを踏まえ、それぞれの多様な生活経験が長期的な休業などの終了後等の園生活に生かされるよう工夫をすること。

旧　幼保連携型認定こども園 教育・保育要領

1　当該幼保連携型認定こども園に入園した年齢により集団生活の経験年数が異なる園児がいることに配慮する等、０歳から小学校就学前までの一貫した教育及び保育を園児の発達の連続性を考慮して展開していくこと。

2　園児の一日の生活の連続性及びリズムの多様性に配慮するとともに、保護者の生活形態を反映した園児の在園時間の長短、入園時期や登園日数の違いを踏まえ、園児一人一人の状況に応じ、教育及び保育の内容やその展開について工夫をすること。特に、入園及び年度当初においては、家庭との連携の下、園児一人一人の生活の仕方やリズムに十分に配慮して一日の自然な生活の流れをつくり出していくようにすること。

3　環境を通して行う教育及び保育の活動の充実を図るため、幼保連携型認定こども園における教育及び保育の環境の構成に当たっては、乳幼児期の特性を踏まえ、次の事項に留意すること。

(1)　０歳から小学校就学前までの様々な年齢の園児の発達の特性を踏まえ、満３歳未満の園児については特に健康、安全や発達の確保を十分に図るとともに、満３歳以上の園児については同一学年の園児で編制される学級による集団活動の中で遊びを中心とする園児の主体的な活動を通して発達を促す経験が得られるよう工夫をすること。

(2)　在園時間が異なる多様な園児がいることを踏まえ、園児の生活が安定するよう、家庭や地域、幼保連携型認定こども園における生活の連続性を確保するとともに、一日の生活のリズムを整えるよう工夫をすること。特に満３歳未満の園児については睡眠時間等の個人差に配慮するとともに、満３歳以上の園児については集中して遊ぶ場と家庭的な雰囲気の中でくつろぐ場との適切な調和等の工夫をすること。

(3)　家庭や地域において異年齢の子どもとかかわる機会が減少していることを踏まえ、満３歳以上の園児については、学級による集団活動とともに、満３歳未満の園児を含む異年齢の園児による活動を、園児の発達の状況にも配慮しつつ適切に組み合わせて設定するなどの工夫をすること。

245

新　幼保連携型認定こども園
教育・保育要領

4　指導計画を作成する際には、この章に示す指導計画の作成上の留意事項を踏まえるとともに、次の事項にも特に配慮すること。

(1)　園児の発達の個人差、入園した年齢の違いなどによる集団生活の経験年数の差、家庭環境等を踏まえ、園児一人一人の発達の特性や課題に十分留意すること。特に満３歳未満の園児については、大人への依存度が極めて高い等の特性があることから、個別的な対応を図ること。また、園児の集団生活への円滑な接続について、家庭等との連携及び協力を図る等十分留意すること。

(2)　園児の発達の連続性を考慮した教育及び保育を展開する際には、次の事項に留意すること。

ア　満３歳未満の園児については、園児一人一人の生育歴、心身の発達、活動の実態等に即して、個別的な計画を作成すること。

イ　満３歳以上の園児については、個の成長と、園児相互の関係や協同的な活動が促されるよう考慮すること。

ウ　異年齢で構成されるグループ等での指導に当たっては、園児一人一人の生活や経験、発達の過程などを把握し、適切な指導や環境の構成ができるよう考慮すること。

(3)　一日の生活のリズムや在園時間が異なる園児が共に過ごすことを踏まえ、活動と休息、緊張感と解放感等の調和を図るとともに、園児に不安や動揺を与えないようにする等の配慮を行うこと。その際、担当の保育教諭等が替わる場合には、園児の様子等引継ぎを行い、十分な連携を図ること。

(4)　午睡は生活のリズムを構成する重要な要素であり、安心して眠ることのできる安全な午睡環境を確保するとともに、在園時間が異なることや、睡眠時間は園児の発達の状況や個人によって差があることから、一律とならないよう配慮すること。

(5)　長時間にわたる教育及び保育については、園児の発達の過程、生活のリズム及び心身の状態に十分配慮して、保育の内容や方法、職員の協力体制、家庭との連携などを指導計画に位置付けること。

5　生命の保持や情緒の安定を図るなど養護の行き届いた環境の下、幼保連携型認定こども園における教育及び保育を展開すること。

(1)　園児一人一人が、快適にかつ健康で安全に過ごせるようにするとともに、その生理的欲求が十分に満たされ、健康増進が積極的に図られるようにするため、次の事項に留意すること。

ア　園児一人一人の平常の健康状態や発育及び発達の状態を的確に把握し、異常を感じる場合は、速やかに適切に対応すること。

イ　家庭との連携を密にし、学校医等との連携を図り

旧　幼保連携型認定こども園
教育・保育要領

第２ 特に配慮すべき事項

1　園児の発達の個人差、入園した年齢の違いなどによる集団生活の経験年数の差、家庭環境等を踏まえ、園児一人一人の発達の特性や課題に十分留意すること。特に満３歳未満の園児については、大人への依存度が極めて高い等の特性があることから、個別的な対応を図ること。また、園児の集団生活への円滑な接続について、家庭との連携及び協力を図る等十分留意すること。

2　園児の発達の連続性を考慮した教育及び保育を展開する際には、次の事項に留意すること。

(1) 満３歳未満の園児については、園児一人一人の生育歴、心身の発達、活動の実態等に即して、個別的な計画を作成すること。

(2) 満３歳以上の園児については、個の成長と、園児相互の関係や協同的な活動が促されるよう配慮すること。

(3) 異年齢で構成されるグループ等での指導に当たっては、園児一人一人の生活や経験、発達の過程などを把握し、適切な指導や環境の構成ができるよう配慮すること。

3　一日の生活のリズムや在園時間が異なる園児が共に過ごすことを踏まえ、活動と休息、緊張感と解放感等の調和を図るとともに、園児に不安や動揺を与えないようにする等の配慮を行うこと。

4　午睡は生活のリズムを構成する重要な要素であり、安心して眠ることのできる環境を確保するとともに、在園時間が異なることや、睡眠時間は園児の発達の状況や個人によって差があることから、一律とならないよう配慮すること。

5　長時間にわたる保育については、園児の発達の過程、生活のリズム及び心身の状態に十分配慮して、保育の内容や方法、職員の協力体制、家庭との連携などを指導計画に位置付けること。

4　養護の行き届いた環境の下生命の保持や情緒の安定を図るため、幼保連携型認定こども園における教育及び保育を展開するに当たっては、次の事項に留意すること。

(1) 園児一人一人が、快適にかつ健康で安全に過ごせるようにするとともに、その生理的欲求が十分に満たされ、健康増進が積極的に図られるようにするため、次の事項に留意するものとする。

ア　園児一人一人の平常の健康状態や発育及び発達の状態を的確に把握し、異常を感じる場合は、速やかに適切に対応すること。

イ　家庭との連携を密にし、学校医等との連携を図

新　幼保連携型認定こども園 教育・保育要領

ながら、園の疾病や事故防止に関する認識を深め、保健的で安全な環境の維持及び向上に努めること。

ウ　清潔で安全な環境を整え、適切な援助や応答的な関わりを通して、園児の生理的欲求を満たしていくこと。また、家庭と協力しながら、園児の発達の過程等に応じた適切な生活のリズムがつくられていくようにすること。

エ　園児の発達の過程等に応じて、適度な運動と休息をとることができるようにすること。また、食事、排泄、睡眠、衣類の着脱、身の回りを清潔にすることなどについて、園児が意欲的に生活できるよう適切に援助すること。

(2)　園児一人一人が安定感をもって過ごし、自分の気持ちを安心して表すことができるようにするとともに、周囲から主体として受け止められ主体として育ち、自分を肯定する気持ちが育まれていくようにし、<u>くつろいで共に過ごし</u>、心身の疲れが癒やされるようにするため、次の事項に留意すること。

ア　園児一人一人の置かれている状態や発達の過程などを的確に把握し、園児の欲求を適切に満たしながら、応答的な触れ合いや言葉掛けを行うこと。

イ　園児一人一人の気持ちを受容し、共感しながら、園児との継続的な信頼関係を築いていくこと。

ウ　保育教諭等との信頼関係を基盤に、園児一人一人が主体的に活動し、自発性や探索意欲などを高めるとともに、自分への自信をもつことができるよう成長の過程を見守り、適切に働き掛けること。

エ　園児一人一人の生活のリズム、発達の過程、在園時間などに応じて、活動内容のバランスや調和を図りながら、適切な食事や休息がとれるようにすること。

6　園児の健康及び安全は、園児の生命の保持と健やかな生活の基本であり、<u>幼保連携型認定こども園の生活全体を通して健康や安全に関する管理や指導、食育の推進等に十分留意すること。</u>

7　保護者に対する子育ての支援に当たっては、この章に示す幼保連携型認定こども園における教育及び保育の基本及び目標を踏まえ、子どもに対する学校としての教育及び児童福祉施設としての保育並びに保護者に対する子育ての支援について相互に有機的な連携が図られる<u>ようにすること。また、幼保連携型認定こども園の目的の達成に資するため、保護者が子どもの成長に気付き子育ての喜びが感じられるよう、幼保連携型認定こども園の特性を生かした子育ての支援に努めること。</u>

第2章　ねらい及び内容並びに配慮事項

この章に示すねらいは、幼保連携型認定こども園の教育及び保育において育みたい<u>資質・能力を園児の生活する姿</u>

旧　幼保連携型認定こども園 教育・保育要領

りながら、園児の疾病や事故防止に関する認識を深め、保健的で安全な環境の維持及び向上に努めること。

ウ　清潔で安全な環境を整え、適切な援助や応答的なかかわりを通して、園児の生理的欲求を満たしていくこと。また、家庭と協力しながら、園児の発達の過程等に応じた適切な生活のリズムがつくられていくようにすること。

エ　園児の発達の過程等に応じて、適度な運動と休息をとることができるようにすること。また、食事、排泄、睡眠、衣類の着脱、身の回りを清潔にすることなどについて、園児が意欲的に生活できるよう適切に援助すること。

(2)　園児一人一人が安定感を持って過ごし、自分の気持ちを安心して表すことができるようにするとともに、周囲から主体として受け止められ主体として育ち、自分を肯定する気持ちが育まれていくようにし、心身の疲れが癒やされるようにするため、次の事項に留意するものとする。

ア　園児一人一人の置かれている状態や発達の過程などを的確に把握し、園児の欲求を適切に満たしながら、応答的な触れ合いや言葉掛けを行うこと。

イ　園児一人一人の気持ちを受容し、共感しながら、園児との継続的な信頼関係を築いていくこと。

ウ　保育教諭等との信頼関係を基盤に、園児一人一人が主体的に活動し、自発性や探索意欲などを高めるとともに、自分への自信を持つことができるよう成長の過程を見守り、適切に働き掛けること。

エ　園児一人一人の生活のリズム、発達の過程、在園時間などに応じて、活動内容のバランスや調和を図りながら、適切な食事や休息がとれるようにすること。

5　園児の健康及び安全は、園児の生命の保持と健やかな生活の基本であることから、次の事項に留意するものとする。

6　保護者に対する子育ての支援に当たっては、この章の第1に示す幼保連携型認定こども園における教育及び保育の基本及び目標を踏まえ、子どもに対する学校としての教育及び児童福祉施設としての保育並びに保護者に対する子育ての支援について相互に有機的な連携が図られるよう、保護者及び地域の子育てを自ら実践する力を高める観点に立って、次の事項に留意するものとする。

第2章　ねらい及び内容並びに配慮事項

この章に示すねらいは、幼保連携型認定こども園修了までに育つことが期待される生きる力の基礎となる心情、意

新　幼保連携型認定こども園
教育・保育要領

から捉えたものであり、内容は、ねらいを達成するために指導する事項である。各視点や領域は、この時期の発達の特徴を踏まえ、教育及び保育のねらい及び内容を乳幼児の発達の側面から、乳児は三つの視点として、幼児は五つの領域としてまとめ、示したものである。内容の取扱いは、園児の発達を踏まえた指導を行うに当たって留意すべき事項である。

各視点や領域に示すねらいは、幼保連携型認定こども園における生活の全体を通じ、園児が様々な体験を積み重ねる中で相互に関連をもちながら次第に達成に向かうものであること、内容は、園児が環境に関わって展開する具体的な活動を通して総合的に指導されるものであることに留意しなければならない。

また、「幼児期の終わりまでに育ってほしい姿」が、ねらい及び内容に基づく活動全体を通して資質・能力が育まれている園児の幼保連携型認定こども園修了時の具体的な姿であることを踏まえ、指導を行う際に考慮するものとする。

なお、特に必要な場合には、各視点や領域に示すねらいの趣旨に基づいて適切な、具体的な内容を工夫し、それを加えても差し支えないが、その場合には、それが第1章の第1に示す幼保連携型認定こども園の教育及び保育の基本を逸脱しないよう慎重に配慮する必要がある。

第1　乳児期の園児の保育に関するねらい及び内容
基本的事項
1　乳児期の発達については、視覚、聴覚などの感覚や、座る、はう、歩くなどの運動機能が著しく発達し、特定の大人との応答的な関わりを通じて、情緒的な絆が形成されるといった特徴がある。これらの発達の特徴を踏まえて、乳児期の園児の保育は、愛情豊かに、応答的に行われることが特に必要である。

2　本項においては、この時期の発達の特徴を踏まえ、乳児期の園児の保育のねらい及び内容については、身体的発達に関する視点「健やかに伸び伸びと育つ」、社会的発達に関する視点「身近な人と気持ちが通じ合う」及び精神的発達に関する視点「身近なものと関わり感性が育つ」としてまとめ、示している。

ねらい及び内容
健やかに伸び伸びと育つ
> 健康な心と体を育て、自ら健康で安全な生活をつくり出す力の基盤を培う。

1　ねらい
(1)　身体感覚が育ち、快適な環境に心地よさを感じる。
(2)　伸び伸びと体を動かし、はう、歩くなどの運動をしようとする。
(3)　食事、睡眠等の生活のリズムの感覚が芽生える。

2　内容

旧　幼保連携型認定こども園
教育・保育要領

欲、態度などであり、内容は、ねらいを達成するために指導する事項である。これらを園児の発達の側面から、心身の健康に関する領域「健康」、人とのかかわりに関する領域「人間関係」、身近な環境とのかかわりに関する領域「環境」、言葉の獲得に関する領域「言葉」及び感性と表現に関する領域「表現」としてまとめ、示したものである。

各領域に示すねらいは、幼保連携型認定こども園における生活の全体を通じ、園児が様々な体験を積み重ねる中で相互に関連を持ちながら次第に達成に向かうものであること、内容は、園児が環境にかかわって展開する具体的な活動を通して総合的に指導されるものであることに留意しなければならない。

この章に示すねらい及び内容は、主として教育にかかわるねらい及び内容であり、保育の実施に当たっては、園児一人一人の発達の過程やその連続性を踏まえ、この章の第1に示すねらい及び内容を柔軟に取り扱うとともに、この章の第2に示す保育の実施上の配慮事項を踏まえなければならない。その際、教育及び保育の内容が相互に関連を持つよう留意する必要がある。

なお、特に必要な場合には、各領域に示すねらいの趣旨に基づいて適切な、具体的な内容を工夫し、それを加えても差し支えないが、その場合には、それが第1章の第1に示す幼保連携型認定こども園における教育及び保育の基本及び目標を逸脱しないよう慎重に配慮する必要がある。

新　幼保連携型認定こども園 教育・保育要領	旧　幼保連携型認定こども園 教育・保育要領

(1)　保育教諭等の愛情豊かな受容の下で、生理的・心理的欲求を満たし、心地よく生活をする。

(2)　一人一人の発育に応じて、はう、立つ、歩くなど、十分に体を動かす。

(3)　個人差に応じて授乳を行い、離乳を進めていく中で、様々な食品に少しずつ慣れ、食べることを楽しむ。

(4)　一人一人の生活のリズムに応じて、安全な環境の下で十分に午睡をする。

(5)　おむつ交換や衣服の着脱などを通じて、清潔になることの心地よさを感じる。

3　内容の取扱い

　上記の取扱いに当たっては、次の事項に留意する必要がある。

(1)　心と体の健康は、相互に密接な関連があるものであることを踏まえ、温かい触れ合いの中で、心と体の発達を促すこと。特に、寝返り、お座り、はいはい、つかまり立ち、伝い歩きなど、発育に応じて、遊びの中で体を動かす機会を十分に確保し、自ら体を動かそうとする意欲が育つようにすること。

(2)　健康な心と体を育てるためには望ましい食習慣の形成が重要であることを踏まえ、離乳食が完了期へと徐々に移行する中で、様々な食品に慣れるようにするとともに、和やかな雰囲気の中で食べる喜びや楽しさを味わい、進んで食べようとする気持ちが育つようにすること。なお、食物アレルギーのある園児への対応については、学校医等の指示や協力の下に適切に対応すること。

身近な人と気持ちが通じ合う

受容的・応答的な関わりの下で、何かを伝えようとする意欲や身近な大人との信頼関係を育て、人と関わる力の基盤を培う。

1　ねらい

(1)　安心できる関係の下で、身近な人と共に過ごす喜びを感じる。

(2)　体の動きや表情、発声等により、保育教諭等と気持ちを通わせようとする。

(3)　身近な人と親しみ、関わりを深め、愛情や信頼感が芽生える。

2　内　容

(1)　園児からの働き掛けを踏まえた、応答的な触れ合いや言葉掛けによって、欲求が満たされ、安定感をもって過ごす。

(2)　体の動きや表情、発声、喃語等を優しく受け止めてもらい、保育教諭等とのやり取りを楽しむ。

(3)　生活や遊びの中で、自分の身近な人の存在に気付き、親しみの気持ちを表す。

(4)　保育教諭等による語りかけや歌いかけ、発声や喃

新　幼保連携型認定こども園 教育・保育要領	旧　幼保連携型認定こども園 教育・保育要領

語等への応答を通じて、言葉の理解や発語の意欲が育つ。

(5)　温かく、受容的な関わりを通じて、自分を肯定する気持ちが芽生える。

3　内容の取扱い

　上記の取扱いに当たっては、次の事項に留意する必要がある。

(1)　保育教諭等との信頼関係に支えられて生活を確立していくことが人と関わる基盤となることを考慮して、園児の多様な感情を受け止め、温かく受容的・応答的に関わり、一人一人に応じた適切な援助を行うようにすること。

(2)　身近な人に親しみをもって接し、自分の感情などを表し、それに相手が応答する言葉を聞くことを通して、次第に言葉が獲得されていくことを考慮して、楽しい雰囲気の中での保育教諭等との関わり合いを大切にし、ゆっくりと優しく話し掛けるなど、積極的に言葉のやり取りを楽しむことができるようにすること。

身近なものと関わり感性が育つ

身近な環境に興味や好奇心をもって関わり、感じたことや考えたことを表現する力の基盤を培う。

1　ねらい

(1)　身の回りのものに親しみ、様々なものに興味や関心をもつ。

(2)　見る、触れる、探索するなど、身近な環境に自分から関わろうとする。

(3)　身体の諸感覚による認識が豊かになり、表情や手足、体の動き等で表現する。

2　内容

(1)　身近な生活用具、玩具や絵本などが用意された中で、身の回りのものに対する興味や好奇心をもつ。

(2)　生活や遊びの中で様々なものに触れ、音、形、色、手触りなどに気付き、感覚の働きを豊かにする。

(3)　保育教諭等と一緒に様々な色彩や形のものや絵本などを見る。

(4)　玩具や身の回りのものを、つまむ、つかむ、たたく、引っ張るなど、手や指を使って遊ぶ。

(5)　保育教諭等のあやし遊びに機嫌よく応じたり、歌やリズムに合わせて手足や体を動かして楽しんだりする。

3　内容の取扱い

　上記の取扱いに当たっては、次の事項に留意する必要がある。

(1)　玩具などは、音質、形、色、大きさなど園児の発達状態に応じて適切なものを選び、その時々の園児の興味や関心を踏まえるなど、遊びを通して感覚の発達が促されるものとなるように工夫すること。なお、安全な環境の下で、園児が探索意欲を満たし

新　幼保連携型認定こども園 教育・保育要領	旧　幼保連携型認定こども園 教育・保育要領

て自由に遊べるよう、身の回りのものについては常に十分な点検を行うこと。

(2) 乳児期においては、表情、発声、体の動きなどで、感情を表現することが多いことから、これらの表現しようとする意欲を積極的に受け止めて、園児が様々な活動を楽しむことを通して表現が豊かになるようにすること。

第2　満1歳以上満3歳未満の園児の保育に関する
**　　ねらい及び内容**

基本的事項

1　この時期においては、歩き始めから、歩く、走る、跳ぶなどへと、基本的な運動機能が次第に発達し、排泄の自立のための身体的機能も整うようになる。つまむ、めくるなどの指先の機能も発達し、食事、衣類の着脱なども、保育教諭等の援助の下で自分で行うようになる。発声も明瞭になり、語彙も増加し、自分の意思や欲求を言葉で表出できるようになる。このように自分でできることが増えてくる時期であることから、保育教諭等は、園児の生活の安定を図りながら、自分でしようとする気持ちを尊重し、温かく見守るとともに、愛情豊かに、応答的に関わることが必要である。

2　本項においては、この時期の発達の特徴を踏まえ、保育のねらい及び内容について、心身の健康に関する領域「健康」、人との関わりに関する領域「人間関係」、身近な環境との関わりに関する領域「環境」、言葉の獲得に関する領域「言葉」及び感性と表現に関する領域「表現」としてまとめ、示している。

ねらい及び内容

健　康

健康な心と体を育て、自ら健康で安全な生活をつくり出す力を養う。

1　ねらい

(1) 明るく伸び伸びと生活し、自分から体を動かすことを楽しむ。

(2) 自分の体を十分に動かし、様々な動きをしようとする。

(3) 健康、安全な生活に必要な習慣に気付き、自分でしてみようとする気持ちが育つ。

2　内　容

(1) 保育教諭等の愛情豊かな受容の下で、安定感をもって生活をする。

(2) 食事や午睡、遊びと休息など、幼保連携型認定こども園における生活のリズムが形成される。

(3) 走る、跳ぶ、登る、押す、引っ張るなど全身を使う遊びを楽しむ。

(4) 様々な食品や調理形態に慣れ、ゆったりとした雰囲気の中で食事や間食を楽しむ。

新　幼保連携型認定こども園 教育・保育要領	旧　幼保連携型認定こども園 教育・保育要領

(5)　身の回りを清潔に保つ心地よさを感じ、その習慣が少しずつ身に付く。

(6)　保育教諭等の助けを借りながら、衣類の着脱を自分でしようとする。

(7)　便器での排泄に慣れ、自分で排泄ができるようになる。

3　内容の取扱い

　　上記の取扱いに当たっては、次の事項に留意する必要がある。

(1)　心と体の健康は、相互に密接な関連があるものであることを踏まえ、園児の気持ちに配慮した温かい触れ合いの中で、心と体の発達を促すこと。特に、一人一人の発育に応じて、体を動かす機会を十分に確保し、自ら体を動かそうとする意欲が育つようにすること。

(2)　健康な心と体を育てるためには望ましい食習慣の形成が重要であることを踏まえ、ゆったりとした雰囲気の中で食べる喜びや楽しさを味わい、進んで食べようとする気持ちが育つようにすること。なお、食物アレルギーのある園児への対応については、学校医等の指示や協力の下に適切に対応すること。

(3)　排泄の習慣については、一人一人の排尿間隔等を踏まえ、おむつが汚れていないときに便器に座らせるなどにより、少しずつ慣れさせるようにすること。

(4)　食事、排泄、睡眠、衣類の着脱、身の回りを清潔にすることなど、生活に必要な基本的な習慣については、一人一人の状態に応じ、落ち着いた雰囲気の中で行うようにし、園児が自分でしようとする気持ちを尊重すること。また、基本的な生活習慣の形成に当たっては、家庭での生活経験に配慮し、家庭との適切な連携の下で行うようにすること。

人間関係

他の人々と親しみ、支え合って生活するために、自立心を育て、人と関わる力を養う。

1　ねらい

(1)　幼保連携型認定こども園での生活を楽しみ、身近な人と関わる心地よさを感じる。

(2)　周囲の園児等への興味・関心が高まり、関わりをもとうとする。

(3)　幼保連携型認定こども園の生活の仕方に慣れ、きまりの大切さに気付く。

2　内容

(1)　保育教諭等や周囲の園児等との安定した関係の中で、共に過ごす心地よさを感じる。

(2)　保育教諭等の受容的・応答的な関わりの中で、欲求を適切に満たし、安定感をもって過ごす。

(3)　身の回りに様々な人がいることに気付き、徐々に他の園児と関わりをもって遊ぶ。

(4)　保育教諭等の仲立ちにより、他の園児との関わり

新　幼保連携型認定こども園 教育・保育要領	旧　幼保連携型認定こども園 教育・保育要領

方を少しずつ身につける。

(5)　幼保連携型認定こども園の生活の仕方に慣れ、きまりがあることや、その大切さに気付く。

(6)　生活や遊びの中で、年長児や保育教諭等の真似をしたり、ごっこ遊びを楽しんだりする。

3　内容の取扱い

上記の取扱いに当たっては、次の事項に留意する必要がある。

(1)　保育教諭等との信頼関係に支えられて生活を確立するとともに、自分で何かをしようとする気持ちが旺盛になる時期であることに鑑み、そのような園児の気持ちを尊重し、温かく見守るとともに、愛情豊かに、応答的に関わり、適切な援助を行うようにすること。

(2)　思い通りにいかない場合等の園児の不安定な感情の表出については、保育教諭等が受容的に受け止めるとともに、そうした気持ちから立ち直る経験や感情をコントロールすることへの気付き等につなげていけるように援助すること。

(3)　この時期は自己と他者との違いの認識がまだ十分ではないことから、園児の自我の育ちを見守るとともに、保育教諭等が仲立ちとなって、自分の気持ちを相手に伝えることや相手の気持ちに気付くことの大切さなど、友達の気持ちや友達との関わり方を丁寧に伝えていくこと。

環 境

周囲の様々な環境に好奇心や探究心をもって関わり、それらを生活に取り入れていこうとする力を養う。

1　ねらい

(1)　身近な環境に親しみ、触れ合う中で、様々なものに興味や関心をもつ。

(2)　様々なものに関わる中で、発見を楽しんだり、考えたりしようとする。

(3)　見る、聞く、触るなどの経験を通して、感覚の働きを豊かにする。

2　内 容

(1)　安全で活動しやすい環境での探索活動等を通して、見る、聞く、触れる、嗅ぐ、味わうなどの感覚の働きを豊かにする。

(2)　玩具、絵本、遊具などに興味をもち、それらを使った遊びを楽しむ。

(3)　身の回りの物に触れる中で、形、色、大きさ、量などの物の性質や仕組みに気付く。

(4)　自分の物と人の物の区別や、場所的感覚など、環境を捉える感覚が育つ。

(5)　身近な生き物に気付き、親しみをもつ。

(6)　近隣の生活や季節の行事などに興味や関心をもつ。

新　幼保連携型認定こども園 教育・保育要領	旧　幼保連携型認定こども園 教育・保育要領

3　内容の取扱い

上記の取扱いに当たっては、次の事項に留意する必要がある。

(1)　玩具などは、音質、形、色、大きさなど園児の発達状態に応じて適切なものを選び、遊びを通して感覚の発達が促されるように工夫すること。

(2)　身近な生き物との関わりについては、園児が命を感じ、生命の尊さに気付く経験へとつながるものであることから、そうした気付きを促すような関わりとなるようにすること。

(3)　地域の生活や季節の行事などに触れる際には、社会とのつながりや地域社会の文化への気付きにつながるものとなることが望ましいこと。その際、幼保連携型認定こども園内外の行事や地域の人々との触れ合いなどを通して行うこと等も考慮すること。

言 葉

経験したことや考えたことなどを自分なりの言葉で表現し、相手の話す言葉を聞こうとする意欲や態度を育て、言葉に対する感覚や言葉で表現する力を養う。

1　ねらい

(1)　言葉遊びや言葉で表現する楽しさを感じる。

(2)　人の言葉や話などを聞き、自分でも思ったことを伝えようとする。

(3)　絵本や物語等に親しむとともに、言葉のやり取りを通じて身近な人と気持ちを通わせる。

2　内 容

(1)　保育教諭等の応答的な関わりや話し掛けにより、自ら言葉を使おうとする。

(2)　生活に必要な簡単な言葉に気付き、聞き分ける。

(3)　親しみをもって日常の挨拶に応じる。

(4)　絵本や紙芝居を楽しみ、簡単な言葉を繰り返したり、模倣をしたりして遊ぶ。

(5)　保育教諭等とごっこ遊びをする中で、言葉のやり取りを楽しむ。

(6)　保育教諭等を仲立ちとして、生活や遊びの中で友達との言葉のやり取りを楽しむ。

(7)　保育教諭等や友達の言葉や話に興味や関心をもって、聞いたり、話したりする。

3　内容の取扱い

上記の取扱いに当たっては、次の事項に留意する必要がある。

(1)　身近な人に親しみをもって接し、自分の感情などを伝え、それに相手が応答し、その言葉を聞くことを通して、次第に言葉が獲得されていくものであることを考慮して、楽しい雰囲気の中で保育教諭等との言葉のやり取りができるようにすること。

(2)　園児が自分の思いを言葉で伝えるとともに、他の

新　幼保連携型認定こども園 教育・保育要領	旧　幼保連携型認定こども園 教育・保育要領

園児の話などを聞くことを通して、次第に話を理解し、言葉による伝え合いができるようになるよう、気持ちや経験等の言語化を行うことを援助するなど、園児同士の関わりの仲立ちを行うようにすること。

(3)　この時期は、片言から、二語文、ごっこ遊びでのやり取りができる程度へと、大きく言葉の習得が進む時期であることから、それぞれの園児の発達の状況に応じて、遊びや関わりの工夫など、保育の内容を適切に展開することが必要であること。

表現

感じたことや考えたことを自分なりに表現することを通して、豊かな感性や表現する力を養い、創造性を豊かにする。

1　ねらい

(1)　身体の諸感覚の経験を豊かにし、様々な感覚を味わう。

(2)　感じたことや考えたことなどを自分なりに表現しようとする。

(3)　生活や遊びの様々な体験を通して、イメージや感性が豊かになる。

2　内容

(1)　水、砂、土、紙、粘土など様々な素材に触れて楽しむ。

(2)　音楽、リズムやそれに合わせた体の動きを楽しむ。

(3)　生活の中で様々な音、形、色、手触り、動き、味、香りなどに気付いたり、感じたりして楽しむ。

(4)　歌を歌ったり、簡単な手遊びや全身を使う遊びを楽しんだりする。

(5)　保育教諭等からの話や、生活や遊びの中での出来事を通して、イメージを豊かにする。

(6)　生活や遊びの中で、興味のあることや経験したことなどを自分なりに表現する。

3　内容の取扱い

上記の取扱いに当たっては、次の事項に留意する必要がある。

(1)　園児の表現は、遊びや生活の様々な場面で表出されているものであることから、それらを積極的に受け止め、様々な表現の仕方や感性を豊かにする経験となるようにすること。

(2)　園児が試行錯誤しながら様々な表現を楽しむことや、自分の力でやり遂げる充実感などに気付くよう、温かく見守るとともに、適切に援助を行うようにすること。

(3)　様々な感情の表現等を通じて、園児が自分の感情や気持ちに気付くようになる時期であることに鑑み、受容的な関わりの中で自信をもって表現をすることや、諦めずに続けた後の達成感等を感じられるような経験が蓄積されるようにすること。

(4)　身近な自然や身の回りの事物に関わる中で、発見や心が動く経験が得られるよう、諸感覚を働かせることを楽しむ遊びや素材を用意するなど保育の環境を整えること。

新　幼保連携型認定こども園 教育・保育要領	旧　幼保連携型認定こども園 教育・保育要領

第3　満3歳以上の園児の教育及び保育に関する
**　　ねらい及び内容**

基本的事項

1　この時期においては、運動機能の発達により、基本的な動作が一通りできるようになるとともに、基本的な生活習慣もほぼ自立できるようになる。理解する語彙数が急激に増加し、知的興味や関心も高まってくる。仲間と遊び、仲間の中の一人という自覚が生じ、集団的な遊びや協同的な活動も見られるようになる。これらの発達の特徴を踏まえて、この時期の教育及び保育においては、個の成長と集団としての活動の充実が図られるようにしなければならない。

2　本項においては、この時期の発達の特徴を踏まえ、教育及び保育のねらい及び内容について、心身の健康に関する領域「健康」、人との関わりに関する領域「人間関係」、身近な環境との関わりに関する領域「環境」、言葉の獲得に関する領域「言葉」及び感性と表現に関する領域「表現」としてまとめ、示している。

ねらい及び内容

健康

　健康な心と体を育て、自ら健康で安全な生活をつくり出す力を養う。

1　ねらい

(1)　明るく伸び伸びと行動し、充実感を味わう。

(2)　自分の体を十分に動かし、進んで運動しようとする。

(3)　健康、安全な生活に必要な習慣や態度を身に付け、見通しをもって行動する。

2　内容

(1)　保育教諭等や友達と触れ合い、安定感をもって行動する。

(2)　いろいろな遊びの中で十分に体を動かす。

(3)　進んで戸外で遊ぶ。

(4)　様々な活動に親しみ、楽しんで取り組む。

(5)　保育教諭等や友達と食べることを楽しみ、食べ物への興味や関心をもつ。

(6)　健康な生活のリズムを身に付ける。

(7)　身の回りを清潔にし、衣服の着脱、食事、排泄などの生活に必要な活動を自分でする。

(8)　幼保連携型認定こども園における生活の仕方を知り、自分たちで生活の場を整えながら見通しをもって行動する。

(9)　自分の健康に関心をもち、病気の予防などに必要な活動を進んで行う。

(10)　危険な場所、危険な遊び方、災害時などの行動の仕方が分かり、安全に気を付けて行動する。

3　内容の取扱い

　上記の取扱いに当たっては、次の事項に留意する必要がある。

第1　ねらい及び内容

健康

　健康な心と体を育て、自ら健康で安全な生活をつくり出す力を養う。

1　ねらい

(1)　明るく伸び伸びと行動し、充実感を味わう。

(2)　自分の体を十分に動かし、進んで運動しようとする。

(3)　健康、安全な生活に必要な習慣や態度を身に付ける。

2　内容

(1)　保育教諭等や友達と触れ合い、安定感を持って行動する。

(2)　いろいろな遊びの中で十分に体を動かす。

(3)　進んで戸外で遊ぶ。

(4)　様々な活動に親しみ、楽しんで取り組む。

(5)　保育教諭等や友達と食べることを楽しむ。

(6)　健康な生活のリズムを身に付ける。

(7)　身の回りを清潔にし、衣類の着脱、食事、排泄などの生活に必要な活動を自分でする。

(8)　幼保連携型認定こども園における生活の仕方を知り、自分たちで生活の場を整えながら見通しを持って行動する。

(9)　自分の健康に関心を持ち、病気の予防などに必要な活動を進んで行う。

(10)　危険な場所、危険な遊び方、災害時などの行動の仕方が分かり、安全に気を付けて行動する。

3　内容の取扱い

　上記の取扱いに当たっては、次の事項に留意する必要がある。

(1)　心と体の健康は相互に密接な関連があるものであることを踏まえ、園児が保育教諭等や他の園児と

新　幼保連携型認定こども園 教育・保育要領

(1)　心と体の健康は、相互に密接な関連があるものであることを踏まえ、園児が保育教諭等や他の園児との温かい触れ合いの中で自己の存在感や充実感を味わうことなどを基盤として、しなやかな心と体の発達を促すこと。特に、十分に体を動かす気持ちよさを体験し、自ら体を動かそうとする意欲が育つようにすること。

(2)　様々な遊びの中で、園児が興味や関心、能力に応じて全身を使って活動することにより、体を動かす楽しさを味わい、自分の体を大切にしようとする気持ちが育つようにすること。その際、多様な動きを経験する中で、体の動きを調整するようにすること。

(3)　自然の中で伸び伸びと体を動かして遊ぶことにより、体の諸機能の発達が促されることに留意し、園児の興味や関心が戸外にも向くようにすること。その際、園児の動線に配慮した園庭や遊具の配置などを工夫すること。

(4)　健康な心と体を育てるためには食育を通じた望ましい食習慣の形成が大切であることを踏まえ、園児の食生活の実情に配慮し、和やかな雰囲気の中で保育教諭等や他の園児と食べる喜びや楽しさを味わったり、様々な食べ物への興味や関心をもったりするなどし、食の大切さに気付き、進んで食べようとする気持ちが育つようにすること。

(5)　基本的な生活習慣の形成に当たっては、家庭での生活経験に配慮し、園児の自立心を育て、園児が他の園児と関わりながら主体的な活動を展開する中で、生活に必要な習慣を身に付け、次第に見通しをもって行動できるようにすること。

(6)　安全に関する指導に当たっては、情緒の安定を図り、遊びを通して安全についての構えを身に付け、危険な場所や事物などが分かり、安全についての理解を深めるようにすること。また、交通安全の習慣を身に付けるようにするとともに、避難訓練などを通して、災害などの緊急時に適切な行動がとれるようにすること。

人間関係

他の人々と親しみ、支え合って生活するために、自立心を育て、人と関わる力を養う。

1　ねらい

(1)　幼保連携型認定こども園の生活を楽しみ、自分の力で行動することの充実感を味わう。

(2)　身近な人と親しみ、関わりを深め、工夫したり、協力したりして一緒に活動する楽しさを味わい、愛情や信頼感をもつ。

(3)　社会生活における望ましい習慣や態度を身に付ける。

2　内容

(1)　保育教諭等や友達と共に過ごすことの喜びを味わう。

(2)　自分で考え、自分で行動する。

旧　幼保連携型認定こども園 教育・保育要領

の温かい触れ合いの中で自己の存在感や充実感を味わうことなどを基盤として、しなやかな心と体の発達を促すこと。特に、十分に体を動かす気持ちよさを体験し、自ら体を動かそうとする意欲が育つようにすること。

(2)　様々な遊びの中で、園児が興味や関心、能力に応じて全身を使って活動することにより、体を動かす楽しさを味わい、安全についての構えを身に付け、自分の体を大切にしようとする気持ちが育つようにすること。

(3)　自然の中で伸び伸びと体を動かして遊ぶことにより、体の諸機能の発達が促されることに留意し、園児の興味や関心が戸外にも向くようにすること。その際、園児の動線に配慮した園庭や遊具の配置などの工夫をすること。

(4)　健康な心と体を育てるためには食育を通じた望ましい食習慣の形成が大切であることを踏まえ、園児の食生活の実情に配慮し、和やかな雰囲気の中で保育教諭等や他の園児と食べる喜びや楽しさを味わったり、様々な食べ物への興味や関心を持ったりするなどし、進んで食べようとする気持ちが育つようにすること。

(5)　基本的な生活習慣の形成に当たっては家庭での生活経験に配慮し、園児の自立心を育て、園児が他の園児とかかわりながら主体的な活動を展開する中で、生活に必要な習慣を身に付けるようにすること。

人間関係

他の人々と親しみ、支え合って生活するために、自立心を育て、人とかかわる力を養う。

1　ねらい

(1)　幼保連携型認定こども園の生活を楽しみ、自分の力で行動することの充実感を味わう。

(2)　身近な人と親しみ、かかわりを深め、愛情や信頼感を持つ。

(3)　社会生活における望ましい習慣や態度を身に付ける。

2　内容

(1)　保育教諭等や友達と共に過ごすことの喜びを味わう。

(2)　自分で考え、自分で行動する。

(3)　自分でできることは自分でする。

新　幼保連携型認定こども園 教育・保育要領	旧　幼保連携型認定こども園 教育・保育要領

新

(3)　自分でできることは自分でする。

(4)　いろいろな遊びを楽しみながら物事をやり遂げようとする気持ちをもつ。

(5)　友達と積極的に関わりながら喜びや悲しみを共感し合う。

(6)　自分の思ったことを相手に伝え、相手の思っていることに気付く。

(7)　友達のよさに気付き、一緒に活動する楽しさを味わう。

(8)　友達と楽しく活動する中で、共通の目的を見いだし、工夫したり、協力したりなどする。

(9)　よいことや悪いことがあることに気付き、考えながら行動する。

(10)　友達との関わりを深め、思いやりをもつ。

(11)　友達と楽しく生活する中できまりの大切さに気付き、守ろうとする。

(12)　共同の遊具や用具を大切にし、皆で使う。

(13)　高齢者をはじめ地域の人々などの自分の生活に関係の深いいろいろな人に親しみをもつ。

3　内容の取扱い

上記の取扱いに当たっては、次の事項に留意する必要がある。

(1)　保育教諭等との信頼関係に支えられて自分自身の生活を確立していくことが人と関わる基盤となることを考慮し、園児が自ら周囲に働き掛けることにより多様な感情を体験し、試行錯誤しながら諦めずにやり遂げることの達成感や、前向きな見通しをもって自分の力で行うことの充実感を味わうことができるよう、園児の行動を見守りながら適切な援助を行うようにすること。

(2)　一人一人を生かした集団を形成しながら人と関わる力を育てていくようにすること。その際、集団の生活の中で、園児が自己を発揮し、保育教諭等や他の園児に認められる体験をし、自分のよさや特徴に気付き、自信をもって行動できるようにすること。

(3)　園児が互いに関わりを深め、協同して遊ぶようになるため、自ら行動する力を育てるようにするとともに、他の園児と試行錯誤しながら活動を展開する楽しさや共通の目的が実現する喜びを味わうことができるようにすること。

(4)　道徳性の芽生えを培うに当たっては、基本的な生活習慣の形成を図るとともに、園児が他の園児との関わりの中で他人の存在に気付き、相手を尊重する気持ちをもって行動できるようにし、また、自然や身近な動植物に親しむことなどを通して豊かな心情が育つようにすること。特に、人に対する信頼感や思いやりの気持ちは、葛藤やつまずきをも体験し、それらを乗り越えることにより次第に芽生えてくることに配慮すること。

(5)　集団の生活を通して、園児が人との関わりを深め、

旧

(4)　いろいろな遊びを楽しみながら物事をやり遂げようとする気持ちを持つ。

(5)　友達と積極的にかかわりながら喜びや悲しみを共感し合う。

(6)　自分の思ったことを相手に伝え、相手の思っていることに気付く。

(7)　友達のよさに気付き、一緒に活動する楽しさを味わう。

(8)　友達と楽しく活動する中で、共通の目的を見いだし、工夫したり、協力したりなどする。

(9)　よいことや悪いことがあることに気付き、考えながら行動する。

(10)　友達とのかかわりを深め、思いやりを持つ。

(11)　友達と楽しく生活する中できまりの大切さに気付き守ろうとする。

(12)　共同の遊具や用具を大切にし、みんなで使う。

(13)　高齢者を始め地域の人々などの自分の生活に関係の深いいろいろな人に親しみを持つ。

3　内容の取扱い

上記の取扱いに当たっては、次の事項に留意する必要がある。

(1)　保育教諭等との信頼関係に支えられて自分自身の生活を確立していくことが人とかかわる基盤となることを考慮し、園児が自ら周囲に働き掛けることにより多様な感情を体験し、試行錯誤しながら自分の力で行うことの充実感を味わうことができるよう、園児の行動を見守りながら適切な援助を行うようにすること。

(2)　園児の主体的な活動は、他の園児とのかかわりの中で深まり、豊かになるものであり、園児はその中で互いに必要な存在であることを認識するようになることを踏まえ、一人一人を生かした集団を形成しながら人とかかわる力を育てていくようにすること。特に、園児が自己を発揮し、保育教諭等や他の園児に認められる体験をし、自信を持って行動できるようにすること。

(3)　園児が互いにかかわりを深め、協同して遊ぶようになるため、集団の生活の中で、自ら行動する力を育てるようにするとともに、他の園児と試行錯誤しながら活動を展開する楽しさや共通の目的が実現する喜びを味わうことができるようにすること。

(4)　道徳性の芽生えを培うに当たっては、基本的な生活習慣の形成を図るとともに、園児が他の園児とのかかわりの中で他人の存在に気付き、相手を尊重する気持ちを持って行動できるようにし、また、自然や身近な動植物に親しむことなどを通して豊かな心情が育つようにすること。特に、人に対する信頼感や思いやりの気持ちは、葛藤やつまずきをも体験し、それらを乗り越えることにより次第に芽生えてくることに配慮すること。

(5)　集団の生活を通して、園児が人とのかかわりを

新　幼保連携型認定こども園 教育・保育要領

規範意識の芽生えが培われることを考慮し、園児が保育教諭等との信頼関係に支えられて自己を発揮する中で、互いに思いを主張し、折り合いを付ける体験をし、きまりの必要性などに気付き、自分の気持ちを調整する力が育つようにすること。

(6)　高齢者をはじめ地域の人々などの自分の生活に関係の深いいろいろな人と触れ合い、自分の感情や意志を表現しながら共に楽しみ、共感し合う体験を通して、これらの人々などに親しみをもち、人と関わることの楽しさや人の役に立つ喜びを味わうことができるようにすること。また、生活を通して親や祖父母などの家族の愛情に気付き、家族を大切にしようとする気持ちが育つようにすること。

環　境

周囲の様々な環境に好奇心や探究心をもって関わり、それらを生活に取り入れていこうとする力を養う。

1　ねらい
(1)　身近な環境に親しみ、自然と触れ合う中で様々な事象に興味や関心をもつ。
(2)　身近な環境に自分から関わり、発見を楽しんだり、考えたりし、それを生活に取り入れようとする。
(3)　身近な事象を見たり、考えたり、扱ったりする中で、物の性質や数量、文字などに対する感覚を豊かにする。

2　内容
(1)　自然に触れて生活し、その大きさ、美しさ、不思議さなどに気付く。
(2)　生活の中で、様々な物に触れ、その性質や仕組みに興味や関心をもつ。
(3)　季節により自然や人間の生活に変化のあることに気付く。
(4)　自然などの身近な事象に関心をもち、取り入れて遊ぶ。
(5)　身近な動植物に親しみをもって接し、生命の尊さに気付き、いたわったり、大切にしたりする。
(6)　日常生活の中で、我が国や地域社会における様々な文化や伝統に親しむ。
(7)　身近な物を大切にする。
(8)　身近な物や遊具に興味をもって関わり、自分なりに比べたり、関連付けたりしながら考えたり、試したりして工夫して遊ぶ。
(9)　日常生活の中で数量や図形などに関心をもつ。
(10)　日常生活の中で簡単な標識や文字などに関心をもつ。
(11)　生活に関係の深い情報や施設などに興味や関心をもつ。
(12)　幼保連携型認定こども園内外の行事において国旗に親しむ。

3　内容の取扱い
上記の取扱いに当たっては、次の事項に留意する必要がある。

旧　幼保連携型認定こども園 教育・保育要領

深め、規範意識の芽生えが培われることを考慮し、園児が保育教諭等との信頼関係に支えられて自己を発揮する中で、互いに思いを主張し、折り合いを付ける体験をし、きまりの必要性などに気付き、自分の気持ちを調整する力が育つようにすること。

(6)　高齢者を始め地域の人々などの自分の生活に関係の深いいろいろな人と触れ合い、自分の感情や意志を表現しながら共に楽しみ、共感し合う体験を通して、これらの人々などに親しみを持ち、人とかかわることの楽しさや人の役に立つ喜びを味わうことができるようにすること。また、生活を通して親や祖父母などの家族の愛情に気付き、家族を大切にしようとする気持ちが育つようにすること。

環　境

周囲の様々な環境に好奇心や探究心を持ってかかわり、それらを生活に取り入れていこうとする力を養う。

1　ねらい
(1)　身近な環境に親しみ、自然と触れ合う中で様々な事象に興味や関心を持つ。
(2)　身近な環境に自分からかかわり、発見を楽しんだり、考えたりし、それを生活に取り入れようとする。
(3)　身近な事象を見たり、考えたり、扱ったりする中で、物の性質や数量、文字などに対する感覚を豊かにする。

2　内容
(1)　自然に触れて生活し、その大きさ、美しさ、不思議さなどに気付く。
(2)　生活の中で、様々な物に触れ、その性質や仕組みに興味や関心を持つ。
(3)　季節により自然や人間の生活に変化のあることに気付く。
(4)　自然などの身近な事象に関心を持ち、取り入れて遊ぶ。
(5)　身近な動植物に親しみを持って接し、生命の尊さに気付き、いたわったり、大切にしたりする。
(6)　身近な物を大切にする。
(7)　身近な物や遊具に興味を持ってかかわり、考えたり、試したりして工夫して遊ぶ。
(8)　日常生活の中で数量や図形などに関心を持つ。
(9)　日常生活の中で簡単な標識や文字などに関心を持つ。
(10)　生活に関係の深い情報や施設などに興味や関心を持つ。
(11)　幼保連携型認定こども園内外の行事において国旗に親しむ。

3　内容の取扱い
上記の取扱いに当たっては、次の事項に留意する必要がある。

新　幼保連携型認定こども園 教育・保育要領	旧　幼保連携型認定こども園 教育・保育要領

新

(1) 園児が、遊びの中で周囲の環境と関わり、次第に周囲の世界に好奇心を抱き、その意味や操作の仕方に関心をもち、物事の法則性に気付き、自分なりに考えることができるようになる過程を大切にすること。また、他の園児の考えなどに触れて新しい考えを生み出す喜びや楽しさを味わい、自分の考えをよりよいものにしようとする気持ちが育つようにすること。

(2) 幼児期において自然のもつ意味は大きく、自然の大きさ、美しさ、不思議さなどに直接触れる体験を通して、園児の心が安らぎ、豊かな感情、好奇心、思考力、表現力の基礎が培われることを踏まえ、園児が自然との関わりを深めることができるよう工夫すること。

(3) 身近な事象や動植物に対する感動を伝え合い、共感し合うことなどを通して自分から関わろうとする意欲を育てるとともに、様々な関わり方を通してそれらに対する親しみや畏敬の念、生命を大切にする気持ち、公共心、探究心などが養われるようにすること。

(4) 文化や伝統に親しむ際には、正月や節句など我が国の伝統的な行事、国歌、唱歌、わらべうたや我が国の伝統的な遊びに親しんだり、異なる文化に触れる活動に親しんだりすることを通じて、社会とのつながりの意識や国際理解の意識の芽生えなどが養われるようにすること。

(5) 数量や文字などに関しては、日常生活の中で園児自身の必要感に基づく体験を大切にし、数量や文字などに関する興味や関心、感覚が養われるようにすること。

旧

(1) 園児が、遊びの中で周囲の環境とかかわり、次第に周囲の世界に好奇心を抱き、その意味や操作の仕方に関心を持ち、物事の法則性に気付き、自分なりに考えることができるようになる過程を大切にすること。特に、他の園児の考えなどに触れ、新しい考えを生み出す喜びや楽しさを味わい、自ら考えようとする気持ちが育つようにすること。

(2) 乳幼児期において自然の持つ意味は大きく、自然の大きさ、美しさ、不思議さなどに直接触れる体験を通して、園児の心が安らぎ、豊かな感情、好奇心、思考力、表現力の基礎が培われることを踏まえ、園児が自然とのかかわりを深めることができるよう工夫をすること。

(3) 身近な事象や動植物に対する感動を伝え合い、共感し合うことなどを通して自分からかかわろうとする意欲を育てるとともに、様々なかかわり方を通してそれらに対する親しみや畏敬の念、生命を大切にする気持ち、公共心、探究心などが養われるようにすること。

(4) 数量や文字などに関しては、日常生活の中で園児自身の必要感に基づく体験を大切にし、数量や文字などに関する興味や関心、感覚が養われるようにすること。

言葉

新

経験したことや考えたことなどを自分なりの言葉で表現し、相手の話す言葉を聞こうとする意欲や態度を育て、言葉に対する感覚や言葉で表現する力を養う。

1　ねらい

(1) 自分の気持ちを言葉で表現する楽しさを味わう。

(2) 人の言葉や話などをよく聞き、自分の経験したことや考えたことを話し、伝え合う喜びを味わう。

(3) 日常生活に必要な言葉が分かるようになるとともに、絵本や物語などに親しみ、言葉に対する感覚を豊かにし、保育教諭等や友達と心を通わせる。

2　内容

(1) 保育教諭等や友達の言葉や話に興味や関心をもち、親しみをもって聞いたり、話したりする。

(2) したり、見たり、聞いたり、感じたり、考えたりなどしたことを自分なりに言葉で表現する。

(3) したいこと、してほしいことを言葉で表現したり、分からないことを尋ねたりする。

(4) 人の話を注意して聞き、相手に分かるように話す。

(5) 生活の中で必要な言葉が分かり、使う。

(6) 親しみをもって日常の挨拶をする。

旧

経験したことや考えたことなどを自分なりの言葉で表現し、相手の話す言葉を聞こうとする意欲や態度を育て、言葉に対する感覚や言葉で表現する力を養う。

1　ねらい

(1) 自分の気持ちを言葉で表現する楽しさを味わう。

(2) 人の言葉や話などをよく聞き、自分の経験したことや考えたことを話し、伝え合う喜びを味わう。

(3) 日常生活に必要な言葉が分かるようになるとともに、絵本や物語などに親しみ、保育教諭等や友達と心を通わせる。

2　内容

(1) 保育教諭等や友達の言葉や話に興味や関心を持ち、親しみを持って聞いたり、話したりする。

(2) したり、見たり、聞いたり、感じたり、考えたりなどしたことを自分なりに言葉で表現する。

(3) したいこと、してほしいことを言葉で表現したり、分からないことを尋ねたりする。

(4) 人の話を注意して聞き、相手に分かるように話す。

(5) 生活の中で必要な言葉が分かり、使う。

(6) 親しみを持って日常の挨拶をする。

新　幼保連携型認定こども園 教育・保育要領	旧　幼保連携型認定こども園 教育・保育要領

新

(7)　生活の中で言葉の楽しさや美しさに気付く。

(8)　いろいろな体験を通じてイメージや言葉を豊かにする。

(9)　絵本や物語などに親しみ、興味をもって聞き、想像をする楽しさを味わう。

(10)　日常生活の中で、文字などで伝える楽しさを味わう。

3　内容の取扱い

上記の取扱いに当たっては、次の事項に留意する必要がある。

(1)　言葉は、身近な人に親しみを<u>もって</u>接し、自分の感情や意志などを伝え、それに相手が応答し、その言葉を聞くことを通して次第に獲得されていくものであることを考慮して、園児が保育教諭等や他の園児と関わることにより心を動かされるような体験をし、言葉を交わす喜びを味わえるようにすること。

(2)　園児が自分の思いを言葉で伝えるとともに、保育教諭等や他の園児などの話を興味をもって注意して聞くことを通して次第に話を理解するようになっていき、言葉による伝え合いができるようにすること。

(3)　絵本や物語などで、その内容と自分の経験とを結び付けたり、想像を巡らせたりするなど、楽しみを十分に味わうことによって、次第に豊かなイメージを<u>もち</u>、言葉に対する感覚が養われるようにすること。

(4)　<u>園児が生活の中で、言葉の響きやリズム、新しい言葉や表現などに触れ、これらを使う楽しさを味わえるようにすること。その際、絵本や物語に親しんだり、言葉遊びなどをしたりすることを通して、言葉が豊かになるようにすること。</u>

(5)　<u>　</u>園児が日常生活の中で、文字などを使いながら思ったことや考えたことを伝える喜びや楽しさを味わい、文字に対する興味や関心を<u>もつ</u>ようにすること。

旧

(7)　生活の中で言葉の楽しさや美しさに気付く。

(8)　いろいろな体験を通じてイメージや言葉を豊かにする。

(9)　絵本や物語などに親しみ、興味を持って聞き、想像をする楽しさを味わう。

(10)　日常生活の中で、文字などで伝える楽しさを味わう。

3　内容の取扱い

上記の取扱いに当たっては、次の事項に留意する必要がある。

(1)　言葉は、身近な人に親しみを持って接し、自分の感情や意志などを伝え、それに相手が応答し、その言葉を聞くことを通して次第に獲得されていくものであることを考慮して、園児が保育教諭等や他の園児とかかわることにより心を動かすような体験をし、言葉を交わす喜びを味わえるようにすること。

(2)　園児が自分の思いを言葉で伝えるとともに、保育教諭等や他の園児などの話を興味を持って注意して聞くことを通して次第に話を理解するようになっていき、言葉による伝え合いができるようにすること。

(3)　絵本や物語などで、その内容と自分の経験とを結び付けたり、想像を巡らせたりするなど、楽しみを十分に味わうことによって、次第に、豊かなイメージを持ち言葉に対する感覚が養われるようにすること。

(4)　園児が日常生活の中で、文字などを使いながら思ったことや考えたことを伝える喜びや楽しさを味わい、文字に対する興味や関心を持つようにすること。

表現

感じたことや考えたことを自分なりに表現することを通して、豊かな感性や表現する力を養い、創造性を豊かにする。

1　ねらい

(1)　いろいろなものの美しさなどに対する豊かな感性を<u>もつ</u>。

(2)　感じたことや考えたことを自分なりに表現して楽しむ。

(3)　生活の中でイメージを豊かにし、様々な表現を楽しむ。

2　内容

(1)　生活の中で様々な音、形、色、手触り、動きなどに気付いたり、感じたりするなどして楽しむ。

(2)　生活の中で美しいものや心を動かす出来事に触れ、イメージを豊かにする。

(3)　様々な出来事の中で、感動したことを伝え合う楽しさを味わう。

(4)　感じたこと、考えたことなどを音や動きなどで表現したり、自由にかいたり、つくったりなどする。

表現

感じたことや考えたことを自分なりに表現することを通して、豊かな感性や表現する力を養い、創造性を豊かにする。

1　ねらい

(1)　いろいろなものの美しさなどに対する豊かな感性を持つ。

(2)　感じたことや考えたことを自分なりに表現して楽しむ。

(3)　生活の中でイメージを豊かにし、様々な表現を楽しむ。

2　内容

(1)　生活の中で様々な音、色、形、手触り、動きなどに気付いたり、感じたりするなどして楽しむ。

(2)　生活の中で美しいものや心を動かす出来事に触れ、イメージを豊かにする。

(3)　様々な出来事の中で、感動したことを伝え合う楽しさを味わう。

(4)　感じたこと、考えたことなどを音や動きなどで表現したり、自由にかいたり、つくったりなどする。

261

新　幼保連携型認定こども園　教育・保育要領

(5) いろいろな素材に親しみ、工夫して遊ぶ。

(6) 音楽に親しみ、歌を歌ったり、簡単なリズム楽器を使ったりなどする楽しさを味わう。

(7) かいたり、つくったりすることを楽しみ、遊びに使ったり、飾ったりなどする。

(8) 自分のイメージを動きや言葉などで表現したり、演じて遊んだりするなどの楽しさを味わう。

3　内容の取扱い

上記の取扱いに当たっては、次の事項に留意する必要がある。

(1) 豊かな感性は、身近な環境と十分に関わる中で美しいもの、優れたもの、心を動かす出来事などに出会い、そこから得た感動を他の園児や保育教諭等と共有し、様々に表現することなどを通して養われるようにすること。その際、風の音や雨の音、身近にある草や花の形や色など自然の中にある音、形、色などに気付くようにすること。

(2) 幼児期の自己表現は素朴な形で行われることが多いので、保育教諭等はそのような表現を受容し、園児自身の表現しようとする意欲を受け止めて、園児が生活の中で園児らしい様々な表現を楽しむことができるようにすること。

(3) 生活経験や発達に応じ、自ら様々な表現を楽しみ、表現する意欲を十分に発揮させることができるように、遊具や用具などを整えたり、様々な素材や表現の仕方に親しんだり、他の園児の表現に触れられるよう配慮したりし、表現する過程を大切にして自己表現を楽しめるように工夫すること。

第4　教育及び保育の実施に関わる配慮事項

1　満3歳未満の園児の保育の実施については、以下の事項に配慮するものとする。

(1) 乳児は病気への抵抗力が弱く、心身の機能の未熟さに伴う疾病の発生が多いことから、一人一人の発育及び発達状態や健康状態についての適切な判断に基づく保健的な対応を行うこと。また、一人一人の園児の生育歴の違いに留意しつつ、欲求を適切に満たし、特定の保育教諭等が応答的に関わるように努めること。更に、乳児期の園児の保育に関わる職員間の連携や学校医との連携を図り、第3章に示す事項を踏まえ、適切に対応すること。栄養士及び看護師等が配置されている場合は、その専門性を生かした対応を図ること。乳児期の園児の保育においては特に、保護者との信頼関係を築きながら保育を進めるとともに、保護者からの相談に応じ支援に努めていくこと。なお、担当の保育教諭等が替わる場合には、園児のそれまでの生育歴や発達の過程に留意し、職員間で協力して対応すること。

(2) 満1歳以上満3歳未満の園児は、特に感染症

旧　幼保連携型認定こども園　教育・保育要領

(5) いろいろな素材に親しみ、工夫して遊ぶ。

(6) 音楽に親しみ、歌を歌ったり、簡単なリズム楽器を使ったりなどする楽しさを味わう。

(7) かいたり、つくったりすることを楽しみ、遊びに使ったり、飾ったりなどする。

(8) 自分のイメージを動きや言葉などで表現したり、演じて遊んだりするなどの楽しさを味わう。

3　内容の取扱い

上記の取扱いに当たっては、次の事項に留意する必要がある。

(1) 豊かな感性は、自然などの身近な環境と十分にかかわる中で美しいもの、優れたもの、心を動かす出来事などに出会い、そこから得た感動を他の園児や保育教諭等と共有し、様々に表現することなどを通して養われるようにすること。

(2) 乳幼児期における自己表現は素朴な形で行われることが多いので、保育教諭等はそのような表現を受容し、園児自身の表現しようとする意欲を受け止めて、園児が生活の中で乳幼児期らしい様々な表現を楽しむことができるようにすること。

(3) 生活経験や発達に応じ、自ら様々な表現を楽しみ、表現する意欲を十分に発揮させることができるように、遊具や用具などを整えたり、他の園児の表現に触れられるよう配慮したりし、表現する過程を大切にして自己表現を楽しめるように工夫すること。

第2　保育の実施上の配慮事項

1　乳児期の園児の保育に関する配慮事項

(1) 疾病への抵抗力が弱く、心身の機能の未熟さに伴う疾病の発生が多いことから、園児一人一人の発育及び発達の状態や健康状態についての適切な判断に基づく保健的な対応を行うこと。

(2) 園児一人一人の生育歴の違いに留意しつつ、欲求を適切に満たし、特定の保育教諭等が応答的にかかわるように努めること。

(3) 乳児期の園児の保育に関する職員間の連携や学校医との連携を図り、第1章の第3の5に示す園児の健康及び安全に関する配慮事項を踏まえ、適切に対応すること。栄養教諭や栄養士等、養護教諭や看護師等が配置されている場合はその専門性を生かした対応を図ること。

(4) 保護者との信頼関係を築きながら保育を進めるとともに、保護者からの相談に応じ、保護者への支援に努めていくこと。

(5) 担当の保育教諭等が替わる場合には、園児のそれまでの経験や発達の過程に留意し、職員間で協力して対応すること。

新　幼保連携型認定こども園 教育・保育要領

にかかりやすい時期であるので、体の状態、機嫌、食欲などの日常の状態の観察を十分に行うとともに、適切な判断に基づく保健的な対応を心掛けること。また、探索活動が十分できるように、事故防止に努めながら活動しやすい環境を整え、全身を使う遊びなど様々な遊びを取り入れること。更に、自我が形成され、園児が自分の感情や気持ちに気付くようになる重要な時期であることに鑑み、情緒の安定を図りながら、園児の自発的な活動を尊重するとともに促していくこと。なお、担当の保育教諭等が替わる場合には、園児のそれまでの経験や発達の過程に留意し、職員間で協力して対応すること。

2　幼保連携型認定こども園における教育及び保育の全般において以下の事項に配慮するものとする。
(1)　園児の心身の発達及び活動の実態などの個人差を踏まえるとともに、一人一人の園児の気持ちを受け止め、援助すること。
(2)　園児の健康は、生理的・身体的な育ちとともに、自主性や社会性、豊かな感性の育ちとがあいまってもたらされることに留意すること。
(3)　園児が自ら周囲に働き掛け、試行錯誤しつつ自分の力で行う活動を見守りながら、適切に援助すること。
(4)　園児の入園時の教育及び保育に当たっては、できるだけ個別的に対応し、園児が安定感を得て、次第に幼保連携型認定こども園の生活になじんでいくようにするとともに、既に入園している園児に不安や動揺を与えないようにすること。
(5)　園児の国籍や文化の違いを認め、互いに尊重する心を育てるようにすること。
(6)　園児の性差や個人差にも留意しつつ、性別などによる固定的な意識を植え付けることがないようにすること。

旧　幼保連携型認定こども園 教育・保育要領

2　満1歳以上満3歳未満の園児の保育に関する配慮事項
(1)　特に感染症にかかりやすい時期であるため、体の状態、機嫌、食欲などの日常の状態の観察を十分に行うとともに、適切な判断に基づく保健的な対応を行うこと。
(2)　食事、泄排、睡眠、衣類の着脱、身の回りを清潔にすることなど、生活に必要な基本的な習慣については、園児一人一人の状態に応じ、落ち着いた雰囲気の中で行うようにし、園児が自分でしようとする気持ちを尊重すること。
(3)　探索活動が十分できるように、事故防止に努めながら活動しやすい環境を整え、全身を使う遊びなど様々な遊びを取り入れること。
(4)　園児の自我の育ちを見守り、その気持ちを受け止めるとともに、保育教諭等が仲立ちとなって、友達の気持ちや友達とのかかわり方を丁寧に伝えていくこと。
(5)　情緒の安定を図りながら、園児の自発的な活動を促していくこと。
(6)　担当の保育教諭等が替わる場合には、園児のそれまでの経験や発達の過程に留意し、職員間で協力して対応すること。

新　幼保連携型認定こども園 教育・保育要領	旧　幼保連携型認定こども園 教育・保育要領

旧（右カラム）

3　満3歳以上の園児の保育に関する配慮事項

(1)　生活に必要な基本的な習慣や態度を身に付ける
ことの大切さを理解し、適切な行動を選択できるよ
う配慮すること。

(2)　園児の情緒が安定し自己を十分に発揮して活動
することを通して、やり遂げる喜びや自信を持つこ
とができるよう配慮すること。

(3)　様々な遊びの中で、全身を動かして意欲的に活動する
ことにより、体の諸機能の発達が促されることに留意し、
園児の興味や関心が戸外にも向くようにすること。

(4)　けんかなど葛藤を経験しながら次第に相手の気
持ちを理解し、相互に必要な存在であることを実
感できるよう配慮すること。

(5)　生活や遊びを通して、きまりがあることの大切さに
気付き、自ら判断して行動できるよう配慮すること。

(6)　自然と触れ合う中で、園児の豊かな感性や認識力、
思考力及び表現力が培われることを踏まえ、自然との
かかわりを深めることができるよう工夫をすること。

(7)　自分の気持ちや経験を自分なりの言葉で表現するこ
との大切さに留意し、園児の話し掛けに応じるよう心
掛けること。また、園児が仲間と伝え合ったり、話し
合ったりすることの楽しさが味わえるようにすること。

(8)　感じたことや思ったこと、想像したことなどを、
様々な方法で創意工夫を凝らして自由に表現でき
るよう、保育に必要な素材や用具を始め、様々な環
境の設定に留意すること。

新（左カラム）

第3章　健康及び安全

　幼保連携型認定こども園における園児の健康及び安全は、園
児の生命の保持と健やかな生活の基本となるものであり、第1章
及び第2章の関連する事項と併せ、次に示す事項について適切
に対応するものとする。その際、養護教諭や看護師、栄養教諭
や栄養士等が配置されている場合には、学校医等と共に、これら
の者がそれぞれの専門性を生かしながら、全職員が相互に連携
し、組織的かつ適切な対応を行うことができるような体制整備や
研修を行うことが必要である。

第1　健康支援

1　健康状態や発育及び発達の状態の把握

(1)　園児の心身の状態に応じた教育及び保育を行うた
めに、園児の健康状態や発育及び発達の状態につ
いて、定期的・継続的に、また、必要に応じて随時、
把握すること。

(2)　保護者からの情報とともに、登園時及び在園時に
園児の状態を観察し、何らかの疾病が疑われる状
態や障害が認められた場合には、保護者に連絡す
るとともに、学校医と相談するなど適切な対応を図
ること。

旧（右カラム・下部）

(1)　健康支援

ア　健康状態や発育及び発達の状態の把握

(ア)　園児の心身の状態に応じた教育及び保育を行
うために、園児の健康状態や発育及び発達の状
態について、定期的、継続的に、また、必要に
応じて随時、把握すること。

(イ)　保護者からの情報とともに、登園時及び在園
時に園児の状態を観察し、何らかの疾病が疑わ
れる状態や障害が認められた場合には、保護者
に連絡するとともに、学校医と相談するなど適
切な対応を図ること。

新　幼保連携型認定こども園 教育・保育要領

(3) 園児の心身の状態等を観察し、不適切な養育の兆候が見られる場合には、市町村（特別区を含む。以下同じ。）や関係機関と連携し、児童福祉法第25条に基づき、適切な対応を図ること。また、虐待が疑われる場合には、速やかに市町村又は児童相談所に通告し、適切な対応を図ること。

2　健康増進

(1) 認定こども園法第27条において準用する学校保健安全法（昭和33年法律第56号）第5条の学校保健計画を作成する際は、教育及び保育の内容並びに子育ての支援等に関する全体的な計画に位置づくものとし、全ての職員がそのねらいや内容を踏まえ、園児一人一人の健康の保持及び増進に努めていくこと。

(2) 認定こども園法第27条において準用する学校保健安全法第13条第1項の健康診断を行ったときは、認定こども園法第27条において準用する学校保健安全法第14条の措置を行い、教育及び保育に活用するとともに、保護者が園児の状態を理解し、日常生活に活用できるようにすること。

3　疾病等への対応

(1) 在園時に体調不良や傷害が発生した場合には、その園児の状態等に応じて、保護者に連絡するとともに、適宜、学校医やかかりつけ医等と相談し、適切な処置を行うこと。

(2) 感染症やその他の疾病の発生予防に努め、その発生や疑いがある場合には必要に応じて学校医、市町村、保健所等に連絡し、その指示に従うとともに、保護者や全ての職員に連絡し、予防等について協力を求めること。また、感染症に関する幼保連携型認定こども園の対応方法等について、あらかじめ関係機関の協力を得ておくこと。

(3) アレルギー疾患を有する園児に関しては、保護者と連携し、医師の診断及び指示に基づき、適切な対応を行うこと。また、食物アレルギーに関して、関係機関と連携して、当該幼保連携型認定こども園の体制構築など、安全な環境の整備を行うこと。

(4) 園児の疾病等の事態に備え、保健室の環境を整え、救急用の薬品、材料等を適切な管理の下に常備し、全ての職員が対応できるようにしておくこと。

第2　食育の推進

1　幼保連携型認定こども園における食育は、健康な生活の基本としての食を営む力の育成に向け、その基礎を培うことを目標とすること。

2　園児が生活と遊びの中で、意欲をもって食に関わる体験を積み重ね、食べることを楽しみ、食事を楽しみ合う園児に成長していくことを期待するものであること。

3　乳幼児期にふさわしい食生活が展開され、適切な援

旧　幼保連携型認定こども園 教育・保育要領

(ウ) 園児の心身の状態等を観察し、不適切な養育の兆候が見られる場合には、市町村（特別区を含む。以下同じ。）や関係機関と連携し、児童福祉法第25条の2第1項に規定する要保護児童対策地域協議会（以下「要保護児童対策地域協議会」という。）で検討するなど適切な対応を図ること。また、虐待が疑われる場合には、速やかに市町村又は児童相談所に通告し適切な対応を図ること。

イ　健康増進

(ア) 認定こども園法第27条において準用する学校保健安全法（昭和33年法律第56号）第5条の学校保健計画を作成する際は、全ての職員がそのねらいや内容を明確にしながら、園児一人一人の健康の保持及び増進に努めていくこと。

(イ) 認定こども園法第27条において準用する学校保健安全法第13条第1項の健康診断を行ったときは、認定こども園法第27条において準用する学校保健安全法第14条の措置を行い、教育及び保育に活用するとともに、保護者が園児の状態を理解し、日常生活に活用できるようにすること。

ウ　疾病等への対応

(ア) 在園時に体調不良や傷害が発生した場合には、その園児の状態等に応じて、保護者に連絡するとともに、適宜、学校医やかかりつけ医等と相談し、適切な処置を行うこと。養護教諭や看護師等が配置されている場合には、その専門性を生かした対応を図ること。

(イ) 感染症やその他の疾病の発生予防に努め、その発生や疑いがある場合には必要に応じて学校医、市町村、保健所等に連絡し、その指示に従うとともに、保護者や全ての職員に連絡し、協力を求めること。また、感染症に関する幼保連携型認定こども園の対応方法等について、あらかじめ関係機関の協力を得ておくこと。養護教諭や看護師等が配置されている場合には、その専門性を生かした対応を図ること。

(ウ) 園児の疾病等の事態に備え、保健室等の環境を整え、救急用の薬品、材料等を常備し、適切な管理の下に全ての職員が対応できるようにしておくこと。

(3) 食育の推進

幼保連携型認定こども園における食育は、健康な生活の基本としての食を営む力の育成に向け、その基礎を培うことを目標として、次の事項に留意するものとする。

ア　園児が生活と遊びの中で、意欲を持って食にかかわる体験を積み重ね、食べることを楽しみ、食事を楽しみ合う園児に成長していくことを期待するものであること。

265

新　幼保連携型認定こども園 教育・保育要領

助が行われるよう、教育及び保育の内容並びに子育ての支援等に関する全体的な計画に基づき、食事の提供を含む食育の計画を作成し、指導計画に位置付けるとともに、その評価及び改善に努めること。

4　園児が自らの感覚や体験を通して、自然の恵みとしての食材や食の循環・環境への意識、調理する人への感謝の気持ちが育つように、園児と調理員等との関わりや、調理室など食に関する環境に配慮すること。

5　保護者や地域の多様な関係者との連携及び協働の下で、食に関する取組が進められること。また、市町村の支援の下に、地域の関係機関等との日常的な連携を図り、必要な協力が得られるよう努めること。

6　体調不良、食物アレルギー、障害のある園児など、園児一人一人の心身の状態等に応じ、学校医、かかりつけ医等の指示や協力の下に適切に対応すること。

第3　環境及び衛生管理並びに安全管理

1　環境及び衛生管理

(1)　認定こども園法第27条において準用する学校保健安全法第6条の学校環境衛生基準に基づき幼保連携型認定こども園の適切な環境の維持に努めるとともに、施設内外の設備、用具等の衛生管理に努めること。

(2)　認定こども園法第27条において準用する学校保健安全法第6条の学校環境衛生基準に基づき幼保連携型認定こども園の施設内外の適切な環境の維持に努めるとともに、園児及び全職員が清潔を保つようにすること。また、職員は衛生知識の向上に努めること。

2　事故防止及び安全対策

(1)　在園時の事故防止のために、園児の心身の状態等を踏まえつつ、認定こども園法第27条において準用する学校保健安全法第27条の学校安全計画の策定等を通じ、全職員の共通理解や体制づくりを図るとともに、家庭や地域の関係機関の協力の下に安全指導を行うこと。

(2)　事故防止の取組を行う際には、特に、睡眠中、プール活動・水遊び中、食事中等の場面では重大事故が発生しやすいことを踏まえ、園児の主体的な活動を大切にしつつ、施設内外の環境の配慮や指導の工夫を行うなど、必要な対策を講じること。

(3)　認定こども園法第27条において準用する学校保健安全法第29条の危険等発生時対処要領に基づき、事故の発生に備えるとともに施設内外の危険箇所の点検や訓練を実施すること。また、外部からの不審者等の侵入防止のための措置や訓練など不測

旧　幼保連携型認定こども園 教育・保育要領

イ　乳幼児期にふさわしい食生活が展開され、適切な援助が行われるよう、食事の提供を含む食育の計画を作成し、教育及び保育の内容に関する全体的な計画並びに指導計画に位置付けるとともに、その評価及び改善に努めること。

ウ　園児が自らの感覚や体験を通して、自然の恵みとしての食材や調理する人への感謝の気持ちが育つように、園児と調理員とのかかわりや、調理室など食に関する環境に配慮すること。栄養教諭や栄養士等が配置されている場合は、専門性を生かした対応を図ること。

エ　体調不良、食物アレルギー、障害のある園児など、園児一人一人の心身の状態等に応じ、学校医、かかりつけ医等の指示や協力の下に適切に対応すること。栄養教諭や栄養士等が配置されている場合は、専門性を生かした対応を図ること。

第1章・第3 5 (3)

(2)　環境及び衛生管理並びに安全管理

ア　環境及び衛生管理

(ア)　認定こども園法第27条において準用する学校保健安全法第6条の学校環境衛生基準に基づき幼保連携型認定こども園の適切な環境の維持に努めるとともに、施設内外の設備、用具等の衛生管理に努めること。

(イ)　認定こども園法第27条において準用する学校保健安全法第6条の学校環境衛生基準に基づき幼保連携型認定こども園の適切な環境の維持に努めるとともに、園児及び職員が手洗い等により清潔を保つようにすること。

イ　事故防止及び安全対策

(ア)　在園時の事故防止のために園児の心身の状態等を踏まえつつ、認定こども園法第27条において準用する学校保健安全法第27条の学校安全計画の策定等を通じ、職員の共通理解と体制づくりを図るとともに、家庭や地域の諸機関の協力の下に安全指導を行うこと。

(イ)　認定こども園法第27条において準用する学校保健安全法第29条の危険等発生時対処要領に基づき、災害や事故の発生に備えるとともに外部からの不審者等の侵入防止のための措置や訓練など不測の事態に備え必要な対応を図ること。また、園児の精神保健面における対応に留意すること。

第1章・第3 5 (2)

新　幼保連携型認定こども園 教育・保育要領	旧　幼保連携型認定こども園 教育・保育要領

の事態に備え必要な対応を行うこと。更に、園児の精神保健面における対応に留意すること。

第4　災害への備え

1　施設・設備等の安全確保

(1)　認定こども園法第 27 条において準用する学校保健安全法第 29 条の危険等発生時対処要領に基づき、災害等の発生に備えるとともに、防火設備、避難経路等の安全性が確保されるよう、定期的にこれらの安全点検を行うこと。

(2)　備品、遊具等の配置、保管を適切に行い、日頃から、安全環境の整備に努めること。

2　災害発生時の対応体制及び避難への備え

(1)　火災や地震などの災害の発生に備え、認定こども園法第 27 条において準用する学校保健安全法第 29 条の危険等発生時対処要領を作成する際には、緊急時の対応の具体的内容及び手順、職員の役割分担、避難訓練計画等の事項を盛り込むこと。

(2)　定期的に避難訓練を実施するなど、必要な対応を図ること。

(3)　災害の発生時に、保護者等への連絡及び子どもの引渡しを円滑に行うため、日頃から保護者との密接な連携に努め、連絡体制や引渡し方法等について確認をしておくこと。

3　地域の関係機関等との連携

(1)　市町村の支援の下に、地域の関係機関との日常的な連携を図り、必要な協力が得られるよう努めること。

(2)　避難訓練については、地域の関係機関や保護者との連携の下に行うなど工夫すること。

第4章　子育ての支援

　幼保連携型認定こども園における保護者に対する子育ての支援は、子どもの利益を最優先して行うものとし、第1章及び第2章等の関連する事項を踏まえ、子どもの育ちを家庭と連携して支援していくとともに、保護者及び地域が有する子育てを自ら実践する力の向上に資するよう、次の事項に留意するものとする。

第1　子育ての支援全般に関わる事項

1　保護者に対する子育ての支援を行う際には、各地域や家庭の実態等を踏まえるとともに、保護者の気持ちを受け止め、相互の信頼関係を基本に、保護者の自己決定を尊重すること。

2　教育及び保育並びに子育ての支援に関する知識や技術など、保育教諭等の専門性や、園児が常に存在する環境など、幼保連携型認定こども園の特性を生かし、保護者が子どもの成長に気付き子育ての喜びを感じられるように努めること。

267

新　幼保連携型認定こども園 教育・保育要領	旧　幼保連携型認定こども園 教育・保育要領

新側：

3　保護者に対する子育ての支援における地域の関係機関等との連携及び協働を図り、園全体の体制構築に努めること。

4　子どもの利益に反しない限りにおいて、保護者や子どものプライバシーを保護し、知り得た事柄の秘密を保持すること。

第2　幼保連携型認定こども園の園児の保護者に対する子育ての支援

1　日常の様々な機会を活用し、園児の日々の様子の伝達や収集、教育及び保育の意図の説明などを通じて、保護者との相互理解を図るよう努めること。

2　教育及び保育の活動に対する保護者の積極的な参加は、保護者の子育てを自ら実践する力の向上に寄与するだけでなく、地域社会における家庭や住民の子育てを自ら実践する力の向上及び子育ての経験の継承につながるきっかけとなる。これらのことから、保護者の参加を促すとともに、参加しやすいよう工夫すること。

3　保護者の生活形態が異なることを踏まえ、全ての保護者の相互理解が深まるように配慮すること。その際、保護者同士が子育てに対する新たな考えに出会い気付き合えるよう工夫すること。

4　保護者の就労と子育ての両立等を支援するため、保護者の多様化した教育及び保育の需要に応じて病児保育事業など多様な事業を実施する場合には、保護者の状況に配慮するとともに、園児の福祉が尊重されるよう努め、園児の生活の連続性を考慮すること。

5　地域の実態や保護者の要請により、教育を行う標準的な時間の終了後等に希望する園児を対象に一時預かり事業などとして行う活動については、保育教諭間及び家庭との連携を密にし、園児の心身の負担に配慮すること。その際、地域の実態や保護者の事情とともに園児の生活のリズムを踏まえつつ、必要に応じて、弾力的な運用を行うこと。

6　園児に障害や発達上の課題が見られる場合には、市町村や関係機関と連携及び協力を図りつつ、保護者に対する個別の支援を行うよう努めること。

7　外国籍家庭など、特別な配慮を必要とする家庭の場合には、状況等に応じて個別の支援を行うよう努めること。

8　保護者に育児不安等が見られる場合には、保護者の希望に応じて個別の支援を行うよう努めること。

9　保護者に不適切な養育等が疑われる場合には、市町村や関係機関と連携し、要保護児童対策地域協議会で検討するなど適切な対応を図ること。また、虐待が疑われる場合には、速やかに市町村又は児童相談所に通告し、適切な対応を図ること。

旧側：

(1)　幼保連携型認定こども園の園児の保護者に対する子育ての支援

ア　園児の送迎時の対応、相談や助言、連絡や通信、会合や行事など日常の教育及び保育に関連した様々な機会を活用して行うこと。

イ　園児の様子や日々の教育及び保育の意図などの説明を通じ、保護者との相互理解を図るよう努めること。

ウ　教育及び保育の活動に対する保護者の積極的な参加は、保護者の子育てを自ら実践する力の向上に寄与するだけでなく、地域社会における家庭や住民の子育てを自ら実践する力の向上及び子育ての経験の継承につながることから、これを促すこと。その際、保護者の生活形態が異なることを踏まえ、全ての保護者の相互理解が深まるように配慮すること。

エ　保護者の就労と子育ての両立等を支援するため、病児保育事業など多様な事業を実施する場合には、保護者の状況に配慮するとともに、園児の福祉が尊重されるよう努めること。

オ　地域の実態や保護者の要請により教育を行う標準的な時間の終了後等に希望する者を対象に一時預かり事業などとして行う活動については、園児の心身の負担に配慮するとともに、地域の実態や保護者の事情とともに園児の生活のリズムを踏まえつつ、例えば実施日数や時間などについて、弾力的な運用に配慮すること。その際、教育を行う標準的な時間の活動と保育を必要とする園児に対する教育を行う標準的な時間終了後の保育における活動との関連を考慮すること。

カ　園児に障害や発達上の課題が見られる場合には、市町村や関係機関と連携及び協力を図りつつ、保護者に対する個別の支援を行うよう努めること。

キ　保護者に育児不安等が見られる場合には、保護者の希望に応じて個別の支援を行うよう努めること。

ク　保護者に不適切な養育等が疑われる場合には、市町村や関係機関と連携し、要保護児童対策地域協議会で検討するなど適切な対応を図ること。また、虐待が疑われる場合には、速やかに市町村又は児童相談所に通告し、適切な対応を図ること。

第1章・第3・6・(1)

新　幼保連携型認定こども園 教育・保育要領	旧　幼保連携型認定こども園 教育・保育要領

第3　地域における子育て家庭の保護者等に対する支援

1　幼保連携型認定こども園において、認定こども園法第2条第12項に規定する子育て支援事業を実施する際には、当該幼保連携型認定こども園がもつ地域性や専門性などを十分に考慮して当該地域において必要と認められるものを適切に実施すること。<u>また、地域の子どもに対する一時預かり事業などの活動を行う際には、一人一人の子どもの心身の状態などを考慮するとともに、教育及び保育との関連に配慮するなど、柔軟に活動を展開できるようにすること。</u>

2　市町村の支援を得て、地域の関係機関等との積極的な連携及び協働を図るとともに、子育ての支援に関する地域の人材の積極的な活用を図るよう努めること。また、地域の要保護児童への対応など、地域の子どもを巡る諸課題に対し、要保護児童対策地域協議会など関係機関等と連携及び協力して取り組むよう努めること。

3　<u>幼保連携型認定こども園は、地域の子どもが健やかに育成される環境を提供し、保護者に対する総合的な子育ての支援を推進するため、地域における乳幼児期の教育及び保育の中心的な役割を果たすよう努めること。</u>

---

(2)　地域における子育て家庭の保護者等に対する支援

ア　幼保連携型認定こども園において、認定こども園法第2条第12項に規定する子育て支援事業を実施する際には、当該幼保連携型認定こども園が持つ地域性や専門性などを十分に考慮して当該地域において必要と認められるものを適切に実施すること。

イ　市町村の支援を得て、地域の関係機関等との積極的な連携及び協力を図るとともに、子育ての支援に関する地域の人材の積極的な活用を図るよう努めること。また、地域の要保護児童への対応など、地域の子どもを巡る諸課題に対し、要保護児童対策地域協議会など関係機関等と連携及び協力して取り組むよう努めること。

第1章・第3・6・(2)

《該当無し》

8　健康状態、発達の状況、家庭環境等から特別に配慮を要する園児について、一人一人の状況を的確に把握し、専門機関との連携を含め、適切な環境の下で健やかな発達が図られるよう留意すること。

第3章・第2

資料

●関連法令

・教育基本法
・学校教育法（抜粋）
・学校教育法施行規則（抜粋）
・学校保健安全法
・認定こども園法（就学前の子どもに関する教育、
　保育等の総合的な提供の推進に関する法律）（抜粋）
・児童福祉法（抜粋）
・児童福祉施設の整備及び運営に関する基準（抜粋）
・食育基本法（抜粋）

●条文見出し索引

教育基本法

(平成18年12月22日法律第120号)

　我々日本国民は、たゆまぬ努力によって築いてきた民主的で文化的な国家を更に発展させるとともに、世界の平和と人類の福祉の向上に貢献することを願うものである。
　我々は、この理想を実現するため、個人の尊厳を重んじ、真理と正義を希求し、公共の精神を尊び、豊かな人間性と創造性を備えた人間の育成を期するとともに、伝統を継承し、新しい文化の創造を目指す教育を推進する。
　ここに、我々は、日本国憲法の精神にのっとり、我が国の未来を切り拓く教育の基本を確立し、その振興を図るため、この法律を制定する。

　　　第1章　教育の目的及び理念

(教育の目的)
第1条　教育は、人格の完成を目指し、平和で民主的な国家及び社会の形成者として必要な資質を備えた心身ともに健康な国民の育成を期して行われなければならない。

(教育の目標)
第2条　教育は、その目的を実現するため、学問の自由を尊重しつつ、次に掲げる目標を達成するよう行われるものとする。
　1　幅広い知識と教養を身に付け、真理を求める態度を養い、豊かな情操と道徳心を培うとともに、健やかな身体を養うこと。
　2　個人の価値を尊重して、その能力を伸ばし、創造性を培い、自主及び自律の精神を養うとともに、職業及び生活との関連を重視し、勤労を重んずる態度を養うこと。
　3　正義と責任、男女の平等、自他の敬愛と協力を重んずるとともに、公共の精神に基づき、主体的に社会の形成に参画し、その発展に寄与する態度を養うこと。
　4　生命を尊び、自然を大切にし、環境の保全に寄与する態度を養うこと。
　5　伝統と文化を尊重し、それらをはぐくんできた我が国と郷土を愛するとともに、他国を尊重し、国際社会の平和と発展に寄与する態度を養うこと。

(生涯学習の理念)
第3条　国民一人一人が、自己の人格を磨き、豊かな人生を送ることができるよう、その生涯にわたって、あらゆる機会に、あらゆる場所において学習することができ、その成果を適切に生かすことのできる社会の実現が図られなければならない。

(教育の機会均等)
第4条　すべて国民は、ひとしく、その能力に応じた教育を受ける機会を与えられなければならず、人種、信条、性別、社会的身分、経済的地位又は門地によって、教育上差別されない。
2　国及び地方公共団体は、障害のある者が、その障害の状態に応じ、十分な教育を受けられるよう、教育上必要な支援を講じなければならない。
3　国及び地方公共団体は、能力があるにもかかわらず、経済的理由によって修学が困難な者に対して、奨学の措置を講じなければならない。

　　　第2章　教育の実施に関する基本

(義務教育)
第5条　国民は、その保護する子に、別に法律で定めるところにより、普通教育を受けさせる義務を負う。
2　義務教育として行われる普通教育は、各個人の有する能力を伸ばしつつ社会において自立的に生きる基礎を培い、また、国家及び社会の形成者として必要とされる基本的な資質を養うことを目的として行われるものとする。
3　国及び地方公共団体は、義務教育の機会を保障し、その水準を確保するため、適切な役割分担及び相互の協力の下、その実施に責任を負う。
4　国又は地方公共団体の設置する学校における義務教育については、授業料を徴収しない。

(学校教育)
第6条　法律に定める学校は、公の性質を有するものであって、国、地方公共団体及び法律に定める法人のみが、これを設置することができる。
2　前項の学校においては、教育の目標が達成されるよう、教育を受ける者の心身の発達に応じて、体系的な教育が組織的に行われなければならない。この場合において、教育を受ける者が、学校生活を営む上で必要な規律を重んずるとともに、自ら進んで学習に取り組む意欲を高めることを重視して行われなければならない。

（大学）

第7条　大学は、学術の中心として、高い教養と専門的能力を培うとともに、深く真理を探究して新たな知見を創造し、これらの成果を広く社会に提供することにより、社会の発展に寄与するものとする。

2　大学については、自主性、自律性その他の大学における教育及び研究の特性が尊重されなければならない。

（私立学校）

第8条　私立学校の有する公の性質及び学校教育において果たす重要な役割にかんがみ、国及び地方公共団体は、その自主性を尊重しつつ、助成その他の適当な方法によって私立学校教育の振興に努めなければならない。

（教員）

第9条　法律に定める学校の教員は、自己の崇高な使命を深く自覚し、絶えず研究と修養に励み、その職責の遂行に努めなければならない。

2　前項の教員については、その使命と職責の重要性にかんがみ、その身分は尊重され、待遇の適正が期せられるとともに、養成と研修の充実が図られなければならない。

（家庭教育）

第10条　父母その他の保護者は、子の教育について第一義的責任を有するものであって、生活のために必要な習慣を身に付けさせるとともに、自立心を育成し、心身の調和のとれた発達を図るよう努めるものとする。

2　国及び地方公共団体は、家庭教育の自主性を尊重しつつ、保護者に対する学習の機会及び情報の提供その他の家庭教育を支援するために必要な施策を講ずるよう努めなければならない。

（幼児期の教育）

第11条　幼児期の教育は、生涯にわたる人格形成の基礎を培う重要なものであることにかんがみ、国及び地方公共団体は、幼児の健やかな成長に資する良好な環境の整備その他適当な方法によって、その振興に努めなければならない。

（社会教育）

第12条　個人の要望や社会の要請にこたえ、社会において行われる教育は、国及び地方公共団体によって奨励されなければならない。

2　国及び地方公共団体は、図書館、博物館、公民館その他の社会教育施設の設置、学校の施設の利用、学習の機会及び情報の提供その他の適当な方法によって社会教育の振興に努めなければならない。

（学校、家庭及び地域住民等の相互の連携協力）

第13条　学校、家庭及び地域住民その他の関係者は、教育におけるそれぞれの役割と責任を自覚するとともに、相互の連携及び協力に努めるものとする。

（政治教育）

第14条　良識ある公民として必要な政治的教養は、教育上尊重されなければならない。

2　法律に定める学校は、特定の政党を支持し、又はこれに反対するための政治教育その他政治的活動をしてはならない。

（宗教教育）

第15条　宗教に関する寛容の態度、宗教に関する一般的な教養及び宗教の社会生活における地位は、教育上尊重されなければならない。

2　国及び地方公共団体が設置する学校は、特定の宗教のための宗教教育その他宗教的活動をしてはならない。

第3章　教育行政

（教育行政）

第16条　教育は、不当な支配に服することなく、この法律及び他の法律の定めるところにより行われるべきものであり、教育行政は、国と地方公共団体との適切な役割分担及び相互の協力の下、公正かつ適正に行われなければならない。

2　国は、全国的な教育の機会均等と教育水準の維持向上を図るため、教育に関する施策を総合的に策定し、実施しなければならない。

3　地方公共団体は、その地域における教育の振興を図るため、その実情に応じた教育に関する施策を策定し、実施しなければならない。

4　国及び地方公共団体は、教育が円滑かつ継続的に実施されるよう、必要な財政上の措置を講じなければならない。

（教育振興基本計画）

第17条　政府は、教育の振興に関する施策の総合的かつ計画的な推進を図るため、教育の振興に関する施策についての基本的な方針及び講ずべき施策その他必要な事項について、基本的な計画を定め、これを国会に報告するとともに、公表しなければならない。

2　地方公共団体は、前項の計画を参酌し、その地域の実情に応じ、当該地方公共団体における教育の振興のための施策に関する基本的な計画を定めるよう努めなければならない。

第4章　法令の制定

第18条　この法律に規定する諸条項を実施するため、必要な法令が制定されなければならない。

学校教育法（抜粋）

（昭和22年3月31日法律第26号）
改正　平成28年5月20日法律第47号

第1章　総則

〔学校の範囲〕
第1条　この法律で、学校とは、幼稚園、小学校、中学校、高等学校、中等教育学校、特別支援学校、大学及び高等専門学校とする。

第3章　幼稚園

第22条　幼稚園は、義務教育及びその後の教育の基礎を培うものとして、幼児を保育し、幼児の健やかな成長のために適当な環境を与えて、その心身の発達を助長することを目的とする。

第23条　幼稚園における教育は、前条に規定する目的を実現するため、次に掲げる目標を達成するよう行われるものとする。

　1　健康、安全で幸福な生活のために必要な基本的な習慣を養い、身体諸機能の調和的発達を図ること。

　2　集団生活を通じて、喜んでこれに参加する態度を養うとともに家族や身近な人への信頼感を深め、自主、自律及び協同の精神並びに規範意識の芽生えを養うこと。

　3　身近な社会生活、生命及び自然に対する興味を養い、それらに対する正しい理解と態度及び思考力の芽生えを養うこと。

　4　日常の会話や、絵本、童話等に親しむことを通じて、言葉の使い方を正しく導くとともに、相手の話を理解しようとする態度を養うこと。

　5　音楽、身体による表現、造形等に親しむことを通じて、豊かな感性と表現力の芽生えを養うこと。

第24条　幼稚園においては、第22条に規定する目的を実現するための教育を行うほか、幼児期の教育に関する各般の問題につき、保護者及び地域住民その他の関係者からの相談に応じ、必要な情報の提供及び助言を行うなど、家庭及び地域における幼児期の教育の支援に努めるものとする。

第25条　幼稚園の教育課程その他の保育内容に関する事項は、第22条及び第23条の規定に従い、文部科学大臣が定める。

第26条　幼稚園に入園することのできる者は、満3歳から、小学校就学の始期に達するまでの幼児とする。

第27条　幼稚園には、園長、教頭及び教諭を置かなければならない。

②　幼稚園には、前項に規定するもののほか、副園長、主幹教諭、指導教諭、養護教諭、栄養教諭、事務職員、養護助教諭その他必要な職員を置くことができる。

③　第1項の規定にかかわらず、副園長を置くときその他特別の事情のあるときは、教頭を置かないことができる。

④　園長は、園務をつかさどり、所属職員を監督する。

⑤　副園長は、園長を助け、命を受けて園務をつかさどる。

⑥　教頭は、園長（副園長を置く幼稚園にあつては、園長及び副園長）を助け、園務を整理し、及び必要に応じ幼児の保育をつかさどる。

⑦　主幹教諭は、園長（副園長を置く幼稚園にあつては、園長及び副園長）及び教頭を助け、命を受けて園務の一部を整理し、並びに幼児の保育をつかさどる。

⑧　指導教諭は、幼児の保育をつかさどり、並びに教諭その他の職員に対して、保育の改善及び充実のために必要な指導及び助言を行う。

⑨　教諭は、幼児の保育をつかさどる。

⑩　特別の事情のあるときは、第1項の規定にかかわらず、教諭に代えて助教諭又は講師を置くことができる。

⑪　学校の実情に照らし必要があると認めるときは、第7項の規定にかかわらず、園長（副園長を置く幼稚園にあつては、園長及び副園長）及び教頭を助け、命を受けて園務の一部を整理し、並びに幼児の養護又は栄養の指導及び管理をつかさどる主幹教諭を置くことができる。

第28条　第37条第6項、第8項及び第12項から第17項まで並びに第42条から第44条までの規定は、幼稚園に準用する。

第8章　特別支援教育

第81条　幼稚園、小学校、中学校、義務教育学校、高等学校及び中等教育学校においては、次項各号のいずれかに該当する幼児、児童及び生徒その他教育上特別の支援を必要とする幼児、児童及び生徒に対し、文部科学大臣の定めるところにより、障害による学習上又は生活上の困難を克服するための教育を行うものとする。

（第2項及び第3項　略）

学校教育法施行規則（抜粋）

（昭和 22 年 5 月 23 日文部省令第 11 号）
改正：平成 29 年 3 月 31 日文部科学省令第 20 号

第 3 章　幼稚園

第 37 条　幼稚園の毎学年の教育週数は、特別の事情のある場合を除き、39 週を下つてはならない。
第 38 条　幼稚園の教育課程その他の保育内容については、この章に定めるもののほか、教育課程その他の保育内容の基準として文部科学大臣が別に公示する幼稚園教育要領によるものとする。

学校保健安全法

（昭和 33 年 4 月 10 日法律第 56 号）
改正：平成 27 年 6 月 24 日法律第 46 号

第 1 章　総則

（目的）
第 1 条　この法律は、学校における児童生徒等及び職員の健康の保持増進を図るため、学校における保健管理に関し必要な事項を定めるとともに、学校における教育活動が安全な環境において実施され、児童生徒等の安全の確保が図られるよう、学校における安全管理に関し必要な事項を定め、もつて学校教育の円滑な実施とその成果の確保に資することを目的とする。

（定義）
第 2 条　この法律において「学校」とは、学校教育法（昭和 22 年法律第 26 号）第 1 条 に規定する学校をいう。
2　この法律において「児童生徒等」とは、学校に在学する幼児、児童、生徒又は学生をいう。

（国及び地方公共団体の責務）
第 3 条　国及び地方公共団体は、相互に連携を図り、各学校において保健及び安全に係る取組が確実かつ効果的に実施されるようにするため、学校における保健及び安全に関する最新の知見及び事例を踏まえつつ、財政上の措置その他の必要な施策を講ずるものとする。
2　国は、各学校における安全に係る取組を総合的かつ効果的に推進するため、学校安全の推進に関する計画の策定その他所要の措置を講ずるものとする。
3　地方公共団体は、国が講ずる前項の措置に準じた措置を講ずるように努めなければならない。

第 2 章　学校保健

第 1 節　学校の管理運営等
（学校保健に関する学校の設置者の責務）
第 4 条　学校の設置者は、その設置する学校の児童生徒等及び職員の心身の健康の保持増進を図るため、当該学校の施設及び設備並びに管理運営体制の整備充実その他の必要な措置を講ずるよう努めるものとする。

（学校保健計画の策定等）
第 5 条　学校においては、児童生徒等及び職員の心身の健康

の保持増進を図るため、児童生徒等及び職員の健康診断、環境衛生検査、児童生徒等に対する指導その他保健に関する事項について計画を策定し、これを実施しなければならない。

（学校環境衛生基準）
第6条　文部科学大臣は、学校における換気、採光、照明、保温、清潔保持その他環境衛生に係る事項（学校給食法（昭和29年法律第160号）第9条第1項（夜間課程を置く高等学校における学校給食に関する法律（昭和31年法律第157号）第7条及び特別支援学校の幼稚部及び高等部における学校給食に関する法律（昭和32年法律第118号）第6条において準用する場合を含む。）に規定する事項を除く。）について、児童生徒等及び職員の健康を保護する上で維持されることが望ましい基準（以下この条において「学校環境衛生基準」という。）を定めるものとする。
2　学校の設置者は、学校環境衛生基準に照らしてその設置する学校の適切な環境の維持に努めなければならない。
3　校長は、学校環境衛生基準に照らし、学校の環境衛生に関し適正を欠く事項があると認めた場合には、遅滞なく、その改善のために必要な措置を講じ、又は当該措置を講ずることができないときは、当該学校の設置者に対し、その旨を申し出るものとする。

（保健室）
第7条　学校には、健康診断、健康相談、保健指導、救急処置その他の保健に関する措置を行うため、保健室を設けるものとする。

第2節　健康相談等
（健康相談）
第8条　学校においては、児童生徒等の心身の健康に関し、健康相談を行うものとする。

（保健指導）
第9条　養護教諭その他の職員は、相互に連携して、健康相談又は児童生徒等の健康状態の日常的な観察により、児童生徒等の心身の状況を把握し、健康上の問題があると認めるときは、遅滞なく、当該児童生徒等に対して必要な指導を行うとともに、必要に応じ、その保護者（学校教育法第16条に規定する保護者をいう。第24条及び第30条において同じ。）に対して必要な助言を行うものとする。

（地域の医療機関等との連携）
第10条　学校においては、救急処置、健康相談又は保健指導を行うに当たつては、必要に応じ、当該学校の所在する地域の医療機関その他の関係機関との連携を図るよう努めるものとする。

第3節　健康診断
（就学時の健康診断）
第11条　市（特別区を含む。以下同じ。）町村の教育委員会は、学校教育法第17条第1項の規定により翌学年の初めから同項に規定する学校に就学させるべき者で、当該市町村の区域内に住所を有するものの就学に当たつて、その健康診断を行わなければならない。

第12条　市町村の教育委員会は、前条の健康診断の結果に基づき、治療を勧告し、保健上必要な助言を行い、及び学校教育法第17条第1項に規定する義務の猶予若しくは免除又は特別支援学校への就学に関し指導を行う等適切な措置をとらなければならない。

（児童生徒等の健康診断）
第13条　学校においては、毎学年定期に、児童生徒等（通信による教育を受ける学生を除く。）の健康診断を行わなければならない。
2　学校においては、必要があるときは、臨時に、児童生徒等の健康診断を行うものとする。

第14条　学校においては、前条の健康診断の結果に基づき、疾病の予防処置を行い、又は治療を指示し、並びに運動及び作業を軽減する等適切な措置をとらなければならない。

（職員の健康診断）
第15条　学校の設置者は、毎学年定期に、学校の職員の健康診断を行わなければならない。
2　学校の設置者は、必要があるときは、臨時に、学校の職員の健康診断を行うものとする。

第16条　学校の設置者は、前条の健康診断の結果に基づき、治療を指示し、及び勤務を軽減する等適切な措置をとらなければならない。

（健康診断の方法及び技術的基準等）
第17条　健康診断の方法及び技術的基準については、文部科学省令で定める。
2　第11条から前条までに定めるもののほか、健康診断の時期及び検査の項目その他健康診断に関し必要な事項は、前項に規定するものを除き、第11条の健康診断に関するものについては政令で、第13条及び第15条の健康診断に関するものについては文部科学省令で定める。
3　前2項の文部科学省令は、健康増進法（平成14年法律第103号）第9条第1項に規定する健康診査等指針と調和が保たれたものでなければならない。

（保健所との連絡）

第18条　学校の設置者は、この法律の規定による健康診断を行おうとする場合その他政令で定める場合においては、保健所と連絡するものとする。

第4節　感染症の予防

（出席停止）

第19条　校長は、感染症にかかつており、かかつている疑いがあり、又はかかるおそれのある児童生徒等があるときは、政令で定めるところにより、出席を停止させることができる。

（臨時休業）

第20条　学校の設置者は、感染症の予防上必要があるときは、臨時に、学校の全部又は一部の休業を行うことができる。

（文部科学省令への委任）

第21条　前2条（第19条の規定に基づく政令を含む。）及び感染症の予防及び感染症の患者に対する医療に関する法律（平成10年法律第114号）その他感染症の予防に関して規定する法律（これらの法律に基づく命令を含む。）に定めるもののほか、学校における感染症の予防に関し必要な事項は、文部科学省令で定める。

第5節　学校保健技師並びに学校医、学校歯科医及び学校薬剤師

（学校保健技師）

第22条　都道府県の教育委員会の事務局に、学校保健技師を置くことができる。

2　学校保健技師は、学校における保健管理に関する専門的事項について学識経験がある者でなければならない。

3　学校保健技師は、上司の命を受け、学校における保健管理に関し、専門的技術的指導及び技術に従事する。

（学校医、学校歯科医及び学校薬剤師）

第23条　学校には、学校医を置くものとする。

2　大学以外の学校には、学校歯科医及び学校薬剤師を置くものとする。

3　学校医、学校歯科医及び学校薬剤師は、それぞれ医師、歯科医師又は薬剤師のうちから、任命し、又は委嘱する。

4　学校医、学校歯科医及び学校薬剤師は、学校における保健管理に関する専門的事項に関し、技術及び指導に従事する。

5　学校医、学校歯科医及び学校薬剤師の職務執行の準則は、文部科学省令で定める。

第6節　地方公共団体の援助及び国の補助

（地方公共団体の援助）

第24条　地方公共団体は、その設置する小学校、中学校、中等教育学校の前期課程又は特別支援学校の小学部若しくは中学部の児童又は生徒が、感染性又は学習に支障を生ずるおそれのある疾病で政令で定めるものにかかり、学校において治療の指示を受けたときは、当該児童又は生徒の保護者で次の各号のいずれかに該当するものに対して、その疾病の治療のための医療に要する費用について必要な援助を行うものとする。

1　生活保護法（昭和25年法律第144号）第6条第2項に規定する要保護者

2　生活保護法第6条第2項に規定する要保護者に準ずる程度に困窮している者で政令で定めるもの

（国の補助）

第25条　国は、地方公共団体が前条の規定により同上第1号に掲げる者に対して援助を行う場合には、予算の範囲内において、その援助に要する経費の一部を補助することができる。

2　前項の規定により国が補助を行う場合の補助の基準については、政令で定める。

第3章　学校安全

（学校安全に関する学校の設置者の責務）

第26条　学校の設置者は、児童生徒等の安全の確保を図るため、その設置する学校において、事故、加害行為、災害等（以下この条及び第29条第3項において「事故等」という。）により児童生徒等に生ずる危険を防止し、及び事故等により児童生徒等に危険又は危害が現に生じた場合（同条第1項及び第2項において「危険等発生時」という。）において適切に対処することができるよう、当該学校の施設及び設備並びに管理運営体制の整備充実その他の必要な措置を講ずるよう努めるものとする。

（学校安全計画の策定等）

第27条　学校においては、児童生徒等の安全の確保を図るため、当該学校の施設及び設備の安全点検、児童生徒等に対する通学を含めた学校生活その他の日常生活における安全に関する指導、職員の研修その他学校における安全に関する事項について計画を策定し、これを実施しなければならない。

（学校環境の安全の確保）

第28条　校長は、当該学校の施設又は設備について、児童生徒等の安全の確保を図る上で支障となる事項があると認めた場合には、遅滞なく、その改善を図るために必要な

措置を講じ、又は当該措置を講ずることができないときは、当該学校の設置者に対し、その旨を申し出るものとする。

（危険等発生時対処要領の作成等）
第29条　学校においては、児童生徒等の安全の確保を図るため、当該学校の実情に応じて、危険等発生時において当該学校の職員がとるべき措置の具体的内容及び手順を定めた対処要領（次項において「危険等発生時対処要領」という。）を作成するものとする。
2　校長は、危険等発生時対処要領の職員に対する周知、訓練の実施その他の危険等発生時において職員が適切に対処するために必要な措置を講ずるものとする。
3　学校においては、事故等により児童生徒等に危害が生じた場合において、当該児童生徒等及び当該事故等により心理的外傷その他の心身の健康に対する影響を受けた児童生徒等その他の関係者の心身の健康を回復させるため、これらの者に対して必要な支援を行うものとする。この場合においては、第10条の規定を準用する。

（地域の関係機関等との連携）
第30条　学校においては、児童生徒等の安全の確保を図るため、児童生徒等の保護者との連携を図るとともに、当該学校が所在する地域の実情に応じて、当該地域を管轄する警察署その他の関係機関、地域の安全を確保するための活動を行う団体その他の関係団体、当該地域の住民その他の関係者との連携を図るよう努めるものとする。

第4章　雑則

（学校の設置者の事務の委任）
第31条　学校の設置者は、他の法律に特別の定めがある場合のほか、この法律に基づき処理すべき事務を校長に委任することができる。

（専修学校の保健管理等）
第32条　専修学校には、保健管理に関する専門的事項に関し、技術及び指導を行う医師を置くように努めなければならない。
2　専修学校には、健康診断、健康相談、保健指導、救急処置等を行うため、保健室を設けるように努めなければならない。
3　第3条から第6条まで、第8条から第10条まで、第13条から第21条まで及び第26条から前条までの規定は、専修学校に準用する。

認定こども園法（抜粋）

正式名称　就学前の子どもに関する教育、保育等の総合的な提供の推進に関する法律

（平成18年6月15日法律第77号）
改正：平成28年5月20日法律第47号

第1章　総則

（目的）
第1条　この法律は、幼児期の教育及び保育が生涯にわたる人格形成の基礎を培う重要なものであること並びに我が国における急速な少子化の進行並びに家庭及び地域を取り巻く環境の変化に伴い小学校就学前の子どもの教育及び保育に対する需要が多様なものとなっていることに鑑み、地域における創意工夫を生かしつつ、小学校就学前の子どもに対する教育及び保育並びに保護者に対する子育て支援の総合的な提供を推進するための措置を講じ、もって地域において子どもが健やかに育成される環境の整備に資することを目的とする。

（定義）
第2条　この法律において「子ども」とは、小学校就学の始期に達するまでの者をいう。
2　この法律において「幼稚園」とは、学校教育法（昭和22年法律第26号）第1条に規定する幼稚園をいう。
3　この法律において「保育所」とは、児童福祉法（昭和22年法律第164号）第39条第1項に規定する保育所をいう。
5　この法律において「保育所等」とは、保育所又は保育機能施設をいう。
6　この法律において「認定こども園」とは、次条第1項又は第3項の認定を受けた施設、同条第9項の規定による公示がされた施設及び幼保連携型認定こども園をいう。
7　この法律において「幼保連携型認定こども園」とは、義務教育及びその後の教育の基礎を培うものとしての満3歳以上の子どもに対する教育並びに保育を必要とする子どもに対する保育を一体的に行い、これらの子どもの健やかな成長が図られるよう適当な環境を与えて、その心身の発達を助長するとともに、保護者に対する子育ての支援を行うことを目的として、この法律の定めるところにより設置される施設をいう。
8　この法律において「教育」とは、教育基本法（平成18年法律第120号）第6条第1項に規定する法律に定める学校（第9条において単に「学校」という。）において行われる教育をいう。

9　この法律において「保育」とは、児童福祉法第6条の3第7項に規定する保育をいう。

10　この法律において「保育を必要とする子ども」とは、児童福祉法第6条の3第9項第1号に規定する保育を必要とする乳児・幼児をいう。

11　この法律において「保護者」とは、児童福祉法第6条に規定する保護者をいう。

12　この法律において「子育て支援事業」とは、地域の子どもの養育に関する各般の問題につき保護者からの相談に応じ必要な情報の提供及び助言を行う事業、保護者の疾病その他の理由により家庭において養育を受けることが一時的に困難となった地域の子どもに対する保育を行う事業、地域の子どもの養育に関する援助を受けることを希望する保護者と当該援助を行うことを希望する民間の団体若しくは個人との連絡及び調整を行う事業又は地域の子どもの養育に関する援助を行う民間の団体若しくは個人に対する必要な情報の提供及び助言を行う事業であって主務省令で定めるものをいう。

第3章　幼保連携型認定こども園

（教育及び保育の目標）

第9条　幼保連携型認定こども園においては、第2条第7項に規定する目的を実現するため、子どもに対する学校としての教育及び児童福祉施設（児童福祉法第7条第1項に規定する児童福祉施設をいう。次条第2項において同じ。）としての保育並びにその実施する保護者に対する子育て支援事業の相互の有機的な連携を図りつつ、次に掲げる目標を達成するよう当該教育及び当該保育を行うものとする。

　1　健康、安全で幸福な生活のために必要な基本的な習慣を養い、身体諸機能の調和的発達を図ること。

　2　集団生活を通じて、喜んでこれに参加する態度を養うとともに家族や身近な人への信頼感を深め、自主、自律及び協同の精神並びに規範意識の芽生えを養うこと。

　3　身近な社会生活、生命及び自然に対する興味を養い、それらに対する正しい理解と態度及び思考力の芽生えを養うこと。

　4　日常の会話や、絵本、童話等に親しむことを通じて、言葉の使い方を正しく導くとともに、相手の話を理解しようとする態度を養うこと。

　5　音楽、身体による表現、造形等に親しむことを通じて、豊かな感性と表現力の芽生えを養うこと。

　6　快適な生活環境の実現及び子どもと保育教諭その他の職員との信頼関係の構築を通じて、心身の健康の確保及び増進を図ること。

（教育及び保育の内容）

第10条　幼保連携型認定こども園の教育課程その他の教育及び保育の内容に関する事項は、第2条第7項に規定する目的及び前条に規定する目標に従い、主務大臣が定める。

2　主務大臣が前項の規定により幼保連携型認定こども園の教育課程その他の教育及び保育の内容に関する事項を定めるに当たっては、幼稚園教育要領及び児童福祉法第45条第2項の規定に基づき児童福祉施設に関して厚生労働省令で定める基準（同項第3号に規定する保育所における保育の内容に係る部分に限る。）との整合性の確保並びに小学校（学校教育法第1条に規定する小学校をいう。）における教育との円滑な接続に配慮しなければならない。

3　幼保連携型認定こども園の設置者は、第1項の教育及び保育の内容に関する事項を遵守しなければならない。

（職員）

第14条　幼保連携型認定こども園には、園長及び保育教諭を置かなければならない。

2　幼保連携型認定こども園には、前項に規定するもののほか、副園長、教頭、主幹保育教諭、指導保育教諭、主幹養護教諭、養護教諭、主幹栄養教諭、栄養教諭、事務職員、養護助教諭その他必要な職員を置くことができる。

3　園長は、園務をつかさどり、所属職員を監督する。

4　副園長は、園長を助け、命を受けて園務をつかさどる。

5　副園長は、園長に事故があるときはその職務を代理し、園長が欠けたときはその職務を行う。この場合において、副園長が2人以上あるときは、あらかじめ園長が定めた順序で、その職務を代理し、又は行う。

6　教頭は、園長（副園長を置く幼保連携型認定こども園にあっては、園長及び副園長）を助け、園務を整理し、並びに必要に応じ園児（幼保連携型認定こども園に在籍する子どもをいう。以下同じ。）の教育及び保育（満3歳未満の園児については、その保育。以下この条において同じ。）をつかさどる。

7　教頭は、園長（副園長を置く幼保連携型認定こども園にあっては、園長及び副園長）に事故があるときは園長の職務を代理し、園長（副園長を置く幼保連携型認定こども園にあっては、園長及び副園長）が欠けたときは園長の職務を行う。この場合において、教頭が2人以上あるときは、あらかじめ園長が定めた順序で、園長の職務を代理し、又は行う。

8　主幹保育教諭は、園長（副園長又は教頭を置く幼保連携型認定こども園にあっては、園長及び副園長又は教頭。第11項及び第13項において同じ。）を助け、命を受けて園務の一部を整理し、並びに園児の教育及び保育をつかさどる。

9　指導保育教諭は、園児の教育及び保育をつかさどり、

並びに保育教諭その他の職員に対して、教育及び保育の改善及び充実のために必要な指導及び助言を行う。

10　保育教諭は、園児の教育及び保育をつかさどる。

11　主幹養護教諭は、園長を助け、命を受けて園務の一部を整理し、及び園児（満3歳以上の園児に限る。以下この条において同じ。）の養護をつかさどる。

12　養護教諭は、園児の養護をつかさどる。

13　主幹栄養教諭は、園長を助け、命を受けて園務の一部を整理し、並びに園児の栄養の指導及び管理をつかさどる。

14　栄養教諭は、園児の栄養の指導及び管理をつかさどる。

15　事務職員は、事務に従事する。

16　助保育教諭は、保育教諭の職務を助ける。

17　講師は、保育教諭又は助保育教諭に準ずる職務に従事する。

18　養護助教諭は、養護教諭の職務を助ける。

19　特別の事情のあるときは、第1項の規定にかかわらず、保育教諭に代えて助保育教諭又は講師を置くことができる。

（職員の資格）

第15条　主幹保育教諭、指導保育教諭、保育教諭及び講師（保育教諭に準ずる職務に従事するものに限る。）は、幼稚園の教諭の普通免許状（教育職員免許法（昭和24年法律第147号）第4条第2項に規定する普通免許状をいう。以下この条において同じ。）を有し、かつ、児童福祉法第18条の18第1項の登録（第4項及び第39条において単に「登録」という。）を受けた者でなければならない。

2　主幹養護教諭及び養護教諭は、養護教諭の普通免許状を有する者でなければならない。

3　主幹栄養教諭及び栄養教諭は、栄養教諭の普通免許状を有する者でなければならない。

4　助保育教諭及び講師（助保育教諭に準ずる職務に従事するものに限る。）は、幼稚園の助教諭の臨時免許状（教育職員免許法第4条第4項に規定する臨時免許状をいう。次項において同じ。）を有し、かつ、登録を受けた者でなければならない。

5　養護助教諭は、養護助教諭の臨時免許状を有する者でなければならない。

6　前各項に定めるもののほか、職員の資格に関する事項は、主務省令で定める。

児童福祉法（抜粋）

（昭和22年12月12日法律第164号）
改正：平成28年6月3日法律第65号

第1章　総則

第1条　全て児童は、児童の権利に関する条約の精神にのっとり、適切に養育されること、その生活を保障されること、愛され、保護されること、その心身の健やかな成長及び発達並びにその自立が図られることその他の福祉を等しく保障される権利を有する。

第2条　全て国民は、児童が良好な環境において生まれ、かつ、社会のあらゆる分野において、児童の年齢及び発達の程度に応じて、その意見が尊重され、その最善の利益が優先して考慮され、心身ともに健やかに育成されるよう努めなければならない。

②　児童の保護者は、児童を心身ともに健やかに育成することについて第一義的責任を負う。

③　国及び地方公共団体は、児童の保護者とともに、児童を心身ともに健やかに育成する責任を負う。

第3条　前2条に規定するところは、児童の福祉を保障するための原理であり、この原理は、すべて児童に関する法令の施行にあたつて、常に尊重されなければならない。

第1節　国及び地方公共団体の責務

第3条の2　国及び地方公共団体は、児童が家庭において心身ともに健やかに養育されるよう、児童の保護者を支援しなければならない。ただし、児童及びその保護者の心身の状況、これらの者の置かれている環境その他の状況を勘案し、児童を家庭において養育することが困難であり又は適当でない場合にあつては児童が家庭における養育環境と同様の養育環境において継続的に養育されるよう、児童を家庭及び当該養育環境において養育することが適当でない場合にあつては児童ができる限り良好な家庭的環境において養育されるよう、必要な措置を講じなければならない。

第3条の3　市町村（特別区を含む。以下同じ。）は、児童が心身ともに健やかに育成されるよう、基礎的な地方公共団体として、第10条第1項各号に掲げる業務の実施、障害児通所給付費の支給、第24条第1項の規定による保育の実施その他この法律に基づく児童の身近な場所における児童の福祉に関する支援に係る業務を適切に行わなければならない。

②　都道府県は、市町村の行うこの法律に基づく児童の福祉に関する業務が適正かつ円滑に行われるよう、市町村に対する必要な助言及び適切な援助を行うとともに、児童が心身ともに健やかに育成されるよう、専門的な知識及び技

術並びに各市町村の区域を超えた広域的な対応が必要な業務として、第11条第1項各号に掲げる業務の実施、小児慢性特定疾病医療費の支給、障害児入所給付費の支給、第27条第1項第3号の規定による委託又は入所の措置その他この法律に基づく児童の福祉に関する業務を適切に行わなければならない。

③　国は、市町村及び都道府県の行うこの法律に基づく児童の福祉に関する業務が適正かつ円滑に行われるよう、児童が適切に養育される体制の確保に関する施策、市町村及び都道府県に対する助言及び情報の提供その他の必要な各般の措置を講じなければならない。

第2節　定義

第6条の3

⑦　この法律で、一時預かり事業とは、家庭において保育（養護及び教育（第39条の2第1項に規定する満3歳以上の幼児に対する教育を除く。）を行うことをいう。以下同じ。）を受けることが一時的に困難となつた乳児又は幼児について、厚生労働省令で定めるところにより、主として昼間において、保育所、認定こども園（就学前の子どもに関する教育、保育等の総合的な提供の推進に関する法律（平成18年法律第77号。以下「認定こども園法」という。）第2条第6項に規定する認定こども園をいい、保育所であるものを除く。第24条第2項を除き、以下同じ。）その他の場所において、一時的に預かり、必要な保護を行う事業をいう。

第7節　保育士

第18条の4

この法律で、保育士とは、第18条の18第1項の登録を受け、保育士の名称を用いて、専門的知識及び技術をもつて、児童の保育及び児童の保護者に対する保育に関する指導を行うことを業とする者をいう。

第2章　福祉の保障

第3節　助産施設、母子生活支援施設及び保育所への入所等

第24条

市町村は、この法律及び子ども・子育て支援法の定めるところにより、保護者の労働又は疾病その他の事由により、その監護すべき乳児、幼児その他の児童について保育を必要とする場合において、次項に定めるところによるほか、当該児童を保育所（認定こども園法第3条第1項の認定を受けたもの及び同条第9項の規定による公示がされたものを除く。）において保育しなければならない。

②　市町村は、前項に規定する児童に対し、認定こども園法第2条第6項に規定する認定こども園（子ども・子育て支援法第27条第1項の確認を受けたものに限る。）又は

家庭的保育事業等（家庭的保育事業、小規模保育事業、居宅訪問型保育事業又は事業所内保育事業をいう。以下同じ。）により必要な保育を確保するための措置を講じなければならない。

③　市町村は、保育の需要に応ずるに足りる保育所、認定こども園（子ども・子育て支援法第27条第1項の確認を受けたものに限る。以下この項及び第46条の2第2項において同じ。）又は家庭的保育事業等が不足し、又は不足するおそれがある場合その他必要と認められる場合には、保育所、認定こども園（保育所であるものを含む。）又は家庭的保育事業等の利用について調整を行うとともに、認定こども園の設置者又は家庭的保育事業等を行う者に対し、前項に規定する児童の利用の要請を行うものとする。

④　市町村は、第25条の8第3号又は第26条第1項第4号の規定による報告又は通知を受けた児童その他の優先的に保育を行う必要があると認められる児童について、その保護者に対し、保育所若しくは幼保連携型認定こども園において保育を受けること又は家庭的保育事業等による保育を受けること（以下「保育の利用」という。）の申込みを勧奨し、及び保育を受けることができるよう支援しなければならない。

⑤　市町村は、前項に規定する児童が、同項の規定による勧奨及び支援を行つても、なおやむを得ない事由により子ども・子育て支援法に規定する施設型給付費若しくは特例施設型給付費（同法第28条第1項第2号に係るものを除く。次項において同じ。）又は同法に規定する地域型保育給付費若しくは特例地域型保育給付費（同法第30条第1項第2号に係るものを除く。次項において同じ。）の支給に係る保育を受けることが著しく困難であると認めるときは、当該児童を当該市町村の設置する保育所若しくは幼保連携型認定こども園に入所させ、又は当該市町村以外の者の設置する保育所若しくは幼保連携型認定こども園に入所を委託して、保育を行わなければならない。

⑥　市町村は、前項に定めるほか、保育を必要とする乳児・幼児が、子ども・子育て支援法第42条第1項又は第54条第1項の規定によるあつせん又は要請その他市町村による支援等を受けたにもかかわらず、なお保育が利用できないなど、やむを得ない事由により同法に規定する施設型給付費若しくは特例施設型給付費又は同法に規定する地域型保育給付費若しくは特例地域型保育給付費の支給に係る保育を受けることが著しく困難であると認めるときは、次の措置を採ることができる。

1　当該保育を必要とする乳児・幼児を当該市町村の設置する保育所若しくは幼保連携型認定こども園に入所させ、又は当該市町村以外の者の設置する保育所若しくは幼保連携型認定こども園に入所を委託して、保育を行うこと。

2　当該保育を必要とする乳児・幼児に対して当該市町村が行う家庭的保育事業等による保育を行い、又は家庭的保育事業等を行う当該市町村以外の者に当該家庭的保育事業等により保育を行うことを委託すること。

⑦　市町村は、第3項の規定による調整及び要請並びに第4項の規定による勧奨及び支援を適切に実施するとともに、地域の実情に応じたきめ細かな保育が積極的に提供され、児童が、その置かれている環境等に応じて、必要な保育を受けることができるよう、保育を行う事業その他児童の福祉を増進することを目的とする事業を行う者の活動の連携及び調整を図る等地域の実情に応じた体制の整備を行うものとする。

第6節　要保護児童の保護措置等

第25条の2　地方公共団体は、単独で又は共同して、要保護児童の適切な保護又は要支援児童若しくは特定妊婦への適切な支援を図るため、関係機関、関係団体及び児童の福祉に関連する職務に従事する者その他の関係者（以下「関係機関等」という。）により構成される要保護児童対策地域協議会（以下「協議会」という。）を置くように努めなければならない。

第3章　事業、養育里親及び施設

第39条　保育所は、保育を必要とする乳児・幼児を日々保護者の下から通わせて保育を行うことを目的とする施設（利用定員が20人以上であるものに限り、幼保連携型認定こども園を除く。）とする。
②　保育所は、前項の規定にかかわらず、特に必要があるときは、保育を必要とするその他の児童を日々保護者の下から通わせて保育することができる。

第39条の2　幼保連携型認定こども園は、義務教育及びその後の教育の基礎を培うものとしての満3歳以上の幼児に対する教育（教育基本法（平成18年法律第120号）第6条第1項 に規定する法律に定める学校において行われる教育をいう。）及び保育を必要とする乳児・幼児に対する保育を一体的に行い、これらの乳児又は幼児の健やかな成長が図られるよう適当な環境を与えて、その心身の発達を助長することを目的とする施設とする。
②　幼保連携型認定こども園に関しては、この法律に定めるもののほか、認定こども園法 の定めるところによる。

児童福祉施設の整備及び運営に関する基準（抜粋）

（昭和23年12月29日厚生省令第63号）
改正：平成28年8月18日厚生労働省令第141号

第五章　保育所

第35条　保育所における保育は、養護及び教育を一体的に行うことをその特性とし、その内容については、厚生労働大臣が定める指針に従う。

食育基本法（抜粋）

（平成 17 年 6 月 17 日法律第 63 号）
改正：平成 27 年 9 月 11 日法律第 66 号

第 1 章　総則

（目的）
第 1 条　この法律は、近年における国民の食生活をめぐる環境の変化に伴い、国民が生涯にわたって健全な心身を培い、豊かな人間性をはぐくむための食育を推進することが緊要な課題となっていることにかんがみ、食育に関し、基本理念を定め、及び国、地方公共団体等の責務を明らかにするとともに、食育に関する施策の基本となる事項を定めることにより、食育に関する施策を総合的かつ計画的に推進し、もって現在及び将来にわたる健康で文化的な国民の生活と豊かで活力ある社会の実現に寄与することを目的とする。

（子どもの食育における保護者、教育関係者等の役割）
第 5 条　食育は、父母その他の保護者にあっては、家庭が食育において重要な役割を有していることを認識するとともに、子どもの教育、保育等を行う者にあっては、教育、保育等における食育の重要性を十分自覚し、積極的に子どもの食育の推進に関する活動に取り組むこととなるよう、行われなければならない。

（食に関する体験活動と食育推進活動の実践）
第 6 条　食育は、広く国民が家庭、学校、保育所、地域その他のあらゆる機会とあらゆる場所を利用して、食料の生産から消費等に至るまでの食に関する様々な体験活動を行うとともに、自ら食育の推進のための活動を実践することにより、食に関する理解を深めることを旨として、行われなければならない。

（教育関係者等及び農林漁業者等の責務）
第 11 条　教育並びに保育、介護その他の社会福祉、医療及び保健（以下「教育等」という。）に関する職務に従事する者並びに教育等に関する関係機関及び関係団体（以下「教育関係者等」という。）は、食に関する関心及び理解の増進に果たすべき重要な役割にかんがみ、基本理念にのっとり、あらゆる機会とあらゆる場所を利用して、積極的に食育を推進するよう努めるとともに、他の者の行う食育の推進に関する活動に協力するよう努めるものとする。
2　農林漁業者及び農林漁業に関する団体（以下「農林漁業者等」という。）は、農林漁業に関する体験活動等が食に

関する国民の関心及び理解を増進する上で重要な意義を有することにかんがみ、基本理念にのっとり、農林漁業に関する多様な体験の機会を積極的に提供し、自然の恩恵と食に関わる人々の活動の重要性について、国民の理解が深まるよう努めるとともに、教育関係者等と相互に連携して食育の推進に関する活動を行うよう努めるものとする。

（国民の責務）
第 13 条　国民は、家庭、学校、保育所、地域その他の社会のあらゆる分野において、基本理念にのっとり、生涯にわたり健全な食生活の実現に自ら努めるとともに、食育の推進に寄与するよう努めるものとする。

第 3 章　基本的施策

（家庭における食育の推進）
第 19 条　国及び地方公共団体は、父母その他の保護者及び子どもの食に対する関心及び理解を深め、健全な食習慣の確立に資するよう、親子で参加する料理教室その他の食事についての望ましい習慣を学びながら食を楽しむ機会の提供、健康美に関する知識の啓発その他の適切な栄養管理に関する知識の普及及び情報の提供、妊産婦に対する栄養指導又は乳幼児をはじめとする子どもを対象とする発達段階に応じた栄養指導その他の家庭における食育の推進を支援するために必要な施策を講ずるものとする。

（学校、保育所等における食育の推進）
第 20 条　国及び地方公共団体は、学校、保育所等において魅力ある食育の推進に関する活動を効果的に促進することにより子どもの健全な食生活の実現及び健全な心身の成長が図られるよう、学校、保育所等における食育の推進のための指針の作成に関する支援、食育の指導にふさわしい教職員の設置及び指導的立場にある者の食育の推進において果たすべき役割についての意識の啓発その他の食育に関する指導体制の整備、学校、保育所等又は地域の特色を生かした学校給食等の実施、教育の一環として行われる農場等における実習、食品の調理、食品廃棄物の再生利用等様々な体験活動を通じた子どもの食に関する理解の促進、過度の痩身又は肥満の心身の健康に及ぼす影響等についての知識の啓発その他必要な施策を講ずるものとする。

資料（条文見出し索引）

本書内の条文掲載ページがわかります。

『幼稚園教育要領』

前 文 …………………………10

第1章　総則 …………………12
第1 幼稚園教育の基本 ………12
第2 幼稚園教育において育みたい資質・能力及び「幼児期の終わりまでに育ってほしい姿」…………13
第3 教育課程の役割と編成等 ……26
第4 指導計画の作成と幼児理解に基づいた評価 ……………32
第5 特別な配慮を必要とする幼児への指導 ……………38
第6 幼稚園運営上の留意事項 ……40
第7 教育課程に係る教育時間終了後等に行う教育活動など ……40

第2章　ねらい及び内容 ……42
健康 …………………………42
人間関係 ……………………46
環境 …………………………50
言葉 …………………………52
表現 …………………………54

第3章　教育課程に係る教育時間の終了後等に行う教育活動などの留意事項 ……………56

『保育所保育指針』

第1章　総則 …………………78
1 保育所保育に関する基本原則 …78
2 養護に関する基本的事項 ……86
3 保育の計画及び評価 …………90
4 幼児教育を行う施設として共有すべき事項 ……………96

第2章　保育の内容 ……………100
1 乳児保育に関わるねらい及び内容 …………………100
2 1歳以上3歳未満児の保育に関わるねらい及び内容 ……………108
3 3歳以上児の保育に関するねらい及び内容 ……………116
4 保育の実施に関して留意すべき事項 ……………126

第3章　健康及び安全 …………128
1 子どもの健康支援 …………128
2 食育の推進 ………………130
3 環境及び衛生管理並びに安全管理 …………………132
4 災害への備え ……………132

第4章　子育て支援 ……………134
1 保育所における子育て支援に関する基本的事項 ……………134
2 保育所を利用している保護者に対する子育て支援 ……………134
3 地域の保護者等に対する子育て支援 ……………136

第5章　職員の資質向上 ………138
1 職員の資質向上に関する基本的事項 ……………138

2	施設長の責務 …………………138
3	職員の研修等 …………………140
4	研修の実施体制等 ……………140

『幼保連携型認定こども園教育・保育要領』

第1章　総則……………………………178

第1　幼保連携型認定こども園における
　　　教育及び保育の基本及び
　　　目標等 …………………………178

第2　教育及び保育の内容並びに
　　　子育ての支援等に関する
　　　全体的な計画等 ………………188

第3　幼保連携型認定こども園として
　　　特に配慮すべき事項 …………196

第2章　ねらい及び内容並びに
　　　　配慮事項………………………206

第1　乳児期の園児の保育に関する
　　　ねらい及び内容 ………………206

基本的事項……………………………206

ねらい及び内容

健やかに伸び伸びと育つ…………207
身近な人と気持ちが通じ合う ……208
身近なものと関わり感性が育つ …209

第2　満1歳以上満3歳未満の園児の
　　　保育に関するねらい及び内容 212

基本的事項……………………………212

ねらい及び内容

健康 …………………………………212
人間関係 ……………………………213
環境…………………………………214

言葉…………………………………215
表現…………………………………216

第3　満3歳以上の園児の教育及び
　　　保育に関するねらい及び内容 218

基本的事項……………………………218

ねらい及び内容

健康 …………………………………218
人間関係 ……………………………219
環境…………………………………221
言葉…………………………………222
表現…………………………………223

第4　教育及び保育の実施に関する
　　　配慮事項…………………………226

第3章　健康及び安全…………………228

第1　健康支援…………………………228

第2　食育の推進………………………229

第3　環境及び衛生管理並びに
　　　安全管理…………………………230

第4　災害への備え……………………230

第4章　子育ての支援…………………232

第1　子育ての支援全般に
　　　関わる事項………………………232

第2　幼保連携型認定こども園の
　　　園児の保護者に対する
　　　子育ての支援……………………232

第3　地域における子育て家庭の
　　　保護者等に対する支援………234

著者プロフィール

無藤 隆 （むとう たかし）

白梅学園大学大学院特任教授。文部科学省中央教育審議会初等中等教育分科会教育課程部会主査として平成29年告示の『幼稚園教育要領』の改訂作業を行う。あわせて、内閣府幼保連携型認定こども園教育・保育要領の改訂に関する検討会座長として平成29年告示の『幼保連携型認定こども園教育・保育要領』の改訂作業を行う。

汐見稔幸 （しおみ としゆき）

白梅学園大学学長。厚生労働省社会保障審議会児童部会保育専門委員会委員長として平成29年告示『保育所保育指針』の改定作業を行う。あわせて、内閣府幼保連携型認定こども園教育・保育要領の改訂に関する検討会座長代理として平成29年告示『幼保連携型認定こども園教育・保育要領』の改訂作業を行う。

砂上史子 （すながみ ふみこ）

千葉大学教育学部准教授。文部科学省、厚生労働省、内閣府それぞれの部会において委員として、平成29年告示『幼稚園教育要領』『保育所保育指針』『幼保連携型認定こども園教育・保育要領』、すべての改訂（定）作業に携わる。

表紙・本文デザイン／アイセックデザイン
表紙・本文イラスト／わたなべ ふみ

ここがポイント！３法令ガイドブック

── 新しい 『幼稚園教育要領』 『保育所保育指針』
『幼保連携型認定こども園教育・保育要領』 の
理解のために ──

2017年5月15日　初版第1刷発行

著	無藤 隆　汐見稔幸　砂上史子
発行者	飯田聡彦
発行所	株式会社フレーベル館

〒 113-8611　東京都文京区本駒込 6-14-9
電話 〔営業〕03-5395-6613
　　　〔編集〕03-5395-6604
　　　振替 00190-2-19640

印刷　株式会社リーブルテック

© Muto takashi,Shiomi toshiyuki,Sunagami fumiko, 2017
禁無断転載・複写　Printed in Japan
ISBN978-4-577-81425-3　　NDC376 288p／210×148mm
乱丁・落丁本はお取替えいたします。
●フレーベル館のホームページ　http://www.froebel-kan.co.jp